L'ÉCRAN GLOBAL

GILLES LIPOVETSKY
ET JEAN SERROY

L'ÉCRAN GLOBAL

Culture-médias et cinéma à l'âge hypermoderne

ÉDITIONS DU SEUIL
*27, rue Jacob, Paris VIe*

Ce livre est publié
dans la collection « La couleur des idées »

ISBN 978-2-02-096041-0

www.seuil.com

Les films sont le dialogue du monde d'aujourd'hui.

Elia Kazan, 1986

Introduction

LE NOUVEL ÂGE DU CINÉMA

Qu'il soit art ou industrie de divertissement, le cinéma s'est construit d'emblée à partir d'un dispositif d'image radicalement inédit et moderne : l'écran. Non plus la scène théâtrale ou la toile du tableau, mais l'écran lumineux, le grand écran, l'écran où se donne à voir la vie dans son mouvement même. Sur l'écran du cinéma ont rayonné les images superlatives de la beauté, les stars sublimes, les fictions qui ont transporté, comme nul autre spectacle, les foules émerveillées des sociétés modernes. L'écran n'a pas seulement été une invention technique constitutive du septième art[1], il a été cet espace magique où se sont projetés les désirs et les rêves du plus grand nombre. À la charnière des années 1900, le siècle qui commence y trouve l'art nouveau qui l'exprime au plus près et qui va l'accompagner tout au long. Cent ans plus tard, en 1995, le bilan du centenaire est peu contestable : l'art du grand écran aura bien été l'art du XXe siècle.

1. C'est à Ricciotto Canudo que l'on doit, dès 1910, la formule de « septième art ». Critique italien de langue française, propagandiste enthousiaste du cinéma à ses débuts, il est l'artisan le plus important, avec Louis Delluc, de sa reconnaissance comme art.

Pour autant, au cours de la seconde moitié du siècle, d'autres techniques de diffusion de l'image sont apparues, qui sont venues ajouter d'autres écrans à la toile blanche des salles obscures. La télévision, d'abord, qui, dès les années 1950, commence à pénétrer dans les foyers, puis, au fil des décennies suivantes, d'autres écrans qui se multiplient de manière exponentielle : celui de l'ordinateur, qui devient vite portable et personnel, celui des consoles de jeux vidéo, celui d'Internet et du web-monde, celui du téléphone mobile et des assistants numériques personnels, celui des appareils photos numériques et autres GPS. On est passé en moins d'un demi-siècle de l'écran-spectacle à l'écran-communication, de l'écran-un au tout-écran. Longtemps, l'écran-cinéma a été l'unique et l'incomparable ; il se fond maintenant dans une galaxie dont les dimensions sont infinies : voici l'époque de l'écran global. L'écran en tout lieu et à tout moment, dans les magasins et les aéroports, les restaurants et les bars, dans le métro, les voitures et les avions ; l'écran de toutes les dimensions, écran plat, plein écran et mini-écran mobile ; l'écran sur soi, l'écran avec soi ; l'écran à tout faire et à tout voir. Écran vidéo, écran miniature, écran graphique, écran nomade, écran tactile : le siècle qui s'annonce est celui de l'écran omniprésent et multiforme, planétaire et multimédiatique[1].

Se pose dès lors tout un ensemble de problèmes : quels sont les effets de cette prolifération d'écrans en matière de rapport au monde et aux autres, au corps et aux sensations ? Quelle forme de vie culturelle et démocratique annonce le triomphe des images numérisées ? Quel destin s'ouvre à la pensée et à l'expression artistique ? Jusqu'où la vie même de l'homme contemporain se trouve-t-elle restructurée par cette

1. Ce que les auteurs du *Dictionnaire mondial des images* appellent l'« ère du cumul ». (Laurent Gervereau [dir.], *Dictionnaire mondial des images*, Paris, Éditions du Nouveau Monde, 2006.)

pléthore d'écrans ? Car force est de l'observer : avec l'âge de l'écran global, c'est bel et bien une immense mutation culturelle qui est en cours, affectant de plus en plus d'aspects de la création mais aussi de l'existence elle-même.

Pour dessiner les contours de cette nouvelle *écranosphère*, pour en comprendre le fonctionnement et en dégager le sens, rien n'est plus éclairant que de commencer par analyser les transformations profondes qu'enregistre précisément la forme originelle et prototypique de l'écran : le cinéma. Comment caractériser l'univers du septième art lorsque celui-ci cesse d'être l'écran suprême ? Qu'en est-il, dans un monde multi-écrans, de son esthétique, de sa réception, de son économie même ? Quelle position est la sienne lorsque ses films sont vus pour l'essentiel en dehors des salles obscures[1] ? Le cinéma reste-t-il même une référence culturelle de premier plan lorsque, de plus en plus, les films de cinéma sont supplantés, en scores d'audience, par les séries et les téléfilms ? Est-il d'ailleurs encore justifié de tracer une nette frontière entre film de cinéma et film de télévision, quand nombre de films de cinéma sont structurés par une esthétique télévisuelle et que certains téléfilms sont réalisés par des metteurs en scène de cinéma avec des acteurs et, parfois même, des budgets équivalents à ceux du cinéma ? À quoi s'ajoute la concurrence de toutes les autres images, de tous les autres écrans : ceux de la pub, ceux des jeux vidéo, ceux du clip, ceux du numérique, ceux du web-monde. Et en même temps qu'il devient un écran parmi d'autres, voilà, par ailleurs, que

1. Les Français passent 1200 heures par an devant le petit écran. Le temps qu'ils consacrent à regarder les films de cinéma sur les chaînes de télévision hertzienne était en 2002 de 72 heures en moyenne, alors que celui du cinéma en salles ne représentait qu'environ 6 heures. En 2006, la Motion Picture Association estimait que le téléchargement illégal sur les réseaux *peer to peer* représente un manque à gagner de près de 2 milliards d'euros pour les salles. Sur l'ensemble de ces questions, voir Laurent Creton, *L'Économie du cinéma*, Paris, Armand Colin, 2005.

le cinéma, dans une configuration qui n'a plus grand-chose à voir avec ce qu'elle était depuis l'origine, en vient à se montrer sur mini-écran mobile, avec possibilité d'arrêt sur image, de retour en arrière, de choix de la langue de doublage. Voilà aussi que, quittant la traditionnelle séance en salles, on produit des films spécifiques, pour consommation fast-food sur écran nomade, qui ne dépassent pas les trois minutes. Plus que jamais se pose la question du genre cinéma, de l'identité incertaine du cinéma.

D'où une question aussi brutale qu'incontournable : se pourrait-il que la civilisation de l'écran sonne le requiem du cinéma ? Est-ce sa mort programmée, telle que la prédisent ceux qui, entre le crépuscule des idéologies et la fin de l'Histoire, tiennent le compte des disparitions fin de siècle ? Dans l'effervescence des années 1980, un certain nombre d'observateurs et de cinéastes ne donnaient déjà pas cher de l'avenir du cinéma. Du fait du déferlement télévisuel et de l'arrivée des vidéocassettes, on voit alors les salles se vider et fermer par centaines. En Grande-Bretagne, en Allemagne, en Italie, la production des longs-métrages s'effondre. Les studios d'Hollywood sont rachetés par des investisseurs étrangers et des multinationales dont les principales sources de profit sont extérieures au cinéma. L'époque voit disparaître les salles d'art et d'essai et triompher la logique du box-office, les *blockbusters*, les formules calibrées et sans risques (films d'action, suites, remakes). La question, aiguë, se pose : le cinéma pourra-t-il survivre à la montée des industries de programmes et des stratégies multimédias ? Que reste-t-il du septième art quand les impératifs commerciaux étouffent les autres considérations ? Symbole de toutes ces menaces : en 1985, Fellini sort *Ginger et Fred*, sur fond de télévision triomphante et de mort annoncée du cinéma.

Disons-le sans détour : c'est contre cette idée mélancolique d'un « après-cinéma », qui continue largement à nourrir le discours critique, qu'est écrit ce livre. Le « vrai » cinéma n'est pas derrière nous : il ne cesse de se réinventer. Même confronté à de nouveaux défis de production, de diffusion et de consommation, le cinéma demeure un art d'un dynamisme puissant, dont la créativité n'est nullement en berne. Le tout-écran n'est pas le tombeau du cinéma : plus que jamais, celui-ci fait preuve d'inventivité, de diversité, de vitalité.

En témoigne d'abord le nombre de sorties. Rappelons seulement qu'en 2005 les studios hollywoodiens et français ont produit respectivement 699 et 240 longs-métrages, tandis que l'Espagne en produisait 142, l'Angleterre 124, l'Allemagne 103 et l'Italie 98. Ce n'est pas la régression qui nous caractérise, mais la prolifération des nouveautés : en 1976, Hollywood réalisait « seulement » 138 films et, sur la période 1988-1999, le nombre annuel moyen de longs-métrages s'élevait à 385. Entre 1996 et 2005, en France, le nombre de films distribués a augmenté de 38 %, celui des copies de 105 %. Et, aujourd'hui, les studios français lancent deux fois plus de films qu'il y a dix ans.

L'explosion quantitative cache-t-elle une moindre diversité filmique ? Il n'en est rien : si les films à très gros budgets (les fameux *blockbusters*) défraient la chronique, on enregistre aussi une poussée de films personnalisés à moindre budget, qui créent l'engouement. *Sexe, mensonges et vidéo*, *Le Déclin de l'Empire américain*, *Pulp Fiction*, *Le Fabuleux Destin d'Amélie Poulain*, *Little Miss Sunshine* : la liste est longue des films qui trouvent dorénavant un large public en s'écartant des sentiers balisés. *Diva*, *Bagdad Café*, *The Full Monty*, *Respiro*, *Sideways* : avec des histoires simples, le cinéma contemporain peut rencontrer un succès populaire retentissant en faisant preuve d'audace, en inventant des situations atypiques ou de nouvelles atmosphères poétiques. Une major comme MGM mise précisément aujourd'hui sur les maisons de production indépendantes aux budgets de films plus modestes, au motif que « les grandes majors ne savent plus produire »[1]. D'ores et déjà, aux États-Unis, le cinéma indépendant, qui, en une vingtaine d'années, a réussi à se faire une vraie place, lance des films à petit budget, parfois distribués par des majors prenant des risques, qui réussissent à représenter un tiers des recettes au box-office[2].

Même les stars, symboles par excellence du cinéma, échappent à l'agonie annoncée. « Crépuscule des stars », comme le suggérait Edgar Morin ? La vérité est que leurs cachets atteignent des sommets inégalés et que la présence de leurs noms à l'affiche continue d'être l'une des grandes clés du succès de masse. Nous n'en avons nullement fini avec les figures stellaires typiques de l'âge d'or du cinéma. À ceci près que de formidables succès mondiaux sont, à présent, possibles avec des films sans stars : ainsi du *Projet Blair Witch*, de *Little Miss Sunshine*, de *La Vie des autres*.

Les films vont-ils disparaître au bénéfice d'une espèce de télécinéma généralisé et formaté ? L'hypothèse n'est pas à écarter, mais elle s'érige à contre-pied de la tendance lourde de l'économie du surchoix, fonctionnant à la différenciation et à l'individualisation des produits. Pourquoi ce qui est vrai ailleurs dans le monde marchand ne le serait-il pas dans l'univers cinématographique ? La « loi » qui nous gouverne conduit moins à l'uniformisation qu'à la diversification de l'offre. Au demeurant, le cinéma ne saurait vivre et se développer sans films innovants qui, alimentant le besoin de nouveauté du public, relancent l'offre et le marché. Les chaînes de télévision sont-elles devenues les maîtres du jeu ? En fait, ce qui s'annonce, avec la prolifération des écrans, terminaux, réseaux, portables, vidéo à

1. Entretien avec Harry Sloan, P.-D.G. de MGM, *Le Figaro*, 14 octobre 2006.

2. Françoise Benhamou, *L'Économie du star-system*, Paris, Odile Jacob, 2002, p. 277.

la demande, est davantage « la fin de la télévision[1] » que la disparition « télévisuelle » du cinéma.

Il faut récuser l'idée selon laquelle le cinéma grand public ne pourrait générer rien d'autre que des œuvres indigentes incapables de toucher la sensibilité authentique des spectateurs. En dépit des exigences de rentabilité et de l'emprise accrue du marketing, le cinéma tend à s'enrichir en créant des œuvres dont les genres, les personnages et les scénarios sont moins « conformes », plus hétérogènes, plus imprévisibles. À coup sûr, les *blockbusters* se construisent à partir d'histoires simples bourrées d'effets spéciaux, d'actions « efficaces » et de suspense. Il est également vrai que les grands studios utilisent des méthodes en vigueur sur les autres marchés : enquête systématique sur le goût des spectateurs, publicité intensive, adaptation aux modes et aux goûts des « cibles », *previews* devant un panel représentatif de spectateurs pour tester (et éventuellement modifier) le film avant sa sortie. Cela n'empêche pas l'éclosion de nombreux films de qualité.

Sous la pression d'une société plus émiettée, le cinéma prend dorénavant en compte des problèmes et des thèmes autrefois écartés ou traités selon des stéréotypes parfaitement conventionnels. Désormais, les enfants, les adolescents, les vieux, les couples divorcés, les célibataires, les gays, les lesbiennes, les Blacks, les handicapés, les déviants, les styles de vie les plus hétérogènes sont traités pour eux-mêmes. En même temps, voient le jour de plus en plus de films réalisés par des femmes ; le genre documentaire connaît une seconde vie ; les dessins animés ne se cantonnent plus à leur public junior mais s'adressent aux adultes ; des films déconstruisent les grands mythes de la nation, des Blancs, des « Peaux-Rouges », des cow-boys. Ce qui s'annonce est un

1. Jean-Louis Missika, *La Fin de la télévision*, Paris, La République des idées/Seuil, 2006.

cinéma global fragmenté, pluri-identitaire, multi-culturaliste. C'est énoncer un cliché lui-même conformiste que d'affirmer que le cinéma est emporté dans un conformisme standardisé. Au demeurant, à tous les âges de son histoire, il a été prolixe en films convenus et de piètre qualité, qui ont toujours constitué le fonds de la production courante à côté des authentiques, mais nettement moins nombreux, chefs-d'œuvre. Aussi bien, de nos jours, le développement des films médiocres, hyperspectaculaires, mettant en scène des personnages lisses, n'est pas chose nouvelle, et ne doit pas cacher le développement d'un cinéma innovant, personnalisé, moins prévisible.

Les quatre âges du cinéma

Rien n'est-il donc à conserver dans l'idée de « mort du cinéma » ? Bien qu'illusoire, cette idée révèle cependant quelque chose de vrai, une réalité nouvelle, un bouleversement indéniable : la disparition du cinéma « classique ». Le cinéma n'est pas devenu « chose du passé » : simplement, un autre cinéma est apparu. Tout indique en effet que, depuis la fin des années 1970 et surtout 1980, c'est bel et bien une rupture que connaît la planète-cinéma, une rupture d'ensemble.

Ce n'est évidemment pas la première fois que le cinéma se trouve « révolutionné » dans ses principes. On peut même dire que son histoire s'est constamment écrite à travers une série de transformations et de remises en cause. L'invention du parlant, le passage du noir et blanc à la couleur, l'avènement de l'écran large, les ruptures stylistiques des années 1940 (le néoréalisme) et 1960 (les nouvelles vagues) ont profondément redéfini et réinventé le cinéma. Il en va de même aujourd'hui. Cependant, plus encore qu'à aucune autre période de son histoire, le cinéma connaît une mutation de fond en ce que celle-ci touche tous les domaines, la production comme la diffusion, la consommation comme l'esthétique des films. Les bouleversements sont tels qu'ils autorisent à faire l'hypothèse de l'avènement d'un nouveau régime historique du cinéma, d'une nouvelle galaxie-cinéma. Non pas « fin du cinéma », mais émergence d'un *hypercinéma*.

À la lumière de cette métamorphose radicale, il est possible de proposer une périodisation de l'histoire du cinéma marquée par quatre grands moments. Ce n'est pas le lieu, ici, de les décrire dans le détail : nous en signalons seulement les grands traits en vue aérienne afin de favoriser la mise en relief de ce qui se joue de nos jours.

La première phase correspond à l'époque du cinéma muet. Elle traduit une *modernité primitive.* C'est le moment où le cinéma se cherche un statut et une définition artistiques. Sans modèle, assimilé à l'origine à un spectacle forain, il se donne d'abord pour référence le théâtre afin de filmer de courtes saynètes, des vaudevilles légers, des scènes dramatiques. Puis, à mesure qu'il s'affirme, il se découvre d'autres ambitions, se complexifie, ne craignant pas de regarder vers la littérature romanesque. Il se fraye sa voie : jeu fortement expressionniste d'acteurs compensant par une mimique hypertrophiée l'absence de paroles ; style volontiers mélodramatique ; technique qui, tout en évoluant, reste encore inégale. *Via* des décors et des maquillages outranciers, des images sautillantes et accélérées, un art se constitue, qui, à travers ses œuvres maîtresses, fait apparaître un mode d'expression radicalement nouveau, capable de dire le monde comme aucun autre art ne l'avait dit jusqu'ici. Modernité primitive ne signifie nullement en effet modernité primaire. D'*Intolérance* au *Vent*, des *Trois Lumières* à *L'Aurore*, de Griffith à Sjöström, de Lang à

Murnau et aux chefs-d'œuvre de l'expressionnisme, le cinéma, art moderne, fait son entrée dans la modernité de l'art. Dans cette voie, il donne à ses images valeur d'icônes, en créant la figure de la star – Valentino, Dietrich, Garbo.

La deuxième phase, qui met en scène une *modernité classique*, s'étire du début des années 1930 jusqu'aux années 1950 : c'est l'âge d'or des studios, l'époque où le cinéma est le premier divertissement des Américains, où il devient à travers le monde le loisir populaire par excellence. Cela est dû, d'abord, à la révolution technique du parlant qui, périmant très vite le muet, oblige les créateurs, d'abord réticents devant ce qu'ils redoutent de voir devenir un simple théâtre filmé, à domestiquer ce nouveau langage et à lui inventer une grammaire. Les recherches techniques viennent encore enrichir ces nouvelles possibilités, de l'expansion de la couleur, à partir de la fin des années 1930, aux écrans panoramiques et au Cinémascope, qui apparaissent au début des années 1950. Elles favorisent l'évasion du public grâce à un traitement de la réalité qui l'idéalise : « téléphones blancs » des films mussoliniens, réalisme poétique du cinéma français, amours désexualisées, langage littéraire des acteurs. Au même moment, Hollywood devient cette usine à rêves qui, à travers des genres canoniques, apporte à un public de masse sa ration d'imaginaire. La star, invention des studios, cristallise tous les fantasmes : divine, intouchable, comme Garbo ; virile, indestructible, comme John Wayne. Encadré par des normes génériques, thématiques, morales, esthétiques, ce cinéma est celui du scénario, des têtes d'affiche, des productions de studios.

Dans ce cadre, les films obéissent à un système narratif clair, fluide, continu, mû par le souci constant d'une vraisemblance entraînant la participation immédiate du spectateur. Le récit doit sembler se raconter de lui-même, épouser une chronologie linéaire en rattachant les diverses actions à une intrigue principale. Le film s'organise selon un déroulement logique ou progressif qui exclut l'ambiguïté au bénéfice d'une narration transparente. Rien n'est montré par hasard, rien ne doit apparaître superflu, incohérent ou confus, tout est organisé pour amener le récit à son dénouement final : le cinéma classique guide, dirige d'un point de vue unique et omniscient la compréhension du film. Ce qu'il raconte est une histoire essentiellement téléologique. Même s'il se risque progressivement à quelques audaces – voix off, flash-back –, il continue de veiller à utiliser des modes narratifs simples. Privilégiant le tournage en studio, il consacre la primauté du décor, générateur de l'atmosphère du film. Et, pour incarner des personnages à la psychologie bien cadrée, il fait la part belle aux vedettes, dont la notoriété est l'une des garanties du succès populaire du film. Même si son rôle est primordial, le metteur en scène n'est que l'un des rouages d'une machine actionnée par les maisons de production, qui font appel à lui d'abord pour son savoir-faire technique : il doit s'effacer pour se mettre au service de la lisibilité parfaite de l'intrigue. Fortement structuré tant sur le plan économique que sur le plan corporatiste, le cinéma classique se met en place dès le début des années 1930, s'affirme dans la seconde moitié de la décennie, résiste à la tourmente de la guerre et reste fidèle, dans les années d'après-guerre, aux normes qu'il a mises en place auparavant et qui en font le grand cinéma classique de référence.

Une troisième phase se développe des décennies 1950-1960 aux années 1970 : elle illustre une *modernité moderniste* et *émancipatrice*. La belle indépendance de créateurs puissants, rétifs aux exigences des studios, lui ouvre la voie. Dès les années 1930, Jean Renoir tourne en extérieur et en prise de son direct ; en 1941, Orson Welles, avec *Citizen Kane*, bouleverse radicalement les structures narratives continuistes : déconstruit, fragmenté, le premier film ouvertement moderne est né. D'autres signes avant-coureurs se font jour avec la rupture esthétique que constitue, en Italie, un néoréalisme largement issu des misères de la guerre. Le monde, à l'évidence, a changé : il faut trouver un autre langage pour en rendre compte. Cela va être le rôle historique des nouvelles générations que de proposer des voies neuves, en rupture avec le modèle classique : dès la fin des années 1950 et tout au long des années 1960, la Nouvelle Vague en France, le *free cinema* en Angleterre, le cinéma contestataire en Europe de l'Est, le *cinema novo* au Brésil puis, dans les années 1970, la génération nouvelle qui investit Hollywood, sont les fers de lance de cette transformation radicale. Ils apportent avec eux une vision du monde qui fait souffler un vent nouveau.

Cela se traduit au premier chef par des ruptures stylistiques, que les jeunes loups de la Nouvelle Vague française affichent de façon provocatrice. Le système traditionnel – représenté par cette fameuse « qualité française » à laquelle Truffaut s'attaque vertement – est battu en brèche. Il s'agit désormais de raconter autrement, de se défaire de la dictature du scénario, de filmer dans la rue, de briser les normes convenues du montage, d'abandonner le jeu théâtral de vedettes pour le naturel d'acteurs neufs, d'instaurer une indépendance de la production. Dans un bouillonnement créatif qui ne va pas sans radicalisme, ce cinéma de la rupture impose la jeunesse comme valeur, à travers des figures iconiques d'un nouveau genre – James Dean, Marlon Brando, Belmondo – et des films qui traduisent toutes les formes de l'esprit rebelle entendant se débarrasser des vieilles contraintes. Simultanément, le cinéma des studios, s'ouvrant à une psychologisation moins simpliste, cherche à fouiller les méandres de l'intime. Freud investit Hollywood et la libido se donne à voir au grand jour, tant dans les drames du refoulé que dans l'explosion du corps et du sexe. B.B.

ouvre la voie de ce sexe libéré, avant que Marilyn n'étende son empire, puis qu'un cinéma de la marge et de la contre-culture, s'élaborant dans l'underground, ne s'autorise toutes les audaces. Des prémices des années 1950 à l'explosion contestatrice des années 1960 et jusqu'à la liberté créatrice du néoHollywood des années 1970, c'est un même mouvement d'émancipation artistique et culturelle qui s'affirme et s'amplifie à travers des films et des univers imaginaires très différents. Il accompagne une nouvelle modernité individualiste, celle qui est portée par la société de consommation, par ses valeurs et sa contestation : bonheur, sexe, jeunesse, authenticité, plaisirs, liberté, refus des normes conventionnelles et rigoristes. Cette troisième phase du cinéma, qui épouse à peu près les décennies historiques des *Trente Glorieuses*, correspond à la nouvelle révolution des valeurs individualistes, à la poussée des revendications de l'autonomie subjective dans les démocraties libérales avancées.

Cette modernité libérationniste se défait du moule classique d'abord par un cinéma de recherche, polémique, iconoclaste, puis, au fil des années, par un cinéma grand public qui s'empare progressivement de ses audaces et de ses nouveautés. C'est par là que la nouvelle génération qui prend le pouvoir à Hollywood dans les années 1970[1] s'inscrit à sa façon dans le fil de cette déconstruction, en apportant une liberté stylistique, narrative et thématique qui change l'esprit des studios. Avec cette différence que le cinéma des Coppola, Spielberg, Lucas, De Palma, Friedkin, met prioritairement cette volonté de renouvellement au service du spectaculaire et de l'effet par la sollicitation de toutes les technologies avancées qu'il s'emploie à développer. Ici s'amorce véritablement

1. Voir, sur la question, l'ouvrage de référence de Peter Biskind, *Le Nouvel Hollywood*, Paris, Le cherche midi, 2002, et les analyses de Jean-Baptiste Thoret, *Le Cinéma américain des années 70*, Paris, Les Cahiers du cinéma, 2006.

une nouvelle phase de l'histoire du cinéma. Spielberg dit bien, symboliquement, la dette que le néoHollywood doit à la génération européenne qui l'a précédé, en allant, en 1977, chercher Truffaut, comme une référence, pour le faire tourner dans ses *Rencontres du troisième type*. Mais le film lui-même, tout de spectacularisation exacerbée et d'immersion sensorielle, participe déjà d'un cinéma d'un autre genre, où c'est largement Hollywood qui trace la voie.

Depuis les années 1980, en effet, tandis que la dynamique de l'individualisation et de la mondialisation bouleverse l'ordre du monde, c'est un quatrième âge du cinéma qui se met en place. Nous l'appelons ici *hypermoderne*, en écho à la nouvelle modernité qui se construit[1]. Les chapitres qui suivent s'attachent à en montrer la physionomie[2].

Cette quatrième phase de l'histoire du cinéma, soulignons-le, n'a pas le même statut que les trois premières. Alors que celles-ci ont été marquées par des innovations majeures mais qui n'affectaient chaque fois que des territoires délimités, ce sont à présent toutes les dimensions de l'univers cinématographique (création, production, promotion, diffusion, consommation) qui sont bouleversées simultanément et de fond en comble. Jamais le cinéma n'a connu un ébranlement de pareille ampleur. Les cycles précédents ont construit la modernité du cinéma ; celui dont on est témoin le fait franchement sortir de son âge moderne. C'est une nouvelle ère qui commence : notre époque voit s'ouvrir les premiers chapitres de l'histoire hypermoderne du septième art. C'est lorsque la révolution n'est plus à l'ordre du jour que le cinéma enregistre la plus radicale mutation de son histoire.

1. Sur la modernité de deuxième genre, Gilles Lipovetsky, *Les Temps hypermodernes*, Paris, Grasset, 2004.

2. Pour une vision détaillée du nouvel âge du cinéma, centrée sur l'analyse des films, Jean Serroy, *Entre deux siècles. Vingt ans de cinéma contemporain*, Paris, La Martinière, 2006.

Cinéma sans frontières

La mutation hypermoderne a ceci de caractéristique qu'elle affecte dans un mouvement synchrone et global les technologies et les médias, l'économie et la culture, la consommation et l'esthétique. Le cinéma obéit à la même dynamique. C'est au moment où s'affirment l'hypercapitalisme, l'hypermédia et l'hyperconsommation globalisés que le cinéma entame, précisément, sa carrière d'*écran global*.

« Écran global » doit s'entendre en plusieurs sens, qui se recoupent au demeurant sous de nombreux aspects. Dans sa signification la plus large, il renvoie à la nouvelle puissance planétaire de l'écranosphère, à l'état écranique généralisé rendu possible par les nouvelles technologies de l'information et de la communication. Voici le temps de l'écran-monde, du tout-écran, contemporain du réseau des réseaux, mais aussi des écrans de surveillance, des écrans d'information, des écrans ludiques, des écrans d'ambiance. L'art (art numérique), la musique (vidéo-clip), le jeu (jeu vidéo), la publicité, la conversation, la photographie, le savoir, plus rien n'échappe tout à fait aux filets numérisés de la nouvelle écranocratie. Toute la vie, tous nos rapports avec le monde et avec les autres sont de plus en plus médiatisés par une multitude d'interfaces par lesquelles les écrans ne cessent de converger, de communiquer, de s'interconnecter.

Mais l'écran global désigne également l'état du cinéma-monde à l'heure de la globalisation économique et de l'internationalisation des investissements financiers. Même si les mouvements de capitaux étrangers sur la scène hollywoodienne ne sont pas nouveaux, l'époque présente marque un tournant en raison de la forte intensification du phénomène. D'abord, au cours des deux dernières décennies, un certain nombre de majors hollywoodiennes est passé sous le contrôle de groupes européens, australiens et japonais à vocation mondiale. Ensuite, les films américains sont de plus en plus financés par des capitaux étrangers : sur les 30 premiers films au box-office de 2001, 32 % étaient soutenus par des financements internationaux. Les fonds allemands représentent de 15 à 20 % des 15 milliards de dollars mobilisés pour le financement de tous les films des majors à Hollywood[1]. Ce sont de plus en plus des capitaux provenant du Japon, d'Allemagne, de Grande-Bretagne, de France qui, à travers des contrats de coproduction, financent Hollywood. Si le cinéma américain s'exporte dans le monde entier, il est produit de façon croissante par des capitaux internationaux[2]. En même temps, les majors financent nombre de films européens et asiatiques, et sont prêtes à investir encore davantage dans la production française si les conditions d'investissements des sociétés de production à capitaux extra-européens leur en donnent la latitude[3]. Dans ce contexte d'internationalisation des capitaux financiers, l'exportation des films représente plus de la moitié des revenus des grands studios. « Global Hollywood[4] », écran global.

Écran global encore, parce que le cinéma planétarisé est fait de standards « blockbusterisés » et transnationaux, mais aussi de mélanges et de brassages, d'éléments de plus en plus métissés, multiculturels. Ce cinéma qui accompagne la libé-

1. Joël Augros, « H'W'D' », in Jean-Pierre Esquenazi (dir.), *Cinéma contemporain, état des lieux*, Paris, L'Harmattan, 2004, p. 26.

2. La même internationalisation vaut désormais pour les lieux de tournage : les délocalisations sont de plus en plus fréquentes. La Roumanie, la Bulgarie, la Pologne accueillent nombre de productions européennes, comme le Maroc, qui s'ouvre aussi aux tournages américains. Et un nombre de plus en plus important de films hollywoodiens sont tournés de l'autre côté de la frontière canadienne, en Colombie Britannique.

3. Nicole Vulser, « La nouvelle politique des majors. Les studios américains investissent dans le cinéma français », *Le Monde*, 31 janvier 2007.

4. Toby Miller *et al.*, *Global Hollywood*, Londres, British Film Institute, 2001.

ralisation croissante des échanges ne cesse, de son côté, de mettre en scène de nouveaux « objets », d'ouvrir de nouvelles thématiques. À la déréglementation des marchés mondialisés correspond un cinéma global assimilant toujours plus de territoires de sens, élargissant continûment ses anciennes frontières, dérégulant les modèles du récit et de l'Eros, des âges et des genres, de l'acceptable et de l'inacceptable. De même que la sphère marchande pénètre tous les aspects de l'existence ou presque, de même le cinéma n'exclut plus aucun type d'identité et d'expérience.

S'il convient enfin de parler d'écran global, c'est aussi en raison de l'étonnant destin du cinéma, qui a perdu son ancienne position hégémonique et qui, confronté à la télévision et au nouvel empire informationnel, semble un type d'expression surpassé par les écrans électroniques. Pourtant, c'est au moment où le cinéma n'est plus le média prédominant d'autrefois que triomphe, paradoxalement, son dispositif propre, non pas matériel, certes, mais imaginaire : celui du grand spectacle, de la mise en image, du *star-system*. Dans la culture hypermoderne, ce qu'il faut bien appeler l'*esprit cinéma* est ce qui traverse, irrigue, nourrit les autres écrans : le cinéma est devenu un cercle dont le centre est partout et la circonférence nulle part. Plus le cinéma est concurrencé ou supplanté par la Toile, la télé, les jeux vidéo, les spectacles sportifs, et plus son esthétique essentielle phagocyte des pans entiers de la culture écranique. Dans les spectacles, dans le sport, à la télévision, un peu partout joue maintenant l'esprit cinéma, le culte du visuel spectacularisé et des êtres célébroïdes. Infiniment plus puissant et global que son univers natif et spécifique, le cinéma apparaît comme la forme matricielle de ce qui s'exprime hors de lui-même.

Bien au-delà des programmes audiovisuels, l'esprit cinéma s'est emparé des goûts et des comportements quotidiens, les écrans du téléphone mobile et du caméscope ayant réussi à diffuser le geste cinéma à l'échelle du quidam. Filmer, cadrer, visionner, enregistrer les mouvements de la vie et de ma vie : nous sommes tous en passe de devenir des réalisateurs et des acteurs de cinéma, au professionnalisme près. Le banal, l'anecdotique, les grands moments, les concerts, les violences même se retrouvent filmés par les acteurs de leur propre vie. Moins le public visite les salles obscures et plus il y a de désir de filmer, de ciné-narcissisme, mais aussi d'attente de visuel et d'hypervisualité du monde et de soi-même. On veut non plus seulement voir des « grands » films, mais le film des instants de sa vie et de ce qu'on est en train de vivre. Non pas rétraction du cinéma, mais expansion de l'esprit cinéma au sein d'une *cinévision* globalisée. Le tout-écran ne fait pas régresser le cinéma : il contribue, bien au contraire, à disséminer le regard cinéma, à doubler l'existence de l'image animée, à créer une *cinémania* généralisée.

Les deux premiers cycles de l'histoire du cinéma ont vu naître et se développer la *ciné-idolâtrie* des masses. Le cycle suivant a perpétué ce type d'émotionalité mais il a coïncidé en même temps avec l'âge d'or de la *cinéphilie* réflexive et élitiste[1]. Sans abolir absolument ces deux formes de passions cinéphiliques, la quatrième phase voit émerger un nouveau rapport au cinéma, la *cinémania*, qui s'impose comme matrice de l'imaginaire médiatique et quotidien, culte de l'hypervisuel, *cinéma attitude*, tropisme des goûts du public hypermoderne. Cinémania faite d'hyperconsommation mobile mais aussi de goût cinévisuel généralisé et d'activités vidéo diffusées et téléchargées sur le Net. L'époque qui commence est celle qui consacre la cinévision sans frontière, la cinémania démocratique de tous et

1. Antoine de Baecque, *La Cinéphilie. Invention d'un regard, histoire d'une culture 1944-1968*, Paris, Fayard, 2003.

par tous. Loin de la mort proclamée du cinéma, la naissance d'un esprit cinéma animant le monde.

Cinéma global, approche globale

À écran global, approche globale : c'est celle-ci qui fonde et organise les analyses qui suivent.

« Approche globale », cela implique d'abord de se détacher de l'attitude cinéphilique pure séparant radicalement cinéma d'élite ou d'auteur et cinéma populaire ou commercial. Moins que jamais, cette opposition se montre pertinente pour comprendre l'état du cinéma contemporain. Comme bien d'autres divisions, celle-ci n'a pas résisté à la dynamique hypertrophique et dérégulatrice de l'hypermodernité. Analyser le néocinéma, c'est le considérer à travers la totalité de ses productions en réintroduisant le mineur, le commun, le commercial, loin de toute hiérarchisation esthétique des œuvres. Comment continuer à s'en tenir aux « grandes œuvres » lorsque le cinéma ne cesse de faire des « petits », des films de tout genre et à finalités multiples ? À l'instar de l'ordre familial, la planète cinéma est entrée dans un âge de déstabilisation et de recomposition élargie. Séries, téléfilms, spots publicitaires, films d'entreprise, clips vidéos, minifilms, vidéos amateur, c'est cet ensemble disparate aux frontières brouillées dont il faut à présent rendre compte.

« Approche globale » revient aussi à refuser d'étudier le cinéma comme pur système autocentré de signes. Contre la réduction sémiologique ou esthétique, nous nous employons, précisément, à sortir du champ clos de la grammaire du cinéma en rattachant celui-ci à ce qui l'englobe. Penser l'hypercinéma, ce n'est pas rechercher les structures universelles du langage filmique ou faire une classification pure des images, c'est mettre en évidence ce que le cinéma dit sur le monde social-humain, comment celui-ci le réorganise, mais aussi comment le cinéma agit sur les perceptions des hommes et reconfigure leurs attentes. Ni système fermé, ni pur reflet du social, l'hypercinéma doit être interprété de façon globale, du dedans et du dehors, comme effet et comme modèle imaginaire. Si le cinéma n'est pas sans rapport avec la pensée philosophique, ne perdons pas de vue que ce sont les liens qu'il entretient avec la société et la culture qui fournissent les meilleures clés d'intelligibilité de son être propre et de son devenir spécifique. Loin d'une approche surplombante du cinéma mais aussi d'un regard parcellarisé (chronologies par décennies, études microéconomiques), voire miniaturisé à l'extrême (études filmiques), il s'agit d'aborder le cinéma du nouvel âge dans son *économie générale* en y reconnaissant une puissance transformatrice de l'imaginaire culturel global. Une économie du cinéma tout à la fois culturelle et socio-esthétique, transpolitique et anthropologique.

Qu'est-ce que le cinéma à l'heure de l'écran global ? Alors que progresse l'ère des réseaux, le cinéma continue d'être lu de manière très cloisonnée. Bien sûr, les sciences humaines apportent des informations précieuses et des éclairages indispensables, mais leur souci méthodologique, indissolublement lié à la construction d'un objet circonscrit, leur interdit de poser les questions de fond relatives au sens et à la place nouvelle du cinéma dans la société qui s'agence. Ce sont ces vides qu'on a voulu combler en se fixant deux buts. Comprendre d'abord le régime inédit du cinéma qui accompagne la mondialisation, ensuite la place et la fonction qui sont les siennes dans une culture de l'écran chaque jour plus omniprésente.

Mais, si l'approche doit être globale, pourquoi mettre l'accent sur le cinéma ? Pareille focalisation n'est-elle pas en retard d'une guerre au moment où le septième art voit de plus en plus reculer son ancienne primauté au bénéfice de la télévision et d'Internet ? Le fait est indéniable : l'âge triomphal du cinéma est bien derrière nous. Nous vivons le temps de la démultiplication des écrans, de l'écran-monde dans lequel le cinéma n'est plus qu'un écran parmi d'autres. Mais fin de sa centralité « institutionnelle » ne signifie nullement affaissement de son influence « culturelle ». Bien au contraire. C'est lorsque le cinéma perd sa prééminence que son influence globale s'accroît, s'imposant comme cinématographisation du monde, *vision écranique du monde* faite de la combinaison du grand spectacle, des célébrités et du divertissement. L'individu des sociétés hypermodernes en vient à regarder le monde comme si c'était du cinéma, celui-ci constituant les lunettes inconscientes par lesquelles il voit la réalité où il vit. Le cinéma est devenu formateur d'un regard global porté sur les sphères les plus diverses de la vie contemporaine.

D'où la nécessité de remettre l'analyse du cinéma sur le métier, en le dégageant des lectures qu'il suscitait lorsqu'il dominait le monde de l'écran. Penser le cinéma d'aujourd'hui, c'est, de plus en plus, penser un monde social devenu tout à la fois écranique et hyperspectaculaire. On sait depuis longtemps qu'on ne peut penser le cinéma abstraction faite de l'aventure des temps modernes ; voilà que désormais ce sont les temps hypermodernes et leur profusion écranique qu'on ne peut plus penser sans le prisme du cinéma.

Première partie

LOGIQUES DE L'HYPERCINÉMA

CHAPITRE I

Vers un hypercinéma

UN ART ONTOLOGIQUEMENT MODERNE

Né à l'âge moderne, avec une technique moderne et une visée moderne (enregistrer le mouvement par l'image et le donner à voir à un public), le cinéma est un art congénitalement moderne.

À cet égard, exceptionnelle est sa « situation » dans l'histoire des arts. D'une part, il est, avec la photographie, le seul art nouveau apparu depuis vingt-cinq siècles. D'autre part, à la différence des autres arts, ancrés depuis toujours dans un passé millénaire, le cinéma surgit d'une invention technique sans antécédent, mise au point en quelques années seulement. Béla Balasz le fait remarquer : « Le cinéma est le seul art dont on connaisse le jour de naissance. C'est un événement unique dans l'histoire des civilisations[1]. » Voilà un art d'emblée moderne, vierge tant sur le plan esthétique que technique : un art dont la naissance est *sui generis*, créé du tout au tout à partir de presque rien et ce à une vitesse fulgurante.

Il est même, comme l'a suggéré Philippe Muray, le seul art qui n'a pas eu à s'émanciper du religieux. Les arts, tous

1. Béla Balasz, cité par Henri Colpi, *Lettres à un jeune monteur*, Paris, Les Belles Lettres/Archimbaud, 1996, p. 19.

les arts ont dû, au cours des siècles, se détacher du sacré afin de devenir arts et seulement arts. « Seul le cinéma est indemne de cette épreuve. Parce que, dernier à apparaître dans l'histoire des formes, il n'a pas eu non plus à se débattre avec l'histoire des religions, ni à conquérir, en fin de compte, par rapport à elles et contre elles, son autonomie. » Né sans bénédiction divine à l'époque du retrait des dieux, le cinéma « arrive après la bataille, et quand le conflit plusieurs fois millénaire entre l'ici-bas et l'au-delà est enfin réglé au profit de l'ici-bas. Le cinéma ne sait pas, littéralement, que Dieu a existé [1] ».

Les autres arts s'inscrivent par ailleurs dans une lignée historique, avec des écoles et des styles, qui se succèdent, rivalisent, s'affirment tout en s'opposant. Tous les artistes se reconnaissent des maîtres dont ils s'inspirent, dont ils se détachent, dont ils se différencient, devenant maîtres à leur tour et engendrant des disciples ou des opposants. Le cinéma naissant échappe à ce schéma. Il s'invente de lui-même, sans antécédent, sans référence, sans passé, sans généalogie, sans modèle, sans rupture ni opposition. Il est naturellement, naïvement moderne. Il l'est d'autant plus qu'il est issu d'une technique sans visée artistique particulière. Les frères Lumière, quand ils le mettent au point, sont des industriels, non des artistes, et ce qu'ils filment d'emblée le traduit : une sortie d'usine. C'est la technique qui invente l'art, non l'art qui crée la technique. Panofsky le dit bien, qui remarque que c'est le seul art qui s'est développé « dans des conditions contraires à celles des arts précédents [...]. Ce n'est pas un besoin artistique qui provoqua la découverte et le fonctionnement d'une technique nouvelle, c'est une invention technique qui provoqua la découverte et le fonctionnement d'un nouvel

1. Philippe Muray, *Exorcismes spirituels III*, Paris, Les Belles Lettres, 2002, p. 311-312.

art[1] ». Un nouvel art à ce point lié à la machine technique qu'il a très vite, chez les formalistes des années 1920, réussi à conférer aux autres arts artisanaux et anciens « une nuance archaïque. Un audacieux nouveau venu qui menaçait de transformer l'art en simple technique faisait irruption au milieu des arts abrités derrière les traditions[2] ».

Les conditions mêmes dans lesquelles il apparaît le rendent aussitôt suspect. On ne sait trop à quoi le rattacher. La photographie, jeune de quelques décennies seulement, ne constitue pas un référent solide, d'autant que le mouvement et la projection sur écran distinguent radicalement de l'image fixe les images animées et que le spectacle que ces dernières proposent pousse plutôt à les assimiler aux spectacles de foire fréquentés par la foule : lanterne magique, miroirs déformants, panoramas. Patrice Flichy note que « pendant les dix premières années de sa vie, le cinématographe n'est que l'un des spectacles populaires qui prolifèrent en cette fin de siècle. Le succès du dispositif de projection proposé par Lumière et par d'autres inventeurs repose en partie sur le fait que, contrairement au kinétoscope d'Edison (appareil individuel), il s'intègre dans une tradition de spectacles collectifs ». Ce cinéma d'attraction, qu'on va voir dans des baraques foraines ou dans des salles de cafés-concerts, lasse toutefois bien vite le public et « le véritable succès du cinéma n'est effectivement apparu que le jour où il commença à raconter des histoires, où il devint un média narratif[3] ». Le spectacle de foire qu'il est initialement passe progressivement à la

1. Erwin Panofsky, « Style et matériau du cinéma » (1934), *Cinéma, théories, lectures*, textes réunis et présentés par Dominique Noguez, Paris, Klincksieck, 1978, p. 47.

2. Boris Eikhenbaum, « Problèmes de ciné-stylistique » (1927), in *Les Formalistes russes et le cinéma, poétique du film*, Paris, Nathan Université,1991, p. 41, n. 11.

3. Patrice Flichy, « Les images de la Belle Époque. Fin de siècle et nouveau mode de communication », *Alliages*, n° 39, 1999, p. 84-85.

fiction et va même chercher dans la littérature les histoires qu'il se propose de raconter. Le cinéma s'invente ainsi, peu à peu, un langage et une grammaire qui lui permettent de voir plus grand, de se déterminer comme art, tout en éprouvant le besoin de s'organiser comme industrie[1]. Cette double composante – art et industrie – qu'il acquiert très vite, dès les années 1910, lui vaut durablement la critique sourcilleuse de ceux qui lui dénient, du fait même de cette dualité, le statut d'art. « Il avait des façons populacières qui scandalisaient les personnes sérieuses[2] », relève le Sartre des *Mots*. Le cinéma mettra plusieurs décennies à échapper à cette catégorisation négative avant de s'imposer comme septième art.

UN ART DE CONSOMMATION DE MASSE

Art moderne, donc. Mais quel art ? Et moderne en quel sens ? Si l'on établit un parallèle entre son histoire et celle des autres arts, force est d'observer que, au même moment, ceux-ci s'engagent dans la révolution moderniste des avant-gardes, marquée par une volonté de rupture complète avec la tradition et l'héritage. « Je veux être comme un nouveau-né, ne savoir rien, absolument rien de l'Europe... être presque un primitif », déclare Paul Klee. Et Metzinger, revenant sur l'époque, le constate : « Je savais que c'en était fini de tout enseignement. L'ère de l'expression personnelle s'ouvrait enfin [...]. Le temps du maître était

1. Patrice Flichy le rappelle : « La force des cinéastes de la narration, comme William Paul en Angleterre ou Pathé en France, est de rentrer dans une économie industrielle » (*ibid.*, p. 85).

2. Jean-Paul Sartre, *Les Mots*, Paris, Gallimard, « Folio », 1972, p. 110.

enfin révolu[1]. » Le cinéma, lui, n'a pas à se retourner contre les valeurs de la filiation : il n'en a pas. Appliqué à se constituer comme art, à inventer ses formes et son langage, sans modèle par rapport auquel marquer la moindre rupture, son combat n'est pas celui des avant-gardes. Si certains jeunes réalisateurs, liés aux milieux artistiques, l'amènent à participer aux luttes avant-gardistes, ce n'est que de façon marginale, dans sa frange expérimentale : Picabia et Satie accompagnent le René Clair d'*Entracte*, Dziga Vertov, fervent adepte du futurisme, en transpose l'esprit dans sa théorie du montage, et le rasoir surréaliste aiguisé par Buñuel et Dali dans *Un chien andalou* tranche agressivement l'œil qui regarde. Sans méconnaître donc le phénomène, il est clair qu'il reste minoritaire et que, globalement, le cinéma n'ayant aucune table rase à réaliser du fait même de sa propre nouveauté radicale, ce n'est pas la radicalité avant-gardiste qui en constitue la modernité.

Le cinéma a-t-il donc jamais été absolument moderne[2], au sens où seules les avant-gardes auraient été porteuses d'une modernité pure ? Le cinéma n'illustre-t-il qu'une modernité faible ? Questions légitimes, assurément, auxquelles nous aimerions répondre ceci : et si la réalité était exactement contraire à ce schéma ? On a en effet tout lieu de penser que le cinéma a réussi à inventer une disruption qui, sans être celle de l'avant-garde, se révèle plus radicale encore. Il y a une révolution moderniste du cinéma qui n'a rien à voir avec les avant-gardes : celle qui a produit un type d'art radicalement nouveau, absolument démocratique et marchand – un art de consommation de

1. Jean Metzinger, *Le Cubisme était né*, Paris, Éditions Présence, 1972, p. 60.

2. Sur cette question, on peut également se reporter au texte de Jacques Aumont, « Le cinéma a-t-il été moderne ? », in *La Parenthèse du moderne*, Paris, Centre Pompidou, 2005, p. 83-98.

masse[1]. La modernité profonde du cinéma est là, dans cet art de masse, dispositif sans précédent, qu'il contribue largement à imposer. Roger Pouivet pose clairement le problème : « Si l'art moderne et l'art contemporain ont renouvelé les formes de l'art, peut-on dire qu'ils ont modifié tant que cela le statut ontologique des œuvres d'art ? N'aura-t-il pas été modifié de façon plus radicale dans l'art de masse ? La multiplicité systématique, plutôt que le culte de l'original, encore si patent dans l'art contemporain, la technicisation de l'œuvre, au lieu de l'artisanat et du bricolage de l'art contemporain, un public planétaire, au lieu du simple déplacement du "monde de l'art" de l'aristocratie éclairée à la bourgeoisie intellectuelle, des cours et des salons aux universités et aux centres d'art[2]. » Le bouleversement décisif n'est-il pas, en définitive, plus significatif du côté du cinéma que du côté des discontinuités avant-gardistes ? Ironie de l'histoire : ignorant les transgressions avant-gardistes en chaîne, le cinéma s'impose pourtant au premier plan de l'édification de la plus grande modernité artistique. Godard le relève, au tout début de son *Histoire(s) du cinéma* : « Les masses aiment le mythe, et le cinéma s'adresse aux masses[3]. » Mais ce n'est pas seulement par sa façon de réinvestir les grands mythes ou d'en inventer que celui-ci se constitue comme *mass art*. L'ensemble de ses caractères, son essence même, le définissent dès l'abord comme tel[4].

1. L'expression « art des masses » est déjà présente chez Theodor Adorno et Max Horkheimer, *La Dialectique de la raison* (1944), Paris, Gallimard, « Tel », p. 134.

2. Roger Pouivet, *L'Œuvre d'art à l'âge de sa mondialisation. Un essai d'ontologie de l'art de masse,* Bruxelles, La Lettre volée, 2003, p. 9 et p. 11.

3. Jean-Luc Godard, *Histoire(s) du cinéma*, Paris, Gallimard, 4 vol., 1998, vol. 1, p. 96-97.

4. Walter Benjamin avait déjà noté que tout film est par essence destiné à la consommation distractive de masse. Voir « L'œuvre d'art à l'époque de sa reproductibilité technique » (1936), *L'Homme, le langage, la culture*, Paris, Denoël/Gonthier, 1971.

Art de masse, en premier lieu, dans son mode de production. Celle-ci est totalement moderne par la technique inédite qu'elle utilise, laquelle permet au film d'être vu en même temps par un vaste public (et les modes de diffusion les plus récents ne font qu'élargir encore son audience et démultiplier l'effet de masse). Cet aspect collectif qui marque la réception du film intervient aussi dans son élaboration, du fait que celle-ci réclame une division du travail[1]. Un film, c'est non un créateur unique, mais une équipe de plusieurs dizaines, voire plusieurs centaines de personnes : le cinéma est, par définition, un art collectif, même si la Nouvelle Vague essaiera d'imposer plus tard l'idée de politique des auteurs pour conférer à l'œuvre une unicité de création qu'elle ne saurait techniquement posséder[2]. Aucun art n'est à ce point tributaire, de par sa technicisation, d'une contribution collective.

Ce qui constitue également la modernité de l'art de masse tient à une double exigence de ses productions : la nouveauté et la diversité. Même s'il se construit selon un genre et une formule standard, un film se doit d'avoir un minimum d'individualité et de nouveauté. Chaque film recherche « une synthèse difficile du standard et de

1. Déjà Élie Faure comparait la production d'un film à la construction d'une cathédrale : « Les moyens de réalisation de l'un sont analogues à ceux de l'autre [...]. Presque tous les corps de métiers collaborent ou peuvent collaborer à l'un et à l'autre », *Fonction du cinéma*, Paris, Gonthier Médiations, 1964, p. 70.

2. Alain Resnais, qu'on présente pourtant comme un auteur parmi les auteurs, refuse d'apparaître comme tel et interdit, par contrat, qu'on mette au générique de ses films : « Un film d'Alain Resnais. » « À la politique des auteurs, je préfère, selon l'expression de Luc Moullet, la politique des acteurs, et, j'ajouterais, du scénariste, du chef opérateur, de l'ingénieur du son, du monteur... » (entretien avec Jean Serroy). Notons que, dans leur volonté de revenir à la forme la plus pure du cinéma, les cinéastes danois de Dogme 95, Lars von Trier et Thomas Vinterberg, adoptent comme règle n° 10 de leur « vœu de chasteté » : « Le réalisateur ne doit pas être crédité. »

l'original », écrit Edgar Morin[1]. Le cinéma est d'essence moderne en ce qu'il concrétise cette valeur proprement moderne qu'est le Nouveau. Non pas l'absolument nouveau des avant-gardes, mais le toujours un peu nouveau. Avec le cinéma, une création *a minima* est impérative : ce qui en fait un art des différences ou des variations plus ou moins marginales. Par-delà tout ce qui les oppose, avant-garde et cinéma participent de la même culture moderne, qui pose l'innovation en nouvel impératif catégorique.

Au principe de nouveauté s'ajoute celui de la diversité. Aux États-Unis, Hollywood, très vite, centralise l'industrie du cinéma américain : en 1920, 50 studios font travailler 25 000 artistes et produisent de 6 à 700 films par an. Au même moment, la France en produit environ 100, l'Italie plus de 200, le Danemark une quarantaine, la Tchécoslovaquie une vingtaine. Avec l'arrivée du parlant, la production garde la même diversité : dans les années 1930, Hollywood produit en moyenne 500 films par an, et la guerre ralentit à peine la production, qui se stabilise dans les années 1940 à une moyenne de 400 films annuels. En tant qu'industrie, le cinéma a partie liée avec la série et la multiplicité. Il ne suffit pas de produire des films ayant de petits écarts, encore faut-il qu'ils soient lancés sur le marché en nombre et renouvelés sans cesse. Modernité du cinéma, modernité industrielle : Hollywood se construit au moment où se met en place la production en très grandes séries des marchandises standardisées. Mais, en même temps, il inaugure déjà un dispositif typique de l'« économie de la variété » qui s'imposera beaucoup plus tard dans l'hypercapitalisme post-fordien contemporain.

1. Edgar Morin, *L'Esprit du temps*, Paris, Grasset, 1962, p. 35. Voir, plus récemment, Lucien Karpik, *L'Économie des singularités*, Paris, Gallimard, 2007.

Art de masse, encore, dans son mode de diffusion. Dès qu'il se structure comme une industrie, le cinéma se donne pour objectif le marché le plus vaste. L'équation économique de la rentabilité joue très vite un rôle déterminant, comme le relève Patrice Flichy : « Si Pathé l'emporte avec sa production industrielle de masse de bandes filmiques sur Lumière qui réalise un cinéma adapté à une seule salle, c'est que la première offre tous les gains d'une économie d'échelle [...]. D'une certaine façon, Pathé choisit une solution économique fordienne (production de masse, consommation régulière et de masse), ce choix lui permettant d'ailleurs de conquérir le marché américain avant la guerre de 14[1]. » Le cinéma vise le grand public, un public de masse envisagé sans distinction de classe, d'âge, de sexe, de religion et de nation. Il s'adresse à l'individu moyen ou universel[2] en évitant de choquer les spectateurs formés par des cultures différentes. Il est tout le contraire d'un art élitiste exigeant une formation et des codes spécifiques de lecture. Un art d'essence démocratique, cosmopolite, à vocation aussitôt planétaire : dès les années qui suivent leur invention, les frères Lumière envoient des opérateurs partout dans le monde. Et, dans les années 1900-1910, Hollywood crée son usine à rêves – « usine de rêve », dit Godard[3] – destinée à fournir de l'imaginaire à un public de masse, fait d'atomes individuels et anonymes. Le cinéma naissant a été d'emblée acteur majeur de cette première mondialisation moderne.

Art de masse, enfin, dans son mode de consommation. Le cinéma s'accompagne en effet d'une rhétorique de la simplicité, propre à solliciter le moins d'effort possible de

1. Patrice Flichy, « Les images de la Belle Époque », *op. cit.*, p. 87.

2. Edgar Morin, *L'Esprit du temps*, *op. cit.*, p. 58.

3. Il y voit pour sa part une forme de puissance « collectiviste », comme l'indique le rapprochement qu'il fait : « Des usines comme ça, le communisme. » Jean-Luc Godard, *Histoire(s) du cinéma*, *op. cit.*, vol. 1, p. 36.

la part de celui qui en est le destinataire. Ce n'est pas l'élévation spirituelle de l'homme qui est l'objectif, mais une consommation sans cesse renouvelée de produits, permettant une satisfaction immédiate et ne requérant aucune formation, aucun repère culturel spécifique et savant. L'art-cinéma est d'abord et avant tout un art de consommation de masse. Point d'autre ambition que celle de divertir, de donner du plaisir, de permettre une évasion facile et accessible à tous, à l'opposé des œuvres avant-gardistes hermétiques et dérangeantes destinées à révolutionner le vieux monde, à faire naître l'« homme nouveau ». Ce qu'il s'agit d'offrir, ce sont des nouveautés systématiquement produites de manière à être le plus accessibles possible et pour la distraction du plus grand nombre. Là, précisément, est la modernité irréductible du cinéma.

D'où la grammaire qui se met en place et qui fonde une structure filmique se caractérisant avant tout par sa facilité d'accès. Lisibilité d'une intrigue d'abord, organisée de façon claire autour d'un début, d'une action et d'une fin, et donnant au scénario la place fondamentale dans l'élaboration du film. Lisibilité aussi du genre (western, film de guerre, policier, comédie, drame, film d'aventures), appelé à donner aux spectateurs un repère stable et connu d'avance. L'ensemble du système hollywoodien repose sur cette distinction des genres et sur la capacité des réalisateurs engagés par les studios à les pratiquer tous avec la même efficacité. Lisibilité des personnages encore. Le muet, qui ne peut faire comprendre par les mots, impose aux acteurs une expressivité appuyée, qui schématise à l'extrême l'expression des sentiments. Lorsqu'il devient parlant, le cinéma reste fidèle à des types facilement repérables (le méchant, le *lonesome cow-boy*, l'innocente, la femme fatale). Dernière lisibilité enfin, et qui représente, elle, une invention radicale : la star. Idéalisation, icônisation, mythification : celle-ci cristallise tous les fantasmes, tous les rêves, dans une figure « stéréotypée » construite pour être immédiatement reconnaissable. Elle rend d'autant plus accessible le film que c'est elle qu'on va voir et que l'on retrouve, d'apparition en apparition, telle qu'en son inaccessibilité l'éternité la change.

Une lisibilité qui s'est accompagnée de rêves, d'imaginaire et d'enchantement. Par là, le cinéma a fonctionné comme promesse de fête, cathédrale du plaisir des masses modernes, à travers une féerie d'images et de fictions. Ce qui a conduit de bons observateurs à rapprocher cinéma et opéra, l'un et l'autre utilisant de grandes machineries, l'artifice et l'emphase, l'effet-image et la force émotive en vue d'une consommation onirique et fantasmagorique[1]. Ce rapprochement est indéniablement juste. Toutefois, il en existe un autre, moins évident et qui mérite d'être fortement souligné : il s'agit des liens entre le cinéma et la mode.

Variations perpétuelles dans la production filmique, dimension glamour des stars, immédiateté et facilité des plaisirs du spectacle distractif : autant d'aspects qui relient structurellement la modernité du cinéma à l'ordre frivole de la mode. On trouve chez Baudelaire les éléments clés de pareille problématique lorsque, définissant la modernité par « le transitoire, le fugitif, le contingent[2] », il affirme, le premier, la parenté profonde de celle-ci avec la mode. Ce lien intrinsèque de la modernité avec la mode, le cinéma l'illustre au plus près : en tant qu'art de consommation de masse, il fonctionne comme un art-mode, autrement dit

1. Youssef Ishaghpour, *Historicité du cinéma*, Tours, Farrago, 2004, p. 79-87. On peut remarquer que la fusion des arts, chère à l'esthétique baroque, triomphe au XVIIe siècle avec ce genre composite qu'est l'opéra. Le cinéma, lui aussi composite, réalise plus complètement encore, trois siècles plus tard, cette fusion des arts à la recherche d'un « art total ».

2. Charles Baudelaire, *Le Peintre de la vie moderne*, *Curiosités esthétiques*, *Œuvres complètes*, éd. Y.-G. Le Dantec, Paris, Gallimard, « Bibliothèque de la Pléiade », 1954, p. 892.

inséparable non seulement des différences marginales mais aussi de la logique de l'éphémère et de la séduction[1]. Le cinéma se présente d'emblée à la manière d'un art qui, délivré de la puissance du passé, repose, à l'instar de la mode, sur la primauté de l'axe temporel du présent. Et ce au moins en trois sens. D'une part, en tant qu'industrie, le cinéma recherche le succès commercial le plus immédiat et le plus grand possible. D'autre part, du fait du lancement perpétuel de nouveaux films, les films qui sortent « démodent » très vite ceux qui les précèdent. Enfin, il est capable de susciter, plus ou moins régulièrement, des engouements passagers : on adore un film comme une mode, c'est-à-dire dans un intervalle court. À cet égard, on peut analyser le phénomène du box-office comme la radiographie chiffrée ou l'enregistrement classé des préférences de l'hyperprésent emportées par la forme-mode de l'inconstance et de la versatilité.

Au cœur du cinéma se loge le principe du périssable, du temporaire, de l'obsolescence accélérée. Mais s'y trouve aussi bien une formidable puissance de séduction, portée en particulier par les stars. Beauté sans pareille des vedettes-étoiles, cosmétisation des visages, esthétisation des décors, effets travaillés de la lumière : le cinéma, comme la mode, marche à la séduction, à l'artificialité, à la magie des apparences. Il est ce qui a élevé la séduction à une puissance superlative et planétaire inégalée.

Art-mode également en ce que le cinéma enclenche des comportements mimétiques de masse de la même manière que la mode vestimentaire. Nul n'ignore que les stars ont réussi à lancer tout un ensemble de modes : le béret de Garbo, le tee-shirt blanc de Brando, la robe à carreaux vichy de B.B. Mais plus encore, les stars et les films ont

1. Gilles Lipovetsky, *L'Empire de l'éphémère. La mode et son destin dans les sociétés modernes*, Paris, Gallimard, 1986.

modifié les goûts et les attitudes, les codes de la beauté, les façons de se maquiller, les manières de consommer, de parler, de fumer, de flirter. Le cinéma impulse des tendances culturelles, renouvelle des modes d'être et de faire, fait virevolter les orientations esthétiques. Et cela se poursuit de nos jours. Même si certains réalisateurs ambitionnent la longue durée, le cinéma est un art dont les effets sont versatiles et fugitifs comme ceux de la mode.

Par où s'affirme à nouveau la modernité du cinéma. Celui-ci ne peut se réduire au simple miroir de son temps, tant il contribue à remodeler les goûts et les sensibilités. Sans doute n'est-ce pas là le propre du seul cinéma. L'art dans son ensemble remplit cette fonction. Et la religion, depuis le fond des âges, a fonctionné à la façon non d'un reflet idéologique, mais d'un dispositif premier structurant l'ordre social. Cependant, alors que, dans les sociétés traditionnelles, l'ordre produit fonctionne dans le registre de la permanence et de la reproduction à l'identique du passé, dans les sociétés modernes sont créés des codes, des produits et des engouements essentiellement transitoires. Non seulement le cinéma n'a pas de tradition ancestrale, mais ce qu'il agence ne cesse de changer et d'impulser des effets à temps brefs – impermanence du cinéma qui le rattache au plus profond à la logique de la mode. Il faut ainsi refuser les thèses qui affirment que la modernité du cinéma commence au moment où celui-ci perd son innocence, devient réflexif et critique, s'interroge sur son essence et son histoire[1]. Cela ne définit pas la modernité du cinéma, mais seulement l'une de ses figures tardives, l'une de ses potentialités. Beaucoup plus essentiellement,

1. Youssef Ishaghpour, *Historicité du cinéma*, *op. cit.*, en particulier p. 39. Voir également l'ouvrage de Dominique Païni, *Le Cinéma, un art moderne*, Paris, Les Cahiers du cinéma, 1997, dans lequel la modernité du cinéma est identifiée aux bouleversements de la narration linéaire, au régime de la discontinuité, de la brisure, de l'inachèvement.

sa modernité coïncide avec la production massive de produits culturels non durables, singuliers, prêts à consommer, éphémères et spectatoriels. C'est la mode et sa vitesse de renouvellement, le kitsch et la romance, la séduction immédiate et les affects « faciles » qui font la modernité et l'incomparable puissance du cinéma.

La grande illusion ?

Cette modernité du cinéma, que personne ne lui dénie, se heurte à un argument qu'on lui oppose parfois, et qui consiste à en faire un art en trompe-l'œil, dont la démarche ne ferait que s'inscrire dans la longue histoire des formes artistiques fondées sur l'illusion du réel. Il serait l'héritier, en quelque sorte, de la *prospettiva* ouverte par les peintres du Quattrocento ou de *L'Illusion comique* du théâtre gigogne agencé par Corneille. Loin de la « vraie » modernité, le cinéma n'afficherait donc, avec sa technique de lanterne magique, qu'une forme d'archaïsme esthétique.

Pourtant, simultanément, le cinéma s'inscrit, à sa manière, dans ce qui caractérise en propre l'œuvre des avant-gardes que Daniel Bell nommait l'« éclipse de la distance ». Celle-ci se définit par l'éclatement de l'espace scénographique euclidien et la disparition de l'esthétique de la contemplation au profit d'une culture centrée sur « la sensation, la simultanéité, l'immédiateté et l'impact »[1]. Les écrivains d'avant-garde, les cubistes et les futuristes, les expressionnistes et les surréalistes, ont voulu réduire la distance esthétique entre l'œuvre et le spectateur en cher-

1. Daniel Bell, *Les Contradictions culturelles du capitalisme*, Paris, PUF, 1979, p. 119.

chant à plonger celui-ci au sein d'un tourbillon de sensations subjectives et d'émotions directes. À l'évidence, le cinéma relève entièrement de cette révolution culturelle, en particulier par sa puissance d'impact. L'image géante, projetée sur grand écran dans une chambre noire, frappe de plein fouet celui à qui elle est destinée. L'impact est visuel, résultant littéralement d'un phénomène optique, que le cinéma a toujours fait en sorte d'accentuer par des moyens techniques de plus en plus sophistiqués : immensité des écrans, montage accéléré, effets spéciaux. Mais l'impact est aussi bien mental, grâce à la puissance d'envoûtement de l'intrigue elle-même et à la projection du spectateur dans ce qui lui est projeté. Le cinéma, remarque Béla Balasz, « a aboli la distance fixe du spectateur ; cette distance qui faisait partie de l'essence des arts visuels. Le spectateur n'est plus à l'extérieur du monde de l'art refermé sur lui-même [...]. Rien d'analogue ne s'est jamais produit dans aucun art [...]. Une idéologie d'une nouveauté radicale apparaît pour la première fois dans cette abolition de la distance intime du spectateur [1] ».

Cela étant, l'effet n'a rien de comparable à celui que recherchent les avant-gardes. Pour elles, l'ébranlement opéré vise à déconstruire et dénoncer l'illusion afin de la dissoudre. Rien de tel avec le cinéma. Fidèle à une esthétique illusionniste, il ne déconstruit rien, il projette l'image sans renverser ce qui est montré. Il abolit non la représentation illusionniste du réel, mais la distance du regardeur. Et cette éclipse est totale, parfaite, sans autre but qu'elle-même et que la nature du spectacle qu'elle propose.

Par ailleurs, cette force d'illusion qui appartient à son essence même, le cinéma n'en fait pas seulement un illusionnisme, comparable à un tour de magie, comme

1. Béla Balasz, *Le Cinéma. Nature et évolution d'un art nouveau*, Paris, Payot, 1979, p. 128.

c'était le cas dans les premiers trucages et les premiers effets, comme ce l'est plus encore aujourd'hui grâce aux développements que lui apporte le dernier cri de la plus haute technologie. Son esthétique a évolué, en s'attachant à mettre en perspective et à faire dialoguer l'illusion créée et la réalité représentée. Dès le parlant, le cinéma a commencé à intégrer timidement l'exigence moderne du réalisme. Les personnages se sont peu à peu affinés, sont devenus plus proches de la vie. Plus tard, l'expérience terrible de la guerre a imposé la réalité comme une donnée incontournable ; les faits sociaux ont pris une importance nouvelle. Le réalisme poétisé des années 1930 (faux réalisme, vraie poésie) s'est refermé sur *Les Portes de la nuit*. Et, dans le cinéma italien, l'illusionnisme mussolinien, qui se complaisait à donner une image lénifiante de la société et une représentation idéalisée des individus – pas de délinquance, pas de conflits de classes, pas de difficultés économiques, et tous les trains qui arrivent à l'heure – fait place à des films qui redescendent sur terre : avec le néoréalisme, voici les paysans, les pêcheurs, les chômeurs, les petits cireurs de chaussures, *Rome ville ouverte* et *Allemagne année zéro*. Cette problématique du réalisme, à laquelle il s'est ainsi trouvé confronté et qui traverse son histoire, insère le cinéma, par son évolution même, dans la modernité pure des critiques de l'illusion.

Une modernité que revendiquent et qu'illustrent, après quelques éclaireurs comme Orson Welles, les grands créateurs qui apparaissent dans les années d'après-guerre : Bergman, Visconti, Antonioni, Pasolini, Fellini, Buñuel, Losey, Resnais, Godard, Truffaut, Bresson, Tati… Leurs univers sont certes très différents, mais ce que leurs films expriment ressortit à une même exigence d'explorer la représentation de la réalité par des voies nouvelles. Cette modernité s'inscrit dans la déstructuration des normes traditionnelles du récit. Ce que le nouveau roman avait opéré par rapport à la narration traditionnelle et, plus largement, ce qu'avait réalisé la « révolution romanesque » dont parle Michel Zéraffa[1] pour désigner le travail de remise en cause du roman balzacien par les successeurs de Proust et de Joyce trouvent leur équivalent cinématographique dans les bouleversements stylistiques qui interviennent alors et qui transforment en profondeur la nature même des films. Le cinéma nouveau donne naissance, pour reprendre la terminologie d'Umberto Eco, à des *œuvres ouvertes* se caractérisant par l'ambiguïté, l'indétermination, la polyvalence – des œuvres en mouvement qui invitent le public à une intervention active, à un « travail » d'appropriation par les mécanismes d'associations personnelles[2] : *Hiroshima mon amour*, *L'Avventura*, *La Jetée*, *The Servant*, *2001 : l'Odyssée de l'espace*, *Providence*... L'intrigue se pulvérise dans les puzzles narratifs de Godard. Elle se dissout dans la recherche de la lenteur et le vertige du vide qu'explore Antonioni. Elle se perd dans les labyrinthes mentaux où l'entraîne Resnais. Elle se volatilise au fil des chemins buissonniers qu'empruntent ceux qui, comme Jacques Rozier ou autres francs-tireurs, font du vagabondage la voie de la liberté.

Des thématiques nouvelles apparaissent : la solitude, l'incommunicabilité, le silence, le temps, le couple, la liberté, la mémoire, la violence, l'errance. L'ennui guette – *Les Bonnes Femmes* de Chabrol regardent lentement s'étirer les heures vides de leur vie, et, dans *Pierrot le fou*, Anna Karina passe son temps à répéter : « J'sais pas quoi faire. » Le personnage perd son caractère fini, stable, circonscrit : il devient flottant, indécis, décentré, saisi dans l'incertitude de son apparence. Le monde à son tour est flou, difficilement explicable, réduit à un présent sans

1. Michel Zéraffa, *La Révolution romanesque*, Paris, Klincksieck, 1969.
2. Umberto Eco, *L'Œuvre ouverte*, Paris, Seuil, 1965.

épaisseur, saisi dans son immédiateté, minute par minute dans *Cléo de 5 à 7*, petit chapitre par petit chapitre dans *Vivre sa vie*. La banalité, le minuscule, l'insignifiant, les temps morts trouvent une place qu'on leur déniait, commencent à valoir pour eux-mêmes, tandis que le hasard impose sa fantaisie aux événements. On passe alors, pour parler comme Deleuze, de l'image-mouvement à l'image-temps : « C'est un cinéma de voyant, non plus d'action[1] » qui se fait jour. La réalité apparaît comme multiple, impliquant, pour être saisie, la multiplicité des points de vue tout autant que l'appel à d'autres arts. Le cinéma de la modernité moderniste fait entrer les problématiques proprement artistiques dans le champ de l'image projetée. Godard, dans des films dont la (dé)construction a quelque chose à voir avec le pop art, truffe ses images de mots, de livres, de musiques ; Rivette construit son rapport au réel en lui appliquant une grille théâtrale ; Visconti conçoit ses mises en scène comme des tableaux, ses décors comme des opéras ; Antonioni insère ses drames dans des architectures baroques usées par le temps ou dans la solitude urbaine des métropoles modernes. Et Fellini, le grand magicien, fidèle à l'art du cirque, fait du quotidien un spectacle.

À ce moment, le cinéma, qui en vient à questionner lui-même sa puissance illusionniste, bascule dans une nouvelle modernité, celle de la réflexivité et de la déconstruction, celle qui voit l'essor d'un cinéma d'auteur revendiquant le statut d'œuvre d'art s'opposant aux produits jetables du cinéma commercial. C'est alors qu'il engendre sa propre religion : la cinéphilie[2].

1. Gilles Deleuze, *Cinéma 2 : L'image-temps*, Paris, Minuit, 1985, p. 9.

2. Voir Antoine de Baecque, *La Cinéphilie. Invention d'un regard, histoire d'une culture, 1944-1968*, *op. cit.*

UNE NOUVELLE MODERNITÉ : L'HYPER

Mais, à l'évidence, ce moment moderniste est derrière nous. Force est d'observer que le cinéma, au même titre que la société globale, est désormais entré dans un nouveau cycle de modernité, une seconde modernité que nous appelons ici hypermoderne, et qui s'exprime tant dans les signes de la culture que dans l'organisation matérielle de l'hypermonde.

La question du nouveau statut de la modernité et, pour ce qui nous intéresse plus particulièrement ici, du cinéma s'est imposée avec succès, à partir des années 1980, au travers des problématiques du « postmodernisme ». Nombre de théoriciens diagnostiquent alors la fin d'une modernité caractérisée par l'épuisement des grandes utopies futuristes, des visées révolutionnaires et des avant-gardes. Toute la question, néanmoins, est de savoir si le néologisme « postmoderne » est réellement fondé pour appréhender l'époque historique contemporaine ainsi que le cinéma qui s'y déploie. Nous n'en croyons rien. Tout indique au contraire que, vers la fin des années 1970, c'est un nouveau palier de la modernité qui se trouve franchi[1]. Mais, loin d'un quelconque dépassement de la modernité, celui-ci renvoie fondamentalement à une autre modernité, une sorte de modernité au carré ou superlative.

Nouvelle modernité qui se lit au travers d'une triple métamorphose touchant l'ordre démocratique-individualiste, la dynamique du marché et celle de la technoscience. La société hypermoderne est celle où les forces d'opposition à la

1. Sur ce point, voir Gilles Lipovetsky, *Le Bonheur paradoxal. Essai sur la société d'hyperconsommation*, Paris, Gallimard, 2006, et notamment la première partie.

modernité démocratique, individualiste et marchande ne sont plus structurantes et qui, par là, se trouve livrée à une spirale hyperbolique, à une escalade paroxystique[1] dans les sphères les plus diverses de la technologie, de la vie économique, sociale et même individuelle. Technologies génétiques, numérisation, cyberespace, flux financiers, mégalopoles, mais aussi porno, conduites à risques, sports extrêmes, performances, happenings, obésité, addictions : tout grossit, tout s'extrémise et devient vertigineux, « hors limite ». C'est ainsi comme une immense fuite en avant, un engrenage sans fin, une modernisation outrancière que se donne la seconde modernité.

C'est précisément cette dynamique d'ultra-modernisation qui se trouve à l'œuvre dans le cinéma contemporain. Elle se lit, bien sûr, dans les images et les récits, mais aussi dans les technologies et l'économie même du cinéma. C'est comme un tout que celui-ci est emporté dans une logique de modernisation exponentielle.

HYPER HIGH-TECH

Si l'idée d'un cinéma hypermoderne s'impose, c'est d'abord en raison d'une cascade d'inventions technologiques qui ont radicalement transformé l'économie de la filière ainsi que les modes de consommation. Le cinéma a certes toujours été un art qui convoquait les ressources multiples de la technique, mais, à l'évidence, un palier nouveau a été franchi avec le développement des hautes technologies : la vidéo, à partir des années 1980, et surtout le numérique, depuis les années 1990. La technique a fait

1. Gilles Lipovetsky, *Les Temps hypermodernes*, *op. cit.*, p. 72-81.

place à l'hypertechnologie électronique et informatique. La miniaturisation des caméras, l'apparition de la Louma et de la Steadycam, la sophistication progressive des caméras DV ont changé progressivement l'approche même de l'acte de filmer. Pour l'heure, le cinéma est loin d'être totalement numérisé : reste qu'une immense mutation, *via* l'image hybride analogico-digitale, est déjà engagée dans les étapes de conception, de réalisation, de montage de films à très grands succès (*Titanic*, *Jurassic Park*, *Le Seigneur des anneaux*). Non seulement la technologie numérique peut réduire ou supprimer le plateau, retoucher les images, incruster les acteurs dans des environnements de synthèse, capter leurs mouvements par ordinateur pour les restituer sous forme animée, réaliser des personnages synthétiques et purement virtuels, mais elle rend également possible la visualisation de scènes et de mondes inédits autrefois impossibles à « concrétiser ». D'où la spectacularisation extrême des films catastrophes et des films de guerre, mais aussi la réalisation de mondes imaginaires « jamais vus » à effet hyperréaliste (science-fiction, mondes archaïques).

D'où aussi les bouleversements que les images de synthèse entraînent dans le domaine de l'animation. Les techniques de la 3D y remplacent de plus en plus celles de la 2D. En 1995, Disney, qui régnait sans partage sur le monde de l'animation traditionnelle depuis les années 1930, doit, alors même qu'il est en train de perdre son leadership, s'associer à Pixar, maître des nouvelles technologies, pour produire, avec *Toy Story*, le premier long-métrage entièrement réalisé sur ordinateur. Depuis, la machine informatique à produire des images animées n'a pas cessé de progresser, jusqu'à des techniques comme la *motion capture*, expérimentée en 2004 dans *Le Pôle Express* de Robert Zemeckis, qui enregistre par capteurs le jeu de vrais comédiens pour le retranscrire informatiquement sous forme animée, à l'infini. Utilisant tout le potentiel des techniques numériques, le dessin animé japonais, boosté par la vogue des mangas, devient une référence mondiale, et plus seulement pour les enfants. Grâce aux nouvelles technologies, qu'il utilise en maître, Miyazaki déploie le foisonnement d'un imaginaire étourdissant[1], et Rintaro propose un *Metropolis* riche de toutes les ressources d'un futur entièrement virtuel.

Dans la même logique high-tech, le numérique a totalement révolutionné la conception même des décors et des effets techniques, devenus « spéciaux ». Il donne à la post-production, du traitement du son à l'étalonnage – tous deux numérisés –, une place qui va en s'accroissant, jusqu'au montage qui s'informatise de telle sorte qu'on s'éloigne désormais du montage à l'ancienne, sur table, lequel, depuis le muet, constituait traditionnellement le terme ultime de la création filmique. Pareillement, l'équipement sonore des salles – Dolby, THX, numérique –, tout comme la projection en numérique, qui ne fait que commencer, modifient profondément les conditions de projection. Il suffit de comparer les génériques des films d'aujourd'hui, avec leurs listes interminables de collaborateurs, et ceux, quasi laconiques, d'il y a seulement trente ans, pour se rendre compte de cette évolution. La multiplication des postes correspond à une sophistication technique de plus en plus poussée, au point que les studios eux-mêmes font à présent appel à la sous-traitance, en s'adressant à des laboratoires spécialisés pour des produits qui demandent des technologies de plus en plus pointues. La création, en 1975, par George Lucas[2] de sa société

1. Jean Serroy, *Entre deux siècles*, *op. cit.*, p. 551.

2. Le cas de Lucas et de sa saga *Star Wars* est particulièrement révélateur. La conception de la première trilogie entre 1977 et 1983 fait véritablement entrer le cinéma hollywoodien dans l'ère du high-tech. La seconde trilogie, entre 1999 et 2005, à vingt ans de distance, marque déjà un autre âge de la technologie de pointe

d'effets spéciaux, ILM (Industrial Light & Magic), a lancé un type de sociétés adjacentes à l'industrie de la production qui, depuis, en est devenu, et plus seulement à Hollywood[1], un rouage essentiel.

Le cinéma, qui a toujours été une technique d'illusion, s'adonne dorénavant aux débauches en abyme du virtuel. L'immensité des territoires du fantastique, du merveilleux, du monstrueux, du féerique se voit investie par des films qui repoussent toujours plus loin le temps et l'espace de la science-fiction, l'horreur des monstres antédiluviens ou futuristes, la méga-énormité d'un Hulk ou la micro-miniaturisation des Minimoys. Le jeu avec les technologies permet ici de donner corps aux rêves les plus fous, aux fantasmes les plus incroyables, aux inventions les plus délirantes, et les effets spéciaux jouent comme autant de stimuli. On est là dans un cinéma qui fait vibrer non tant par les événements racontés que par l'effet des couleurs, des sons, des formes, des rythmes, et qui s'adresse à ce qu'on a appelé un « nouveau spectateur »[2]. Recherche tous azimuts des extrêmes sensitifs qui se rattache au présentéisme contemporain marqué par le désir de vibrer dans la vitesse, de vivre l'intensité du moment discontinu,

---

et s'inscrit, elle, dans le hyper high-tech : introduction de personnages numérisés dans *La Menace fantôme* et projection, la première pour un film de cette importance, avec des projecteurs électro-numériques ; tournage de *L'Attaque des clones* dans un format numérique HD, avec caméras enregistrant 24 images/seconde comme avec de la pellicule traditionnelle ; création de plus de 2 200 effets spéciaux visuels – un record – pour *La Revanche des Sith*. À quoi s'ajoute une conception des décors mêlant de façon systématique infographie et prises de vues réelles.

1. Par exemple, en France, Buf Compagnie est l'une des sociétés d'effets spéciaux les plus réputées au monde. Inventant en permanence tous ses logiciels, elle représente le plus haut degré de sophistication informatique, et Hollywood la sollicite pour tout ce qui relève de l'innovation la plus performante. Elle est ainsi intervenue sur *Fight Club*, *Batman et Robin*, *Matrix*.

2. Roger Odin, « Du spectateur fictionnalisant au nouveau spectateur, approche sémio-pragmatique », *Iris*, n° 8, 1988, p. 121-139.

d'éprouver des sensations directes et immédiates. L'œuvre y devient film-instant fait d'images-excès ou d'images sensorielles en phase avec un individualisme hédoniste et décloisonné, typique de la *Me Generation*.

Le cinéma qui vient

Révolution technologique qui a également bouleversé le système de diffusion des films. Le marché de la vidéo a décollé au cours des années 1980 et s'est prolongé avec l'avènement du DVD, qui, en France, a pris le pas sur les vidéocassettes au début des années 2000. Aux États-Unis, dès 1987, les salles et la télévision hertzienne représentaient moins de la moitié des recettes : la vidéo et la télévision à péage ont pris la première place. En 1998, le box-office des salles pour les films américains s'élevait à 6,88 milliards de dollars, contre 8,1 milliards de dollars pour la location-vidéo et 6,85 pour l'achat vidéo[1]. En France, le marché de la vidéo représentait, en 2002, 2 milliards d'euros, somme supérieure aux recettes en salles. Et de nouvelles technologies sont à nouveau en train de prendre le relais : Internet devient une plateforme de diffusion du cinéma ; le téléchargement et, dès à présent, le téléphone mobile sont, en Chine et à Hong Kong, les moyens couramment utilisés pour regarder un film. Même si la vidéo à la demande (VOD) n'en est qu'à ses débuts, on devrait enregistrer assez rapidement son essor : 5 % des internautes américains l'utilisent déjà régulièrement.

1. Caroline Eades, « La place du cinéma aux États-Unis », in Jean-Pierre Esquenazi (dir.), *Cinéma contemporain, état des lieux*, *op. cit.*, p. 60.

En parallèle, la succession précipitée de ces hautes technologies a créé un nouvel univers de consommation du cinéma, une espèce de consommateur de troisième type, un hyperconsommateur recherchant des films de plus en plus sensationnalistes, une esthétique high-tech, des images choc et sensorielles s'enchaînant à vitesse accélérée. À travers les films assistés par ordinateur, c'est bien une « mutation du régime scopique[1] » du cinéma qui s'annonce.

Ces bouleversements indiquent-ils la mort du cinéma ? L'hypertechnologie, avec le type d'hyperconsommation qu'elle suscite, est-elle le tombeau de la création, comme on l'entend si souvent dire ? À l'évidence, non[2]. Il suffit de remarquer que l'histoire du cinéma est aussi celle de ses technologies et que nombreux sont les grands créateurs qui, de Gance à Godard, se sont intéressés de près à l'innovation technique. Par rapport à la mutation radicale que connaît aujourd'hui sur ce plan le cinéma, quelques exemples parlants méritent d'être pris en considération. Ainsi, Bergman, nullement suspect des coupables complaisances marchandes qu'on prête à l'industrie hollywoodienne, exige que son dernier – et ultime – film, *Saraband*, projeté d'abord à la télévision en 2003, le soit au cinéma uniquement en numérique. L'électronique comme moyen de projeter l'intime sur la surface désormais sans défaut de l'écran géant et d'en faire un vrai spectacle : ce n'est plus l'infiniment grand et gros des *blockbusters*, mais l'infiniment précis et profond de la tragédie personnelle, de la vieillesse

1. Noël Nel, « Enjeux de la numérisation dans le cinéma contemporain », *ibid.*, p. 292.

2. Ainsi Jean-Michel Frodon : « Ces nouveaux outils, ces nouvelles pratiques, ces nouveaux modes de création, de diffusion et de consommation transforment le cinéma en profondeur. Rien, à ce jour, ne prouve qu'ils mènent à son anéantissement », *Horizon cinéma. L'art du cinéma dans le monde contemporain à l'âge du numérique et de la mondialisation*, Paris, Les Cahiers du cinéma, 2006, p. 42.

et de la mort, qui se trouve ainsi magnifié par les vertus du numérique. Ce qui justifie cette confidence d'Alain Resnais, lui aussi auteur de référence, observant l'arrivée du virtuel d'un œil *a priori* nullement hostile : « Je ne suis pas de ceux qui pleurent sur la disparition de l'argentique au profit du numérique. Le virtuel, il faut simplement savoir s'en servir. Tout dépend de ce que l'on en fait[1]. » Et, dans ce chef-d'œuvre intimiste et personnel qu'est *Cœurs*, le premier plan, qui plante le décor, est un plan virtuel[2], comme le dernier, qui inscrit le mot « Fin » non pas directement sur l'écran de cinéma mais, par une mise en abyme à l'intérieur de l'image elle-même, sur l'écran électronique d'un poste de télévision. Loin de détourner le cinéma de sa fonction d'art – l'expression d'une vision du monde et le regard critique sur la réalité –, l'hypertechnicité du high-tech lui permet de l'assumer de façon nouvelle. Toujours plus d'électronique veut dire plus de possibilités ouvertes pour le cinéma, sans que cela soit, est-il besoin de le dire, une condition suffisante à la création. Le cinéma hypermoderne ne trouvera certes pas son âme dans l'orgie électro-numérique, mais il ne la perdra pas non plus nécessairement.

Nous ne sommes qu'au début de cette mutation. Car arrive le moment où la technique originelle (pellicule argentique, bobine) par laquelle le cinéma était projeté en salles va être relayée par le numérique. C'est tout un cycle – cent ans de cinéma – qui va s'effacer avec l'essor de ce nou-

1. Entretien avec Jean Serroy.

2. Il s'agit d'un zoom en plongée sur un immeuble du nouveau quartier de la BNF à partir d'un plan large qui se resserre en traversant tout le quartier sous la neige. Alain Resnais explique ainsi son élaboration : « On devait faire ce plan de façon traditionnelle, avec une image filmée depuis un hélicoptère. Pour des raisons techniques, cela n'a pas pu se réaliser. La photo, autre solution, ne donnait rien. Le labo m'a alors proposé un plan en 3D. Celui-ci m'a stupéfié. Il y avait un côté artificiel, de convention, qui allait parfaitement avec le film. Le virtuel, là, était à l'évidence la solution » (entretien avec J. S.).

veau support. Pour l'heure, on compte dans le monde plus de 160 000 salles, mais moins de 1 % seulement de ce parc est équipé en projection numérique. Cela étant, la disparition du cinéma sur support argentique est à terme inévitable. L'équipement en numérique des salles est pour l'heure différé du fait que les multiplexes, qui se sont construits dans les années 1990, doivent amortir leur équipement. Mais la chose est pour demain. Et après-demain, sans aucun doute, les salles ne recevront plus les films sous forme de bobines ou de disques, mais directement à partir de satellites qui les leur transmettront sous forme numérisée. On peut ainsi imaginer une chaîne cinéma intégralement HD, du tournage à l'exploitation en salles. Avec tout ce que cela représente comme avantages (qualité d'image supérieure, réduction des coûts, pas de détérioration des copies, variété des couleurs, et même projection possible en relief avec lunettes polarisées). Un futur qui, lui, n'a rien de virtuel : il y a déjà 250 salles 3D aux États-Unis ; il y en aura plus de 1 000 à l'horizon 2009. L'idée de mutation hypermoderne du cinéma trouve ici sa pleine concrétisation technoscientifique.

SPIRALE DES COÛTS ET TRIOMPHE DU MARKETING

En même temps, c'est tout le système économique du cinéma qui enregistre un processus de montée aux extrêmes, typique du nouvel âge. En témoigne, d'abord, la forte augmentation des coûts de production. Au cours de la seconde moitié des années 1970 s'ouvre l'ère des *blockbusters* monumentaux, des superproductions marquées par l'explosion des coûts de production, des budgets de publicité et des cachets de stars. Ensuite se sont multipliés les films à budgets pharaoniques : alors que la moyenne budgétaire totale d'un long-métrage y est de 60 millions de dollars, Hollywood produit chaque année une quinzaine de titres dont le budget dépasse les 100 millions de dollars. Celui de *Titanic* a atteint dès 1997 le sommet de 247 millions de dollars, dépassés depuis, par exemple, en 2007, par *Spiderman 3* et ses 300 millions.

Cette spirale des budgets accélère par ailleurs la financiarisation du monde du cinéma, phénomène constitutif de l'hypermodernité économique. Près de 10 milliards de dollars ont été misés sur le cinéma américain en trois ans (2004-2007). Wall Street a signé un accord de financement de 300 millions de dollars avec la Paramount et de 600 millions avec la Fox, et a même pris le contrôle de certains studios, comme la MGM. La Deutsche Bank, de son côté, soutient pour 600 millions de dollars la moitié de la production d'Universal et de Sony Columbia et Goldman Sachs met sur la table un milliard de dollars pour financer Weinstein Company. Pour mutualiser les risques, les fonds d'investissement interviennent sur l'ensemble de la production d'un studio, qui réalise en général entre 10 et 15 films par an, sachant que, de l'avis d'un spécialiste de la production hollywoodienne, « un studio perd de l'argent sur un tiers de sa production, en gagne beaucoup sur un autre tiers et équilibre à peine sur le dernier[1] ».

À coup sûr, les films européens sont très loin d'atteindre ces sommets. Il n'en demeure pas moins que les budgets moyens ont fortement augmenté au cours des deux dernières décennies. En France, les productions de plus de 10 millions d'euros sont passées de 4 films en 1992 à 20 en 2001. Et, depuis les années 2000, les productions à gros budget se multiplient : les investissements dans cette caté-

1. Paule Gonzales, « Hollywood fascine les fonds d'investissement », *Le Figaro*, 18 mai 2007.

gorie de films sont passés de 25 % en 1999 à 43 % en 2001. Rappelons également les budgets colossaux de Luc Besson, qui rivalisent avec ceux d'Hollywood : *Le Cinquième Élément* a coûté 75 millions d'euros et *Arthur et les Minimoys* 65 millions. L'hypercinéma s'accompagne d'une stratégie de fuite en avant des producteurs qui, cherchant à réduire l'incertitude pesant sur ce marché à risque, produisent des films de plus en plus chers, des films-événements, censés attirer le très grand public.

Mais, si les superproductions voient leurs budgets devenir de plus en plus considérables, les moyens des petits films se réduisent toujours davantage. L'écart tend ainsi à s'accroître entre les films « riches » et les films « pauvres », et la catégorie intermédiaire des films à budget moyen fait les frais de cette nouvelle donne[1]. D'un côté, un nombre grandissant de films à gros budget ; de l'autre, de plus en plus de films faiblement dotés : en 2002, 14 films français ont coûté plus de 10 millions d'euros, mais 41 moins de 1 million. Le temps de l'hypercinéma est contemporain d'un processus de bipolarisation des budgets de production.

Explosion des budgets et inflation des cachets des stars vont ensemble : Brad Pitt, Tom Cruise, Julia Roberts, Nicole Kidman touchent entre 16 et 20 millions de dollars par film. Tom Hanks a perçu 25 millions de dollars pour *Da Vinci Code* et Reese Whitherspoon, dont la valeur marchande a été boostée par l'Oscar, en négocie 29 pour *Our*

1. Pascale Ferran, dans le discours qu'elle a prononcé lors de la remise du César à *Lady Chatterley*, pointe plus particulièrement les dangers pour le cinéma français « du système de financement des films qui aboutit d'un côté à des films de plus en plus riches et de l'autre à des films extrêmement pauvres. Cette fracture est récente dans l'histoire du cinéma français. Jusqu'à il n'y a pas si longtemps, ce qu'on appelait les films du milieu – justement parce qu'ils n'étaient ni très riches ni très pauvres – étaient même une marque de fabrique de ce que le cinéma français produisait de meilleur » (*Le Monde*, 27 février 2007).

Family Trouble, plus fort cachet jamais enregistré pour une actrice féminine. Bien sûr, les cachets astronomiques des superstars ne datent pas d'aujourd'hui. Mais le niveau de rémunération des vedettes, au cours des vingt dernières années, a manifestement franchi une étape en raison du changement d'échelle des marchés, de la quasi-disparition des contrats stables, enfin de l'intéressement aux recettes des films. Au cachet de 20 millions de dollars touché par Bruce Willis pour *Sixième Sens* s'est ajoutée la somme de 100 millions de dollars rapportée par l'intéressement. Non seulement les stars perçoivent des sommes colossales, mais celles-ci sont obtenues beaucoup plus vite qu'autrefois et, qui plus est, redoublées par la participation aux campagnes publicitaires des grandes marques. Comme le disent les Américains : « *The winner-take-all-society* » (la société du gagnant qui rafle toute la mise)[1].

Il n'est pas surprenant, dans ce système, que les inégalités de revenus ne cessent de s'amplifier. En 1994, en France, la moyenne des gains des comédiens s'établissait à 13 300 euros, mais 120 d'entre eux ont touché plus de 150 000 euros ; les 10 % les mieux payés se sont partagés 52 % de la masse des rémunérations et la moitié des comédiens touchait seulement 11 % du montant total des cachets[2]. Inégalité considérable de revenus qui, loin de susciter l'indignation, est, dans le *star-system*, de plus en plus médiatisée et mise en spectacle, socialement acceptée et admirée. Désormais, les gains faramineux contribuent au succès et à la célébrité de la star : les magazines spécialisés dans le cinéma publient chaque année la liste des acteurs les mieux payés, aussi bien à Hollywood qu'en France, au même titre que le magazine *Fortune* diffuse

1. Françoise Benhamou, *L'Économie du star-system*, *op. cit.*, p. 131-152.
2. Pierre-Michel Menger, *La Profession de comédien*, Paris, La Documentation française, 1997.

annuellement la liste des plus grosses fortunes mondiales. Le montant des cachets donne lui aussi à rêver. Ce qui se déploie à l'échelle globale se retrouve au cœur de l'univers du cinéma : le phénomène inégalitaire se creuse au sein de chaque groupe professionnel[1]. Partout se renforcent les inégalités intracatégorielles, l'enrichissement des plus célèbres, l'écart entre les supergagnants et les perdants. L'hypercinéma est à l'image de l'hypercapitalisme mondialisé, marqué par les inégalités spectaculaires et le triomphe du *star-system* s'appliquant à un nombre grandissant d'activités.

Cela étant, l'énormité des cachets et des coûts n'est nullement une garantie de succès : en dépit des surenchères promotionnelles, les échecs ne sont pas rares. Cependant, quelques-uns de ces films réussissent à réaliser des recettes et des profits phénoménaux qui permettent d'équilibrer les comptes de résultat des entreprises de la filière. *Jurassik Park* a réalisé 917 millions de dollars de recettes mondiales, le deuxième volet du *Seigneur des anneaux*, 910 millions. Les recettes internationales de *Titanic* excèdent 1,8 milliard de dollars. S'il convient de parler d'hypercinéma, c'est parce qu'il est celui de l'explosion des coûts mais aussi des records et des bénéfices : il est inséparable d'une espèce d'excroissance économique, elle-même affichée à fin promotionnelle.

Pareil succès ne va pas sans un changement profond dans les méthodes de distribution et de commercialisation des films. À travers la *blanket strategy*, ou stratégie de couverture, le cinéma hypermoderne a ouvert la voie à l'emballement de la machine marketing. Dans les périodes antérieures, les films américains ne sortaient qu'avec une vingtaine ou une trentaine de copies dans les

1. Daniel Cohen, *Richesse du monde, pauvretés des nations*, Paris, Flammarion, « Champs », 1997, p. 78-81.

salles new-yorkaises, avant de commencer leur diffusion progressive jusque dans les petites salles du pays profond. On comptait rarement plus de 300 copies par film en circulation. Cette stratégie a changé à partir de 1975, date de sortie des *Dents de la mer*, avec 500 copies en salles le même jour. À présent, on compte de 8 à 10 000 copies par film, dont 4 000 pour le marché américain et le reste pour le marché international. Désormais un certain nombre de films sont projetés simultanément dans le monde entier[1]. En France, le nombre de copies par film a augmenté de 37 % entre 1994 et 1998. Et les très grosses sorties y monopolisent désormais 800, 900 et jusqu'à 1 000 écrans[2]. Faire attendre le public où qu'il soit, quel qu'il soit, est devenu un trop grand risque commercial dans une époque dominée par la surabondance de l'offre et l'attitude consumériste du « tout de suite ».

En même temps, on assiste à une formidable intensification des campagnes publicitaires dont témoigne l'explosion des budgets. Dans les années 1940, même les studios les plus avancés ne dépensaient guère plus de 7 % du budget de production pour la publicité. De nos jours, le budget de promotion des films américains s'élève en moyenne à plus du tiers et, dans les cas extrêmes, à plus de la moitié de celui de la production. Le budget moyen de marketing d'un film était de 6,5 millions de dollars en 1985 ; il atteint 39 millions de dollars en 2003[3]. L'impératif est d'inonder le marché, de créer un mégaévénement

1. Vinzenz Hediger, « Le cinéma hollywoodien et la construction d'un public mondialisé », in Jean-Pierre Esquenazi (dir.), *Cinéma contemporain, état des lieux, op. cit.*

2. En 2007, le prix d'une copie, en France, varie de 700 à 1 200 euros, suivant la longueur du film et la qualité du produit.

3. « Le spectateur dans les filets du marketing », *Le Monde*, 20 décembre 2006. En France, entre 2001 et 2004, les investissements publicitaires des films ont doublé et ces dépenses ont encore crû de 15,4 % entre octobre 2005 et octobre 2006.

médiatique au moyen d'une stratégie d'omniprésence du film dans les salles comme dans les médias. En conséquence de quoi la plus grande partie des recettes en salles est réalisée au cours des premières semaines de sortie. Alors que, dans les années 1960, un film effectuait sa carrière en salles sur deux ou trois ans, dans les années 2000 il effectue 80 % de ses recettes au cours des quatre premières semaines. À une époque où la concurrence entre les films s'exacerbe, il faut raccourcir les délais du succès, une faible fréquentation conduisant au retrait extrêmement rapide du marché – nombre de sorties ne franchissent pas le cap de la première semaine d'exploitation. À quelques exceptions près (*Diva*, par exemple, ou des films comme *L'Esquive* ou *Lady Chatterley*, relancés par leur César), le succès hypermoderne est « tout de suite ou jamais »[1].

À quoi s'ajoute une stratégie d'extension de la commercialisation *via* des objets complémentaires. Dès la sortie de *Star Wars*, les jeux vidéo étaient disponibles sur le marché ; la restauration rapide et Toys'R'Us proposaient aussitôt des produits dérivés. De même, *Jurassic Park* a rapporté 1 milliard de dollars avec plus de 1 000 produits dérivés. *Le Roi Lion* a réalisé 310 millions de dollars de recettes en salles et 700 en produits dérivés. Le succès d'un film se mesure non plus seulement aux entrées en salles mais aussi à la vente des produits qu'il génère.

Démultiplication des films, hyperpromotion des films phares, « offre saturante », raccourcissement des durées d'exploitation en salles : autant de processus « hyper » qui entraînent une concentration du succès sur un nombre de films de plus en plus restreint. En 1998, *Titanic* et

1. Cela étant, dans la mesure où l'économie du cinéma dépend de plus en plus du hors-salle, l'amortissement des coûts de production nécessite, de fait, davantage de temps.

Le Dîner de cons ont rassemblé à eux seuls sur le marché français plus de 44 % de parts de marché. Sur 506 longs-métrages projetés en France en 2001, 30 films ont réalisé plus de 50 % des entrées et une centaine en représentaient les quatre cinquièmes[1]. En décembre 2006, 5 films occupaient 70 % des 5 300 écrans. À l'inverse, sur un an, 40 % des longs-métrages avaient été montrés dans seulement 4 % des salles. Plus l'offre s'accroît et plus le nombre de films qui contribue à la fréquentation et au chiffre d'affaires tend à diminuer.

S'il est vrai qu'en principe la distribution numérique illimitée peut permettre aux films plus confidentiels de gagner du terrain et d'avoir une durée de vie plus longue – c'est la théorie de la « longue traîne » mise à la mode par Chris Anderson –, force est d'observer que, pour l'heure, c'est la culture des *hits* et l'accélération de l'obsolescence des produits culturels qui s'impose chaque jour davantage. Aujourd'hui, une dizaine de films nouveaux sortent en moyenne chaque semaine sur les écrans français, chassant du même coup nombre de films qui sont à l'affiche et qui n'ont, pour beaucoup d'entre eux, pas eu le temps de s'installer. Qu'est-ce qui pourra véritablement freiner le raccourcissement du temps de vie des films dans une époque dominée par la soif des nouveautés et la surabondance de l'offre cinématographique ? Rien n'assure qu'Internet réussira à mettre sérieusement en échec cette logique structurelle de l'hypermodernité consumériste. Car qu'est-ce qui va guider le choix des consommateurs ? Sur quoi le grand public va-t-il s'appuyer, si ce n'est le « ce dont on parle », les grands succès du présent ? Le temps où les « niches » représenteront un marché aussi important que les *hits* n'est pas pour demain.

1. Françoise Benhamou, *L'Économie de la culture*, Paris, La Découverte, 2001, p. 67.

L'HYPERCONSOMMATEUR AU CINÉMA

Sur le plan de la consommation, le bouleversement n'est pas moindre. Longtemps, le cinéma a été associé à une traditionnelle sortie en famille et en salles. En 1930 et en 1944, presque tous les Américains se rendaient une fois par semaine au cinéma[1]. On en est loin : depuis l'arrivée de la télévision puis de la vidéo dans les foyers, la fréquentation des salles est sur une pente déclinante. Le public va de moins en moins au cinéma[2]. Les chiffres sont sans appel : en 2002, les Américains fréquentaient le cinéma 5,4 fois par an en moyenne et les Européens 2,4 fois. En France, les salles accueillent de nos jours moins de 200 millions de spectateurs, contre 300 à 400 millions dans les années 1940-1950. Partout, la fréquentation régulière (au moins une fois par mois) décroît : en 1979, elle n'était déjà plus que de 17,8 % et, en 1992, de 15 %. Les variations des résultats annuels tiennent pour beaucoup à la présence d'un ou deux films porteurs, comme *Titanic* ou *Les Bronzés 3*, qui viennent infléchir les comptes, mais qui n'affectent pas la tendance de fond. Les Français ne vont plus à présent en moyenne qu'un peu plus de 3 fois par an au cinéma. Dans ce nouveau contexte, c'est le jeune public qui se montre le plus assidu : les 15-24 ans s'y rendent, eux, en moyenne un peu plus de 7 fois par an.

1. Francis Bordat, « De la crise à la guerre : le spectacle cinématographique à l'âge d'or des studios », in Francis Bordat, Michel Etcheverry (dir.), *Cent ans d'aller au cinéma. Le spectacle cinématographique aux États-Unis*, Rennes, Presses universitaires de Rennes, 1995, p. 69.

2. En revanche, depuis les années 1970, celui-ci consomme de plus en plus en salles : à la fin des années 1980, le stand de friandises contribuait pour 60 % aux bénéfices des cinémas américains. Voir John Dean, « Cinémas et *shopping centers* : les salles des années soixante-dix », *ibid.*, p. 143.

En même temps, à la consommation semi-collective d'autrefois (en salles ou en famille) succède une consommation de type hyperindividualiste, dérégulé, désynchronisé, où chacun visionne le film qu'il veut, quand il veut, où il veut. On peut voir un film de cinéma dans sa chambre sur Internet, en voyage sur lecteur portatif et, déjà, sur téléphone mobile. Même les vols long-courriers qui transformaient, par des écrans de format raisonnable, la cabine de l'avion en salle de cinéma collective proposent maintenant de petits écrans individuels attachés à chaque siège, offrant à chaque passager la possibilité de choisir sa langue et son film. Toutes les anciennes contraintes d'espace (la salle obscure), de programmation et de temps (les horaires) ont volé en éclats. On peut regarder un film n'importe où, à n'importe quel moment du jour et de la nuit. Avec les DVD et les offres de diffusion sur le Net, chacun, au moins en principe, peut construire sa propre cinémathèque en fonction de ses goûts. La pratique « ritualisée » de cinéma a cédé le pas à une consommation désinstitutionnalisée, décoordonnée, en libre-service.

Cette poussée d'individualisation n'équivaut nullement à une éradication du sens collectif du cinéma. Neuf Français sur 10 déclarent s'y rendre à plusieurs (en couple ou avec des amis), guère plus de 7 % des spectateurs ont l'habitude de se rendre seuls dans les salles obscures[1]. À une époque où le cinéma est concurrencé par la vidéo et Internet, « aller au ciné » est vécu comme un moment de convivialité et de partage des émotions. Hyperindividualisme ne veut pas dire confinement dans l'espace domestique, mais sociabilité choisie et autoconstruction de l'espace-temps personnel lié au cinéma.

1. Le chiffre bondit à 25,7 % pour la fréquentation des salles d'art et d'essai : dans ce cas, le fait d'aller voir un film seul ressortit à la cinéphilie ancienne manière.

Érosion de la fréquentation des salles, visionnage en situation de nomadisme, démultiplication des petits écrans : tout néanmoins n'est pas joué, tout ne conduit pas à un inéluctable déclin de la magie « originelle » du cinéma. Car, parallèlement à ces tendances banalisatrices, la technologie rend possible, *via* notamment le *home cinema*, une nouvelle expérience spectaculaire recréant l'enchantement le plus traditionnel du cinéma. Revanche du cinéma « éternel » : l'envoûtement *auratique*, demain, pourra se loger dans le confort quotidien et privatisé de l'hyperconsommation. Viendra peut-être un jour où l'excellence du cinéma ne s'incarnera plus dans la salle obscure des multiplexes mais dans le spectacle de films numérisés dans un chez soi high-tech.

Parler d'hyperindividualisme au sujet de la consommation de cinéma soulève une objection bien connue : 85 % des places de cinéma vendues dans le monde le sont pour des films produits à Hollywood ; les films américains occupent deux tiers à trois quarts du marché européen ; sept majors du cinéma américain accaparent 80 % du marché mondial. Force est de l'observer : à l'heure de l'écran planétaire, ce sont principalement les films d'Hollywood qui font se déplacer l'hyperconsommateur. À mesure que les goûts se balkanisent, les choix se portent en masse sur les productions du *star-system*[1]. Comment penser cette apparente contradiction entre la *blockbustermania* et la spirale individualiste de notre époque ?

1. D'où les difficultés croissantes que connaissent les films d'auteur. En 2006, sur les cinq films nommés au prix Louis-Delluc, le « Goncourt du cinéma », trois n'ont pas réussi à attirer 150 000 spectateurs. Les revenus propres d'Arte Cinéma, l'un des principaux acteurs du cinéma français d'auteur, sont tombés de 2 millions à 0,5 millions d'euros. Pendant ce temps, les films « commerciaux » continuent de remplir les salles : près de 190 millions d'entrées ont été enregistrées en France en 2006, et plusieurs films, dans ce créneau, ont dépassé le million de spectateurs. Voir : « 2006, sale année pour les auteurs », *Le Monde*, 7 et 8 janvier 2007.

L'explication la plus fréquemment avancée souligne la puissance économique d'Hollywood, qui, à travers une force de frappe marketing sans pareille, est capable d'orienter, pour ne pas dire diriger, les goûts. Cette analyse a une part indéniable de vérité. Grâce aux plus grandes stars et aux plus grands réalisateurs que seul Hollywood peut financer, grâce à un affichage monstre et à des budgets de production qui servent eux-mêmes d'arguments publicitaires, les superproductions peuvent occuper le terrain et stimuler la demande avec le succès que l'on connaît. Cependant, il existe des limites à ce type d'explication, nombre de films aux coûts exorbitants ne tirant pas toujours, comme on le sait, leur épingle du jeu.

Force est donc d'introduire d'autres paramètres, au premier rang desquels le style du cinéma américain et les attentes de l'hyperconsommateur. L'observation n'est pas nouvelle : les superproductions hollywoodiennes visent d'emblée un marché mondial en gommant tous les aspects qui exigent des clés de compréhension particulières ou qui illustrent des dimensions nationales ou provinciales. On a justement mis en avant à cet égard le concept de « film monde[1] » débouchant sur un modèle transnational lisse et édulcoré. Sur ce plan, la domination d'Hollywood se construit de deux manières : d'une part en trouvant le plus petit commun dénominateur entre les publics du globe ; d'autre part en ciblant les publics jeunes et adolescents, autrement dit les plus grands consommateurs de cinéma qui détiennent les clés du succès. D'où toute une série de films visant explicitement cette cible, à commencer par le genre prolifique que constituent les *teen movies*. D'où aussi un style « jeune », « coup-de-poing », marqué par le très grand spectacle, les effets spéciaux, la culture clip,

1. Charles-Albert Michalet, *Le Drôle de drame du cinéma mondial*, Paris, La Découverte, 1987.

l'escalade de la violence, un rythme effréné, plus d'action que d'introspection. Point de contradiction entre le tropisme de masse vers les superproductions et l'hyperindividualisme consommatoire, mais une adaptation du cinéma à un public formé par la rythmique médiatique et demandeur de sensations rapides et fortes, toujours nouvelles, afin d'être transporté dans les univers extraordinaires du non-quotidien. Le spectateur de cinéma voulait rêver ; l'hyperconsommateur du monde nouveau veut sentir, être étonné, « s'éclater », ressentir des émotions-chocs renouvelées en cascade.

UN ART *HYPERLATIVEMENT* MODERNE

L'hypermodernité du cinéma ne se réduit pas aux bouleversements affectant les modes de production et de diffusion, de commercialisation et de consommation. Ce sont aussi bien le style, les images, la grammaire des films qui portent désormais la trace de la nouvelle modernité.

Dès les années 1980, les meilleurs analystes ont noté l'apparition d'une catégorie de films d'un genre nouveau, centrés sur les images-sensations, les citations, l'emprunt formel. Rattaché à l'épuisement des figures classiques du récit, ce cinéma a été étiqueté comme « postmoderne »[1]. Le diagnostic est juste, la dénomination ne l'est pas. Une

1. Citons notamment Kenneth Von Grunden, *Postmodern Auteurs, Coppola, Lucas, De Palma, Spielberg, Scorsese*, Londres, McFarland & Co., 1991 ; Fredric Jameson, *Postmodernism, or the Cultural Logic of Late Capitalism*, Durham, Duke University Press, 1991 ; Marcia Landy et Lucy Fisher, « Dead Again or A-live Again, Postmodern or Postmortem ? », *Cinema Journal*, vol. 26, n° 4, 1994 ; Laurent Jullier, *L'Écran post-moderne. Un cinéma de l'allusion et du feu d'artifice*, Paris, L'Harmattan, 1997.

nouvelle rhétorique du cinéma est née, qui, loin d'exprimer une modernité « post » ou à bout de souffle, témoigne au contraire de son exacerbation. C'est bien un cinéma ultramoderne que l'on voit désormais sur les écrans. Celui-ci se caractérise en effet, structurellement, par trois types d'images fondamentalement inédites, toutes porteuses d'une logique « hyper », de nature spécifique.

Le premier processus coïncide avec une dynamique d'*hyperbolisation*. De plus en plus, le néocinéma se signale en effet par une esthétique de l'*excès*, une recherche du hors-limite, une espèce de prolifération vertigineuse et exponentielle. S'il faut parler d'hypercinéma, c'est parce qu'il est celui du jamais assez et du jamais trop, du toujours plus de tout : rythme, sexe, violence, vitesse, recherche de tous les extrêmes, et aussi multiplication des plans, montage cut, allongement des films, saturation de la bande son. À l'évidence, ni « l'image-mouvement » ni « l'image-temps » ne permettent de rendre compte de l'une des grandes tendances du cinéma contemporain. À la taxinomie de Deleuze[1], il faut dorénavant ajouter une catégorie cruciale autant que nécessaire : *l'image-excès*.

Le deuxième processus réside dans une logique de *dérégulation* et de *complexification formelle* de l'espace-temps filmique. Structure, narration, genre, personnages : l'heure est à la désimplification, à la déroutinisation, à la diversification tendancielle du cinéma, les repères uniformes et lisses cohabitant de plus en plus avec l'atypique. Sans être omniprésente, cette dynamique signale néanmoins un nouvel esprit du cinéma. Jamais les films n'ont été aussi techniquement élaborés, jamais les modes de récit n'ont été aussi diversifiés, jamais les mélanges de ton, les brouillages

1. Gilles Deleuze, *Cinéma 1. L'image-mouvement*, Paris, Minuit, 1983 et *Cinéma 2. L'image-temps*, *op. cit.*

de ligne, les ambiguïtés de sens n'ont été recherchés de façon aussi systématique. Même s'il est indéniable qu'avec les *blockbusters* Hollywood reste fidèle à l'esthétique de la grande forme narrative classique, le cinéma hypermoderne est celui du multiforme, de l'hybridation, du pluriel. La phase précédente s'était elle aussi construite sur la déstructuration, mais de façon polémique, avec la volonté de briser les tabous. Plus rien de tel dans le cinéma contemporain : la dérégulation va désormais de soi, elle est *intégrée*, perceptible et recevable par tous, mise en œuvre sans volonté de rupture ou de provocation. La libération à l'égard des codes traditionnels passait, avec Godard, Antonioni, Pasolini, par des œuvres à message, anti-establishment et difficiles d'accès. Désormais banalisée et étendue à l'ensemble du cinéma grand public, la dérégulation et la complexification font partie du jeu. Le cinéma de l'hypermodernité est celui qui illustre ainsi une catégorie conceptuelle, elle aussi inédite : *l'image-multiplexe*.

Le troisième processus est celui de l'*autoréférentialité*. Le cinéma s'est très vite regardé lui-même dans le cinéma, à l'image de Louise Brooks mourant dans la salle de projection en voyant son image de star projetée à l'écran, dans la dernière séquence de *Prix de beauté* (1930). Cette référentialité réflexive a pris valeur de revendication critique avec la modernité des années 1960, pour affirmer, face au cinéma classique, ses choix et son autonomie : les citations que Godard sème tout au long de ses films sont comme un programme à décoder. Avec l'âge hypermoderne, le phénomène change de nature : il se banalise, se diversifie, devient le langage même d'un cinéma où la référence, la relecture, le second degré, la parodie, l'hommage, la citation, la réinterprétation, le recyclage, l'humour, font partie de la pratique courante. Cinéma dans le cinéma, cinéma sur le cinéma, autocinéma, péricinéma, métacinéma : le cinéma n'est pas seulement cet « art sans culture » qu'évoque Roger Pouivet[1], mais un art qui crée sa propre culture et s'en nourrit. L'idée d'un art sans culture est d'autant plus discutable que le processus de complexification filmique forme et enrichit la sensibilité esthétique des spectateurs, fût-ce sans visée humaniste traditionnelle. Le concept qui permet de traduire cette hypermodernité autoréférentielle n'est autre que *l'image-distance*. Alors même qu'il immerge sensoriellement le spectateur dans le film, abolissant, comme on l'a vu, la distance à l'égard de l'image, le cinéma hypermoderne crée une distance d'un autre d'ordre, qui relève de l'esprit, d'un mécanisme intellectuel et humoristique. Désormais, le spectateur est autant au-dedans qu'au-dehors des films : c'est là un des paradoxes de l'hypercinéma.

Les trois concepts fondamentaux que nous proposons ici – *l'image-excès*, *l'image-multiplexe*, *l'image-distance* – désignent les trois processus constitutifs du cinéma hypermoderne. Ils ont un dénominateur commun : ils construisent un cinéma affranchi des normes passées, des freins et obstacles, des conventions esthétiques et morales de jadis, parfois très strictes (le code Hays, en vigueur aux États-Unis jusqu'à la fin des années 1960, l'index édicté par l'Église, le bon goût, l'exclusion du sexe...). Quelles contraintes, quels codes impératifs existent encore ? Tout ou presque a été balayé. Le cinéma sous sa forme la plus contemporaine enregistre un processus identique à celui qui conduit des médias aux hypermédias, du capitalisme à l'hypercapitalisme, de la consommation à l'hyperconsommation. De même que les réglementations étatiques et les cultures de classe perdent de leur emprise dans la fuite en avant de l'hypercapitalisme financier et consumériste, de même sautent les verrous esthétiques, les anciens tabous moraux, les cadres spatio-temporels de l'ancien cinéma.

1. Roger Pouivet, *L'Œuvre d'art à l'âge de sa mondialisation*, *op. cit.*, p. 94.

À l'heure des dérégulations généralisées et des spirales hyperboliques se constitue le cinéma des temps hypermodernes : un *hypercinéma* où il n'est pas interdit de voir la forme superlative ou, mieux, *hyperlative* de la nouvelle modernité.

À la différence des revendications-proclamations et des manifestes de la phase précédente et de son cinéma contestataire, l'hypercinéma s'affirme, sans grand modèle antagoniste, sans pôle adverse éclatant. Dans la foulée, ce sont les couples d'oppositions d'autrefois qui s'érodent. Le clivage entre art et industrie, entre cinéma d'auteur et cinéma commercial, a perdu de sa radicalité.

Un triple phénomène se produit. D'un côté, la permanence et même le développement d'un cinéma de recherche se vérifie au nombre sans cesse croissant de premiers films et au rôle de laboratoire que jouent de plus en plus les productions indépendantes : le festival de Sundance est devenu au fil des années une réserve où les grands studios vont chercher les nouveaux talents susceptibles de nourrir de leurs propres recherches la production hollywoodienne. De l'autre, on assiste, à l'autre bout de la chaîne, à une prolifération de produits plats sans ambition et à une inflation de gros budgets, visant ostensiblement le public le plus large et le marché le plus rentable, qui donnent un cinéma de masse extrêmement formaté. Mais, d'un autre côté encore, on constate aussi l'impact du cinéma d'auteur sur les films grand public qui s'affinent et se sophistiquent : de *Delicatessen* au *Fabuleux Destin d'Amélie Poulain* et de *Memento* à *Batman Begins*, les trajectoires de Jean-Pierre Jeunet et de Christopher Nolan, passant de films de recherche confidentiels à des super-productions à large succès populaire, en offrent de bons exemples. Naissent ainsi des films de troisième type, dont le profil n'est plus si tranché. Comment caractériser *Million Dollar Baby*, *La Leçon de piano*, *Talons aiguilles*, *Le Temps des Gitans*,

Marie-Antoinette, *Le Dahlia noir* ? Et *Forrest Gump* et *La vie est belle* ou *Le Grand Bleu* ? Les distributeurs eux-mêmes s'y perdent, qui ne savent parfois plus s'il faut exploiter un film en v.o. dans le circuit art et essai ou en v.f. dans le circuit grand public ; ils ont même inventé une catégorie hybride, le « film d'auteur à forte capacité commerciale ».

Le fossé entre cinéma d'art et cinéma commercial est moins marqué : Resnais obtient aujourd'hui de vrais succès publics, et les *blockbusters* ne s'interdisent plus certaines audaces formelles. Le brouillage croissant lié à l'alliance des contraires est l'une des tendances du nouvel âge du cinéma. Du coup, la culture de masse n'est plus ce qui se distingue ostensiblement, sur le mode négatif, de la culture élitiste ; ces deux territoires s'échangent, s'imbriquent, s'entremêlent de mille manières, créant un cinéma tendanciellement mixte. Il n'y a pas d'art de masse éternel : lui aussi a une histoire. Il s'est construit dans l'opposition entre création et cliché, qualité et médiocrité, *high art* et *low art*. Cette configuration, certes, demeure, mais elle a perdu de son tranchant. Ce qui était absolument incompatible ne l'est plus toujours, l'art de masse ayant réussi à absorber, peu ou prou, les expérimentations de l'art moderniste. Et ce non par le bas, ainsi que l'on pouvait s'y attendre. C'est bien une hyperculture qui naît sous nos yeux.

CHAPITRE II

L'image-excès

De l'ère du vide, on est passé à l'ère de la saturation, du trop, du superlatif en toutes choses. De même que la société hypermoderne se signale par une prolifération de phénomènes hyperboliques (boursiers et numériques, urbains et artistiques, biotechnologiques et consommationnistes), de même l'hypercinéma se caractérise par une fuite en avant surmultipliée, une escalade de tous les éléments qui composent son univers[1].

Cela se traduit d'abord, au niveau le plus concret, par la longueur même du film. Longtemps, celui-ci a été lié au nombre des bobines, qui imposait une durée moyenne de 1 heure 30. Seuls dépassaient cette norme des films exceptionnels et dont la dimension de saga et de grand spectacle le justifiait : ainsi des 3 heures 42 d'*Autant en emporte le vent*. Or la tendance est dorénavant au toujours plus long, sans que cela soit généralement justifié par des raisons dramatiques. La longueur moyenne des films est progressivement passée à 1 heure 40, puis à 1 heure 50, et frôle dorénavant les 2 heures. Et, naturellement, côté

1. Sur les liens de l'hypermodernité et de l'excès, voir Paul Virilio, *Vitesse et Politique*, Paris, Galilée, 1977 ; Jean Baudrillard, *Les Stratégies fatales*, Paris, Grasset, 1983 ; Marc Augé, *Non-lieux*, Paris, Seuil, 1992 ; Pierre-André Taguieff, *L'Effacement de l'avenir*, Paris, Galilée, 2000 ; Gilles Lipovetsky, *Les Temps hypermodernes*, *op. cit.*

superproductions, il n'y a plus de grand spectacle à moins de trois heures : le *Titanic* coule en 3 heures 10, et *King Kong*, toujours aussi gros, devient, au fil des versions, de plus en plus long : 1 heure 40 en 1933, chez Marian C. Cooper et Ernest B. Schoedsack, 2 heures 14 en 1976, chez John Guillermin, 3 heures en 2005, chez Peter Jackson.

Cette fuite en avant trouve sa pleine réalisation dans un tout autre domaine, dans les films à très grand spectacle, truffés d'action, de suspense, de visuels « coups-de-poing ». Souvent destinés à un public plus adolescent qu'adulte, les mégaproductions hollywoodiennes s'appuient sur les codes des genres classiques (horreur, guerre, catastrophe, science-fiction) qu'elles renouvellent par stimulations sensorielles grâce à des effets spéciaux, un rythme d'enfer, des explosions sonores, un déchaînement de violence hi-fi. On est non plus dans l'esthétique moderniste de la rupture, mais dans l'esthétique hypermoderne de la saturation ayant pour but le vertige, la sidération du spectateur. Emporté par l'escalade des images, la vitesse des séquences, l'outrance des sons, le néocinéma apparaît comme un cinéma hypertélique.

Mais ce qui fonde encore, au-delà de cette puissance d'impact, l'idée d'hypercinéma, c'est aussi bien la place que celui-ci réserve à toutes les formes d'excroissance, de montée aux extrêmes, d'exacerbations corporelles, sexuelles et pathologiques : *serial killers*, obésité et addictions, junkies, sports extrêmes, porno, personnages extraterrestres, phénomènes paranormaux, superhéros, corps synthétisés et resynthétisés. C'est bien à travers une logique d'excès que se structure et se raconte le cinéma contemporain.

Ciné-sensations

L'image-excès apparaît en premier lieu comme l'effet direct des nouvelles technologies. Le numérique, en particulier, avec les immenses possibilités qu'il ouvre, favorise les genres les plus consommateurs d'effets spéciaux et suscite des *blockbusters* qui s'en font la vitrine, dans une surenchère d'images-choc de plus en plus ahurissantes. Les films d'action, de science-fiction, d'aventures, d'horreur, et même les films pour enfants – voir *Harry Potter à l'école des sorciers* et ses suites bardées d'effets toujours plus étourdissants – intensifient considérablement leur puissance d'impact, leur « force de frappe ». La transcription d'imaginaires dont la visualisation se trouvait jusque-là limitée par des techniques moins performantes devient possible. Peter Jackson peut désormais transposer l'univers fantastique de Tolkien dans la trilogie du *Seigneur des anneaux* et, dans *La Revanche des Sith*, aller jusqu'à offrir la vision de huit planètes totalement fictives, ayant chacune leurs spécificités, leurs paysages, leur design. Pareillement, Néo, le Sauveur de *Matrix Reloaded*, peut se battre contre un adversaire multiplié par cent par les seules vertus du clonage informatique.

La réalité virtuelle, pointe extrême de l'invention high-tech, est la concrétisation de l'image-excès en tant que telle [1]. L'effet est proprement extraordinaire dans les salles disposant d'équipements spéciaux où l'utilisation par le spectateur de lunettes 3D-relief crée un voyage virtuel

1. Le virtuel en vient à créer des mondes et des personnages entièrement synthétiques, capable qu'il est désormais de tout reproduire, y compris, comme dans *Final Fantasy*, ce qui était jusque-là l'élément humain le plus difficile à réaliser : le mouvement de la chevelure, l'infiniment fin du cheveu.

intense, une immersion totale dans l'image, une mobilisation hallucinatoire des sens. Simulation en temps réel, bain de sensations corporelles dans un « nouveau monde », modification et déstabilisation des perceptions, sensation extrême de réalité : c'est le vertige hypermoderne, une espèce de « trip » sensoriel, qui se déploie dans l'illusion parfaite produite par la réalité virtuelle.

Certes, le high-tech n'est pas partout, et il y a toujours place pour des films traditionnels, qui s'interdisent tout recours aux images de synthèse. Mais l'évolution est telle que pratiquement plus aucun film aujourd'hui ne se fait sans que l'informatique et le numérique n'interviennent et qu'on ne peut plus concevoir un cinéma de spectacle, d'évasion, d'action, sans eux. D'*Astérix et Obélix. Mission Cléopâtre* à *Vidocq*, de *La Momie* à *X-Files* ou à *I-Robot*, les effets spéciaux sont partout, en une inflation telle qu'un film doit toujours en offrir plus que celui qui le précède. La promotion des suites est d'ailleurs largement axée sur cette escalade d'images pyrotechniques : le spectateur, mobilisé par le lancement commercial du film, va voir le deuxième volet de *Pirates des Caraïbes*, avec son équipage de squelettes zombies et son monstre marin aux tentacules infinies, comme une surenchère technologique poussant la virtuosité d'un cran par rapport au premier épisode. En attendant un troisième plus excessif encore…

Le high-tech a d'abord investi surtout le son, avec le dolby stéréo puis le fameux THX de George Lucas, ce qui justifie parfaitement la dénomination de « films-concerts » proposée par Laurent Jullier pour traduire l'état d'immersion sonore dans lequel ce cinéma plonge le public. Dans ces films où la bande-son prend le pas sur la bande-image, le spectateur est plongé au sein d'un univers dont les sons graves à intensité extrême touchent directement le corps et son système sensoriel[1]. Bain sonore, haut-parleurs hi-fi, sons vertigineux, impacts hyperréalistes : l'audiovisuel l'emporte ici sur les mots, l'« ampli » sur le récit, la sensation pure sur la compréhension, le « plus » sur le sens. Depuis une dizaine d'années, accompagnant cette surenchère sonore, les effets high-tech dynamisent également de plus en plus l'image, permettant un feu de véritables artifices qui jouent comme des stimuli optiques – ce qui redonne tout son sens à l'appellation qu'utilisait Serge Daney pour désigner ces films du *feeling*, lorsqu'ils se profilaient au tournant des années 1980 : des « son et lumière ». Ce *ciné-sensations*, où se déploie une débauche d'effets visuels et sonores, est devenu dans les années 1990-2000 la traduction la plus manifeste du cinéma contemporain à grand spectacle.

Il n'y a dès lors pas à s'étonner de voir porter à l'écran les exploits du corps extrême, source de sensations extrêmes. C'est ainsi que *Le Grand Bleu* est devenu film culte d'une génération trouvant dans le vertige des profondeurs à la fois une valeur d'absolu et une poussée d'adrénaline. Les films se multiplient qui entendent donner le frisson de la vitesse extrême : bolides ultra-rapides (*Taxi* 1, 2, 3, 4) ; surf sur les rouleaux de Malibu (*Point Break*, justement traduit en français par *Extrême Limite*) ; skateboard pratiqué sur l'asphalte des rues (*Les Seigneurs de Dogtown*) ; course acrobatique escaladant murs et façades (*Yamakasi*) ; snowboard dévalant les pistes les plus dangereuses (*Snowboarder*) ; escalade à l'assaut des plus hauts sommets (*Vertical Limit*) ; voltige aérienne, avec caméras embarquées sur les *Mirage* 2000 et qui font vivre au spectateur les accélérations et les loopings comme s'il y était (*Les Chevaliers du ciel*). En marge même de ce

1. Laurent Jullier, *L'Écran post-moderne*, *op. cit.* L'auteur choisit d'analyser comme exemple type de ce cinéma *La Guerre des étoiles*, *Le Grand Bleu*, *Mauvais Sang*, *Nikita* et *Danse avec les loups*.

cinéma d'action et de spectacle se développent des films – documentaires, courts-métrages, spots, clips – destinés à un public de passionnés, qui lui offrent, de festivals de films de montagne en nuits de la glisse, comme un prolongement sur grand écran des sensations exacerbées qu'il va chercher sur les pistes ou dans les airs. La jouissance sensitive et vertigineuse est le fin mot de ce cinéma du corps extrême où les images deviennent plus réelles que nature.

L'IMAGE-VITESSE

Depuis Spielberg et la génération néohollywoodienne de la fin des années 1970, un autre paramètre a acquis une importance majeure : la vitesse, l'ultramouvement, le rythme infernal. Jusqu'alors, la vitesse, dont le cinéma américain classique, des *screwball comedies* aux films d'aventures, s'était fait le champion, était induite par l'histoire racontée et obéissait à des raisons dramatiques ou psychologiques. La nouveauté réside dans une écriture de *la vitesse pour la vitesse*, celle-ci devenant à elle-même sa propre fin. Cette dimension, posée comme attractive en soi, se trouve affichée dans des titres qui l'annoncent comme le contenu même du film (*Speed*, *Fast and Furious*)... Rodéos nocturnes en voitures de sport lancées ici dans les rues de Los Angeles ou autobus fou précipité là dans une course infernale, la vitesse automobile montrée à l'écran n'est de fait plus que l'illustration du principe extrême : aller toujours plus vite. Une esthétique d'un nouveau genre s'impose, animée par la logique hypermoderne du mouvement autotélique.

Dès lors, l'utilisation de plans très courts devient la règle. Comme le remarquent Vincent Amiel et Pascal Couté, qui analysent de près cette explosion de la vitesse pour elle-même, « la durée moyenne des plans [dans les films de Michael Bay, pris comme illustration du cinéma américain contemporain] est de deux secondes, alors que, dans le cinéma classique et moderne, la durée moyenne est de quatre à six secondes, voire davantage[1] ». Le plan devient quasiment flash, sa brièveté rendant son impact d'autant plus brutal et sa répétition accélérée faisant effet de *bombardement* visuel. Cette surenchère, qui n'est pas sans rapport avec l'esthétique des jeux vidéo et du clip, peut devenir quasiment frénétique, accentuée qu'elle est par toute une série de moyens : nervosité du montage, brièveté du dialogue, multiplication des scènes de poursuite, ponctuation sonore. L'influence du cinéma de Hong Kong, où la vitesse de défilement des plans peut être assimilée à un crépitement continu, joue pleinement : Hollywood, toujours à l'affût, va y chercher John Woo, qui fait aussitôt passer sur l'écran hollywoodien cette frénésie dont il apparaît comme un spécialiste incontesté.

Dans la logique commerciale qui est celle du *blockbuster*, certaines formes se définissent pratiquement par cette recherche permanente de l'accélération : films d'action, d'arts martiaux, de science-fiction. Mais la vitesse en soi devient aussi une esthétique d'ensemble, qu'Hollywood exporte partout dans le monde, suscitant soit des films clones, comme les *Taxi* 1, 2, 3, 4 ou *Yamakasi* produits par Luc Besson, soit des recherches plus originales prenant la vitesse pour principe même du film, comme dans le *Cours, Lola, cours !*, de l'Allemand Tom Tykwer. Nombre de nouveaux cinéastes viennent d'ailleurs du clip, de la publicité, de

1. Vincent Amiel et Pascal Couté, *Formes et obsessions du cinéma américain contemporain*, Paris, Klincksieck, 2003, p. 68.

la télévision, du jeu vidéo – toutes formes d'expression d'où la lenteur est bannie.

Si le phénomène traduit surtout l'esthétique dominante de la production hollywoodienne, il se manifeste aussi dans une accélération généralisée du récit et du montage qui concerne l'ensemble des films contemporains. Désormais, la vitesse s'infiltre dans tous les genres et tous les films, au point qu'elle date irrémédiablement les films classiques aux yeux de ceux, jeunes spectateurs notamment, qui ont été habitués à ce seul cinéma du mouvement pour le mouvement. La dialectique entre temps vif et temps mort, qui établissait un contrepoint entre l'un et l'autre et faisait ressentir le rapide par différence avec le lent, comme l'élaboration progressive d'une accélération à valeur dramatique se construisant sur un effet de crescendo, n'ont plus cours : c'est désormais *speed* tout de suite et *non-stop*.

Dans ces conditions, la ligne de résistance principale à ce *mouvementisme accéléré* passe par une mise en avant de son contraire : la lenteur. Mais, contrairement aux films classiques où la dilatation du temps avait valeur dramatique (on ne le voit jamais aussi bien que chez les grands maîtres de la lenteur, Dreyer, Ozu, Bresson), sa valorisation participe désormais du système : la lenteur devient une antivitesse, affichée de façon ostentatoire comme telle, et qui ne craint pas de recourir à la technique du ralenti, lequel n'est en fait que la forme inversée, mais tout aussi hyperbolique, de l'accéléré. Processus manifeste dont John Woo s'est fait une spécialité : il utilise, par exemple dans *Volte/Face*, le ralenti au cœur même de la vitesse la plus accélérée, en dilatant, au beau milieu d'une fusillade au rythme infernal, le moment où la balle sortant du canon s'en va frapper son objectif, comme une sorte de magnification de cette vitesse. Ce n'est que chez quelques cinéastes rétifs, construisant leur œuvre en dehors du système dominant – Jarmusch, Angelopoulos, Béla Tarr,

Sharunas Bartas – et étirant souvent leurs plans-séquences jusqu'à la limite extrême, que la mise en scène de la lenteur traduit un univers qui se refuse à jouer le jeu.

Au cours de ces trois décennies où la société s'est hypermodernisée, le cinéma a fait de même, créant chez le spectateur l'appétit d'un toujours nouveau et d'un toujours plus « fort » porté à son acmé. Les spots publicitaires, le clip musical, la télévision, le rap ont également travaillé dans ce sens. Tendanciellement le spectateur est devenu un hyperconsommateur qui ne supporte plus ni les temps morts ni les délais de l'attente : il lui faut plus d'émotions, plus de sensations, plus de spectacles, plus de choses à voir pour ne pas bailler et pour *ressentir* sans cesse. Un néospectateur qui a besoin de *s'éclater*, qui cherche à *se défoncer* en images, à éprouver l'« ivresse » dionysiaque de s'arracher à soi et à la banalité des jours. De là l'hypertrophie du spectaculaire, scandé par une fuite en avant du rythme. L'hypercinéma traduit une demande générale de sensorialité et d'émotionalité perpétuellement renouvelées, sous-tendue par le triomphe de la culture hédoniste de même que par le besoin de décrocher d'un quotidien de plus en plus générateur de mal-être et d'anxiétés subjectives. L'image-vitesse joue comme un vertige, une drogue à la fois hypnotique et exaltante. Désormais, dans le cinéma, vite signifie bien et beau.

L'IMAGE-PROFUSION

Le « jamais assez » de la vitesse a son corollaire dans le « jamais trop » de la profusion. Toujours plus de couleurs, toujours plus de sons et plus d'images : le cinéma hypermoderne en rajoute en permanence, comme le montrent dans leur surenchère compétitive les grands spectacles offerts par les *blockbusters* hollywoodiens. Non que la profusion n'ait trouvé à s'exprimer auparavant. La stylistique baroque de l'hyperbole, du débordement, du trop-plein a toujours sous-tendu l'œuvre de grands réalisateurs : Eisenstein, Gance, Welles tracent la ligne de crête d'une tendance qui trouve avec Fellini son accomplissement sublime. Chez ce dernier, l'excès est celui d'un imaginaire foncièrement personnel, exceptionnel, aussi plantureux que les poitrines de ses figures féminines de prédilection. Il traduit l'essence même de sa vision du monde et, gorgeant l'image de personnages, de couleurs, de bruits, il fait de la profusion un spectacle. Le cinéma contemporain, lui, fait du spectacle une profusion.

Excroissance pure, profusion pour la profusion : l'hypercinéma donne à voir toujours davantage, dans un renchérissement du plein qui n'est autre qu'un débordement hypertrophique, une réplétion extrême valant pour elle-même. Les films d'action, d'aventures, d'horreur, tout particulièrement, cherchent à en offrir toujours plus, à en mettre, littéralement, « plein la vue » : les effets spéciaux y deviennent feux d'artifice ; les poursuites, les explosions, les cascades, les affrontements non seulement s'y multiplient mais y sont sans cesse plus rapides, plus audacieux, plus violents. Lorsqu'un héros ne suffit plus, on lui en adjoint plusieurs, ajoutant à la profusion l'accumulation et la répétition : dans le *Van Helsing* de Stephen Sommers, en 2004, le personnage n'affronte plus un seul adversaire mais, devenant chasseur de monstres, se mesure dans le même film à la fois à Dracula, au monstre de Frankenstein et au loup-garou.

Le phénomène nouveau est que cette profusion, finalement attendue dans la logique de surenchérissement du cinéma de genres, la déborde largement, nourrissant l'univers stylistique et imaginaire des réalisateurs les plus importants et les plus représentatifs du cinéma contemporain. De surcroît, cette profusion, qui a toujours été l'un des grands critères du baroque, se trouve traduire aujourd'hui un monde devenu de son côté débridé, protubérant, hypertrophique. Il n'est plus question de bon ou de mauvais goût – vieille querelle intentée par le classique à son ennemi naturel –, mais bien de vertu reconnue pour elles-mêmes à toutes les expressions du trop : l'outrancier, l'hyperbolique, le multiple, le surabondant, le débordant, l'excessif. Les œuvres qui déclinent de façon privilégiée cette profusion paraissent du coup en phase avec l'esprit d'un temps dérégulé, pléthorique, saturé. Ce n'est pas le fait du hasard si l'opacité toujours plus labyrinthique d'un David Lynch, si la violence de plus en plus complexe d'un David Cronenberg, si le paroxysme toujours plus destroy d'un Abel Ferrara, si le capharnaüm toujours plus foisonnant d'un Emir Kusturica, si l'exubérance toujours plus effrénée d'un Pedro Almodóvar apparaissent comme les formes les plus expressives de la représentation cinématographique contemporaine. Elles disent l'éclatement de tous les repères, l'anomie hypertélique, l'abondance chaotique du cosmos hypermoderne, comme si notre époque sans point de fuite à l'horizon n'avait d'autres réponses à ses défis que de rajouter de la cacophonie à la cacophonie, de l'excroissance à l'excroissance, du décentrement au décentrement.

La liste est longue, par conséquent, des cinéastes et des films ébouriffés et ébouriffants, des vibrations lyriques et gitanes de Tony Gatlif à la frénésie revendiquée et à la luxuriance fébrile avec laquelle Baz Luhrmann revisite le fameux *Moulin Rouge*. Le cinéma hypermoderne affectionne le plein[1]. Il s'exprime parfaitement dans les outrances slaves de Kusturica, qui remplit l'écran de refrains d'orphéon,

1. Le plein de plein, mais aussi le plein de vide. On pourrait rattacher au même principe de profusion la logique inverse de la réduction à outrance, de l'ascétisme systématique, de l'ultraminimalisme formel : ainsi du vide nordique du cinéma de Kaurismaki ou du dépouillement absolu des presque trois heures du *Grand Silence*.

d'airs lyriques, d'armes qui crépitent, d'oies qui cacardent, d'alcool qui coule, de croupes qu'on flatte, de lits qui volent. Ou encore dans l'explosion de couleurs, dans la frénésie vitale, la recherche du plaisir, le patchwork bariolé des tons, l'excitation permanente de *La Loi du désir* ou des *Femmes au bord de la crise de nerfs*, qu'illustre l'univers hispanique, baroque et flamboyant des films d'Almodóvar, né de la libération d'une société postfranquiste se jetant à corps perdu dans la *movida*[1]. Quelle que soit la forme qu'elle donne à cette expression du beaucoup et du trop, la nature du cinéma hypermoderne a horreur du peu.

Les nouveaux monstres

Ce cinéma a pareillement horreur du moyen, du tempéré, du juste milieu. Non que le cinéma, depuis toujours, n'ait mis en scène des figures de l'extrême, à travers notamment les passions dévastatrices, les vices, les comportements violents et sadiques. Le joueur, le don Juan, le criminel, l'alcoolique, la femme fatale : autant de types qui, représentés sous les formes les plus variées, ont nourri un grand nombre de films. Toutefois, l'extrême y était principalement envisagé sous un angle moral, comme ayant partie liée avec le diable : le professeur de *L'Ange bleu*, entraîné dans l'abîme de la déchéance par sa passion dévorante pour une vamp de cabaret, en offre l'image archéty-

1. Cette profusion, qui est celle du pêle-mêle, du patchwork, du trop plein, du bariolé, n'a plus rien à voir avec cette autre esthétique de l'excès qu'a été l'expressionnisme des années 1920-1930. Avec ses décors distordus, ses jeux d'ombres et de lumières, ses cadrages déformants, son noir et blanc intensément contrasté, celui-ci se construit à travers la dramatisation et la tension d'un espace tourmenté qui est celui de la grande tragédie moderne. L'expressionnisme d'hier traduit l'expérience de l'*abîme*, l'image-excès hypermoderne celle du *chaos*.

pale. Nous n'en sommes plus là : à la problématique du vice éternel a succédé celle du dysfonctionnement des modes de vie et des personnalités. L'expression de l'extrême tend à se détacher du jugement moral au profit de la critique sociale d'un temps lui-même pathologique et extrême. L'image-excès ne se construit plus sur fond de référentiel métaphysique ou comme figure humaine immémoriale : elle vient illustrer la situation d'une société où les individus sont victimes ou esclaves d'un univers déstructuré fait de libertés et de stimulations démultipliées. L'excès archétypal, dionysiaque ou satanique, a cédé le pas à l'excès d'une époque historique pathogène : celle de l'hypermodernité individualiste. C'est dans ce contexte que prolifèrent les thèmes et images des anomalies paroxystiques.

Longtemps, les formes du corps-excès ont représenté des figures du rire, de la sensualité ou du pouvoir. Si l'on prend par exemple le type traditionnel du « gros », celui-ci était utilisé, par contraste avec le maigre, pour constituer des duos comiques éprouvés sur le modèle de Laurel et Hardy. Ou bien il était soit rattaché du côté masculin à la bonne chère et assimilé à la figure du bon vivant, soit lié du côté féminin à l'exaltation sensuelle de la chair (l'univers de Fellini en offre un inépuisable réservoir). Il pouvait même être ressenti comme symbolique d'une toute-puissance de potentat ogresque, dont Orson Welles, devenu énorme, donne la (dé)mesure. Cela a changé.

Le « gros » fait maintenant place à l'obèse, au *fat man*. Ce n'est plus la grosseur, emploi dramatique, mais l'obésité, phénomène pathologique et hypertélique de la société d'hyperconsommation (voir *Super Size me*), qui est montrée. À l'opposé de l'image du bon gros, de la femme plantureuse ou du potentat, l'obésité est devenue une nouvelle figure du dérèglement, de l'obscène, de la dépossession de soi. Obscénité postmoraliste sur fond d'hygiénisme et de volonté de maîtrise de soi individuelle. Dans *Twelve and Holding*, un jeune garçon au corps adipeux, élevé dans une famille d'obèses où manger beaucoup et gras représente la conduite alimentaire normale et constitue une véritable culture, s'essaie à échapper au schéma familial et social et, radicalisant sa prise de conscience, enferme sa mère dans la cave, la privant de nourriture. Dans *Palindromes*, Todd Solondz, faisant interpréter par plusieurs acteurs d'âge et de sexe différents son personnage principal, lui donne, parmi plusieurs apparences, la double figure opposée d'une énorme Noire obèse et d'une jeune blanche filiforme et anorexique. Car l'anorexie, extrême inverse de l'obésité, est le terme du régime minceur. Les copines d'*Elephant*, dès leur repas terminé, se précipitent aux toilettes pour se faire vomir. Le souci de la minceur devient une préoccupation obsessionnelle : Bridget Jones tient le *Journal* de ses efforts de privation quotidiens, et l'héroïne de *J'ai faim* décide de se plier à un régime minceur draconien pour regagner son homme.

Non seulement le cinéma illustre le phénomène social, mais les acteurs moulent à présent leur propre apparence physique dans celle des personnages qu'ils incarnent. Si Renée Zellweger n'a guère à se forcer pour incarner une Bridget Jones bien en chair, Robert De Niro, le premier, n'hésite pas à prendre trente kilos dans *Raging Bull* afin d'interpréter le rôle du boxeur Jake La Motta en proie à la déchéance physique. Et la grande, mince et longiligne Charlize Theron, top model de référence, en prend une quinzaine pour devenir la maritorne tueuse de *Monster*. Les vedettes ne sont plus tout à fait en représentation : elles paient pour ainsi dire de leur personne, jusque dans leur chair, les défis de l'extrême.

Selon cette même logique, les conduites excessives les plus diverses trouvent à s'exprimer dans des films qui les mettent en scène à travers des personnages, mais aussi, souvent, des comédiens qui poussent l'identification jusqu'à ses limites ultimes. Ainsi de la *girl culture*, que Catherine

Hardwicke montre dans *Thirteen* en faisant appel, comme coscénariste et interprète, à une toute jeune fille, Nikki Reed, qui incarne son propre personnage d'ado « extrême ». La drogue, l'alcool, le vol, le sexe, les scarifications, le piercing, les tatouages, les fringues sexy : tout y est, quasiment en direct.

Quant au sida, à ses ravages physiques et à la mort que ceux-ci annoncent, on ne saurait oublier que le premier film qui les a véritablement exposés, en 1992, au grand jour de l'écran, *Les Nuits fauves*, est l'œuvre d'un réalisateur lui-même alors séropositif, qui meurt quelques mois après la sortie du film. Le côté *destroy* des conduites à risques donne naissance à des films où les addictions – à la drogue, à la violence – sont l'objet d'une représentation formelle qui en souligne et en accuse le côté excessif. Que ce soit le jeune junkie de *Requiem for a Dream*, pris dans la spirale de la dépendance, ou les riches yuppies qui, dans *Fight Club*, plongent pour échapper à la routine dans les sous-sols glauques où se pratiquent les combats clandestins à main nue, les descentes aux enfers donnent lieu à des films de l'éclatement et de la brutalité, suivant une esthétique elle-même agressive et éclatée.

L'ULTRAVIOLENCE

Dans cette dynamique hypertrophique, le spectacle de la violence tient une part considérable. Non que le cinéma ne l'ait découvert très tôt[1]. Mais la *Graine de violence* des

1. Voir Olivier Mongin, *La Violence des images, ou comment s'en débarrasser ?*, Paris, Seuil, 1997. Voir notamment le chapitre « Les deux âges de la violence », p. 9-28.

années 1950 n'a plus grand-chose à voir avec l'exacerbation d'aujourd'hui. Longtemps, en effet, la violence a été traitée comme un thème s'intégrant dans un ensemble plus significatif : adolescents en révolte, gangsters et mafia, conflits sociaux, jungle urbaine. Les choses ont commencé à changer lorsque la violence a été filmée pour elle-même, lorsque Sam Peckinpah a zoomé sur l'impact des balles déchirant les chairs au ralenti dans le déferlement de *La Horde sauvage*, en 1969, ou lorsqu'il a centré tout un film sur une tête coupée, dans *Apportez-moi la tête d'Alfredo Garcia*, en 1974. Un peu plus tard, Coppola, dans *Apocalypse Now* (1979), fait de la guerre du Vietnam une sorte d'opéra, un hyperspectacle chorégraphique au son des Walkyries wagnériennes. Une esthétique et une culture de la violence pure s'est mise en place : *Orange mécanique* annonce et lance, en 1971, ce temps de la violence en soi. *Scarface*, en 1983, lui fournit son bréviaire et son mode d'emploi.

Dans le cinéma d'aujourd'hui, la violence n'est plus tant un thème qu'une sorte de style et d'« esthétique » pure du film. Elle opère de manière croissante comme un spectacle existant pour lui-même et qui, sous l'influence du cinéma asiatique, se fait véritable chorégraphie, sans plus aucun lien avec une quelconque réalité : l'héroïne de *Kill Bill* affronte pendant vingt minutes l'armée des sabreurs qui veulent sa tête dans un combat où la violence, inouïe, est réglée comme un ballet fantastique, échappant aux lois de la pesanteur et de la vraisemblance. La violence vaut pour elle-même, une violence faisant partie non tant de la réalité que de l'essence du film lui-même. D'où l'importance de son traitement formel : trouver, chaque fois, une nouvelle façon de la montrer en gros plan qui en accroisse l'impact visuel et émotionnel. La symphonie baroque qui ensanglante l'écran dans *Scarface*, la tête du gangster qui dessine, en éclatant, comme la carte d'un pays imaginaire

(*Les Incorruptibles*), le sang qui gicle sous les coups explosifs de Jake La Motta, le taureau furieux de *Raging Bull* : la violence se donne à voir avec art et se fait admirer. Avec les risques que cela peut entraîner, prétend-on, pour ceux qui, confondant l'objet et sa représentation, se prendraient pour les *Tueurs nés* que montre Oliver Stone. Sujet privilégié pour débats télévisés : de l'effet de la violence des films sur le comportement des jeunes.

Il n'est pas sûr que cette dénonciation morale vienne à bout du problème posé. La violence au cinéma agit sans doute davantage comme exutoire cathartique que comme modèle à suivre. En revanche, elle affecte la relation du spectateur avec ce qui lui est montré. Vincent Amiel et Pascal Couté font à juste titre remarquer que « la plus grande violence des films contemporains (et la plus intéressante aussi, peut-être), c'est la violence faite au regard, à ses exigences de repères et au besoin qu'il a de se poser[1] ». En s'imposant en dehors de toute norme attendue, de tout point fixe normatif, de toute limite rationnelle, les images se chargent d'une agressivité faite pour créer un effet-choc. L'esthétique de l'agression et du coup de poing fait entrer le spectateur dans l'univers imaginaire du film, le fait frémir aussi bien devant un dinosaure antédiluvien, devant une guerre des mondes à venir que devant la misère des pauvres de Calcutta : même montage saccadé, même enveloppement sonore, mêmes effets spéciaux. Même violence.

Démultipliée par les possibilités techniques nouvelles, la violence alimente les genres les plus divers, les plie à sa surenchère formelle. Dans les films d'action, les corps se métamorphosent, les superhéros body-buildés deviennent des mécaniques aptes à tout broyer : Schwarzenegger, le Muscle, se mue en Terminator, le Cyborg. Dans l'univers

1. Vincent Amiel et Pascal Couté, *Formes et obsessions du cinéma américain contemporain*, *op. cit.*, p. 76.

du thriller, la violence sèche, quasi documentaire, enlève aux gangsters la part de romantisme que leur ménageaient les films de genre et fait des *Truands* des brutes absolues. Un nouveau type de criminel voit le jour, qui fait du renchérissement la loi : le *serial killer*. Dans *Le Silence des agneaux*, archétypique du genre, on a même droit à deux tueurs, les folies meurtrières de l'un répondant au cannibalisme de l'autre. La démultiplication joue tout naturellement dans le sens du « plus ». Elle amène au déroulement implacable des sept assassinats, de plus en plus horribles, qui égrènent les sept péchés capitaux dans *Seven*. Dans les territoires de l'horreur, du sanguinolent au *gore* pur et dur, des aliens carnivores aux morts vivants cannibales, la violence se déchaîne tous azimuts, lacérant, écartelant, crucifiant, éviscérant, empalant, dévorant, sans qu'on en voie la fin ni la limite. Mel Gibson, après avoir crucifié le Christ de la plus sanglante des façons, renchérit dans le sanguinaire avec les mœurs barbares qu'il prête aux Mayas d'*Apocalypto*. De *Saw* et son tueur sadique, on passe à *Saw 2* et son tueur sadissime, puis à *Saw 3* et son tueur hypersadissime, en attendant *Saw 4* et *Saw 5*, déjà écrits, forcément ultrasadissimes, et peut-être *Saw 6*, *7*, sans doute hyperultrasadissimes… Il n'est pas jusqu'aux genres en apparence les plus éloignés de ce déchaînement où celui-ci ne vienne à s'exercer : la chronique familiale tourne au règlement de comptes dans la cruauté de *Festen* ; la comédie se fait sanglante et on y procède, comme dans *Mes chers voisins*, à ses *Petits Meurtres entre amis*. Le conte de fées lui-même se transforme en cauchemar macabre lorsque Alice entre aux pays des horreurs, dans le *Tideland* de Terry Gilliam.

Si le monde contemporain est violent[1], le cinéma l'est plus encore, qui l'intègre par excès dans son propre langage.

1. « Les figures de la violence sont extrêmes, quand on veut croire que celle-ci est naturelle », Olivier Mongin, *La Violence des images*, *op. cit.*, p. 28.

Chez un spectateur qui a été façonné, socialisé, alphabétisé, en quelque sorte, par l'image, le spectacle de la violence a d'abord été ressenti comme un élément extraordinaire, provoquant en lui un impact d'autant plus fort qu'il était exceptionnel. À cette logique première de la rareté s'en est substituée une autre, hypermoderne : la prolifération. Envahissant progressivement l'écran, s'y répétant à satiété, se banalisant dans cette répétition même, cherchant en permanence l'originalité spectaculaire, la violence se trouve prise dans les jeux d'une surenchère exponentielle à fin sensationnaliste. Ce n'est pas tant la violence qui caractérise le cinéma hypermoderne que son excroissance hyperbolique.

X, COMME SEXE

Violence et sexe, au cinéma, obéissent au même destin extrême. Tout comme celle-là se déploie de façon hyperbolique, celui-ci se donne à voir dans une spirale d'excès orgiastique. Loin, déjà, la libération sexuelle des années post-1968, loin la sensualité soft à prétention chic d'*Emmanuelle*, loin le porno à prétention choc d'*Exhibition*. Voici le temps de la démocratisation, de la légitimation, de la prolifération du *hard*. Non plus le film « cochon » à l'ancienne, honteux, caché et destiné à un petit nombre, mais un genre nouveau, avec des acteurs professionnels connus et reconnus (hardeurs et hardeuses) et visant un public de masse : l'industrie du porno américain produit quelque 10 000 films par an qui rapportent plus que la production hollywoodienne. Et plus seulement du X, mais du XXX hyperréaliste, hypertrophique, présentant les pratiques les plus extrêmes des *gangbangs* et autres multipénétrations en gros plan. Après la « part maudite » chère à Bataille, la part du zoom libidinal. Non plus la transgression mais l'exacerbation pure et illimitée des organes et des combinaisons érotiques. Exclusion radicale du sens, de l'affectif, du relationnel : ne reste que l'hyper. À cet égard, le porno apparaît comme une illustration particulièrement emblématique du temps de l'hypercinéma livré au déchaînement maximaliste, au tout-voir-tout-montrer, selon l'escalade postmoraliste du performatif et du sexe à outrance.

Mais le remarquable est que le sexe, maintenant, va bien au-delà du classé X. À l'époque dans laquelle nous entrons, il se montre jusque dans les plus purs produits hollywoodiens, si longtemps régis par ces lois rigoureuses et puritaines qui mesuraient la profondeur du décolleté et interdisaient toute image de pilosité intime. Voici que Sharon Stone écarte les jambes et *Basic Instinct* enflamme la planète. La luxure gagne partout : à présent, chaque film grand public qui se respecte comporte sa scène de sexe et d'orgasme en gros plan. Progressivement, ce qui était réservé au domaine du X devient monnaie courante. Échangisme, sodomies, copulations, masturbations, fellations, autofellations même se pratiquent en direct. Virginie Despentes et la hardeuse Coralie Trinh Thi affichent le programme : *Baise-moi*. Catherine Breillat, liant féminité et conquête du plaisir, engage Rocco Siffredi dans *Romance* pour contenter comme il se doit son héroïne. Larry Clark et Ed Lachman filment, dans *Ken Park*, des ados faisant l'amour à deux, à trois, et éjaculant à tout va plein écran. Dans l'ombre des nuits d'un club new-yorkais où le sexe traduit le désir effréné de vivre après le 11 septembre, des hétéros, des gays, des bisexuels – acteurs recrutés sur volontariat par John Cameron Mitchell – se livrent à l'amour de toutes les façons, dans toutes les positions (*Shortbus*). L'époque où les acteurs simulaient a fait place à un cinéma nouveau où ils ne se contentent plus de jouer, mais ont de véritables relations sexuelles devant la caméra.

Hypersexe, hypercinéma : à l'âge de l'« hyper », la comédie de l'Eros n'est plus tout à fait comédie. Les anciennes frontières séparant le jeu et le réel ont sauté au bénéfice d'une hyperréalité vidéolibidinale.

Au demeurant, l'excès hypermoderne dépasse la seule représentation visuelle des corps et des sexes : il gagne le langage lui-même. Non seulement tout est montré, mais tout est dit. Aussi bien dans la précision quasi scientifique que dans la vulgarité crue et l'obscénité des mots. Et ce langage est celui de tous : hommes, et femmes.

Dans ce nouveau paysage, on constate en effet que, autant que les hommes, voire plus, ce sont les femmes qui prennent, si l'on ose dire, le sexe en main. Pascale Ferran, après avoir parlé de la mort dans des films réputés « intellos », évoque tout naturellement le sexe. Signe des temps, dans un film qui s'interdit la complaisance et où elle montre le plaisir au féminin, le célèbre *Amant de Lady Chatterley* change significativement de titre et, se féminisant, devient tout simplement *Lady Chatterley*. Ce qui apparaît ici, c'est l'appropriation par les femmes de la thématique sexuelle autrefois monopolisée par les hommes, un regard et un langage proprement féminins sur l'Eros et la jouissance féminine.

Fini le suggéré ou même le suggestif : on est dans le montré, parfois dans l'exhibitionnisme pur. Le sexe, en fait, est devenu un langage qui fait corps avec le cinéma contemporain. Non seulement il témoigne de la liberté avec laquelle la société, du moins occidentale[1], le pratique, mais il joue le rôle d'un signe : sa présence, banalisée, est celle d'un élément s'imposant comme « naturel », évident, indispensable. En 2007, des producteurs sensibles à l'air du temps lancent un

1. Le phénomène s'étend, et il n'est pas jusqu'aux Chinois qui n'y viennent : voir les ébats filmés dans toutes les positions d'*Une jeunesse chinoise* (2006), premier film à montrer le sexe avec une totale franchise dans un pays où la censure reste intransigeante. Le film y a d'ailleurs été interdit et son réalisateur, Lou Ye, ainsi que sa productrice chinoise, interdits de travailler pendant cinq ans en Chine.

film, intitulé *Destricted*, dans lequel ils entendent dynamiter les frontières entre le cinéma et la pornographie et où sept artistes, performers et réalisateurs proposent un court-métrage qui, faisant sauter les barrières, montre que même l'art sans compromission s'attache à dire le sexe pour lui-même et sans détour. De l'amour, toujours ; mais du sexe, toujours plus, emblème du plaisir extrême, métaphore de la sortie extatique de soi, rêve de dépassement des carcans de la vie ordinaire. *Crash*, dit le titre emblématique du film de Cronenberg, où se rejoignent la vitesse, la violence et le plaisir.

On n'expliquera pas cette poussée du sexe hyperbolique par la seule logique commerciale. La réalité est plus complexe. Elle prend ses racines dans la révolution culturelle des années 1960, dans la transformation des mœurs, la levée des tabous, la démoralisation du référentiel sexuel. À cette différence radicale près que, là où la modernité reposait sur la revendication émancipatrice, l'hypermodernité est fondée sur la normalisation consommatrice. En 1973, les deux routards des *Valseuses* prêchaient la bonne parole de la liberté de vivre en semant à tout vent leur graine de violence, d'anarchie et de sexe ; leur parcours avait tout d'une sorte de croisade, apportant le plaisir à la frigide, le frisson de l'interdit à la femme mariée, le dépucelage à la vierge. Marginaux, ils revendiquaient un monde différent : le film faisait scandale. Trente ans après, ce mélange de violence et de sexe, de vitesse et de profusion, est devenu la norme courante et légitime. L'excès n'est plus vraiment ressenti comme excessif. Il est assimilé et normalisé en même temps qu'emporté dans une fuite en avant : à la libération des corps a succédé la libération des images et des mots disant l'érotisme, la lubricité, Sodome et Gomorrhe. La dissolution du « non » transgressif a ouvert la voie aux outrances de l'hyper.

Chapitre III
L'image-multiplexe

Simplex

On présente souvent le cinéma contemporain, sous sa forme hollywoodienne la plus connue, comme le règne du formatage intégral, du standard lisse passé au moule. Indiana Jones, Rambo, Batman, Matrix, même combat, celui d'un cinéma expert dans l'art et la manière d'accommoder des recettes éprouvées. Pourtant, à bien des égards, ce sont ces jugements qui paraissent parfaitement convenus tant ils occultent ce qui s'est produit depuis la fin des années 1970 et qui a très significativement bouleversé le monde hollywoodien. S'il est juste de mettre en avant sa simplicité structurelle – celle d'un cinéma *simplex* –, il suffit de comparer les films des années 2000 à leurs prédécesseurs antérieurs aux années 1980 pour se rendre compte que cette simplicité n'est plus si simple.

Historiquement, la tradition hollywoodienne est bien, de fait, celle d'un cinéma où genres, intrigues, personnages ont toujours été définis par le stéréotype, quand ce n'est pas par ses formes dégradées, le chromo et le cliché. Ce qui, outre l'avantage commercial de films conçus pour être facilement accessibles au plus grand nombre, présentait aussi pour caractéristique de correspondre à une société elle-même tissée de conformismes, de modèles sociaux rigides, de codes stricts définissant ce qu'il faut faire et ne pas faire. L'émergence de la société de consommation de masse n'a fait que prolonger cette dynamique *simplex* en favorisant l'essor d'un cinéma de produit, consumériste, calibré pour ne nécessiter d'autre réception que digestive – d'où son accompagnement de pop-corn – et pour faire passer le temps. Réduisant l'expression cinématographique à sa forme élémentaire, les produits hollywoodiens marketés sont devenus assimilables à d'autres formes de spectacle visuel également développé par le marché, comme les jeux vidéo, où règne une hyperlisibilité ne nécessitant aucun effort interprétatif.

Cet empire du simple se trouve radicalisé par le système du *blockbuster*, qui naît dans les années 1980 avec les grands films de la génération néohollywoodienne, et notamment ceux de Spielberg, qui fournit, avec *Les Aventuriers de l'arche perdue* (1981), l'archétype du genre. Dans ce sillage, les studios misent chaque année sur quelques films majeurs, superproductions à budgets énormes devant jouer le rôle de locomotive financière et publicitaire. Selon la logique qui veut en donner au spectateur pour son argent, la surenchère visuelle destinée à lui en mettre plein la vue va de pair avec l'extrême simplicité de ce qu'on lui raconte. Expurgé de toute épaisseur, ce cinéma est celui de la surface et de la planéité[1] des personnages ; il se construit en structurant ceux-ci à partir d'une psychologie élémentaire et de quelques traits comportementaux simples, immédiatement déchiffrables : le flegme d'Indiana Jones, le courage et la force de Rambo. Cela s'accentue encore, à partir des années 1990, avec les super-héros, sortis pour la plupart des bandes dessinées des *Marvel comics*, qui

1. L'expression est de Vincent Amiel et Pascal Couté, *Formes et obsessions du cinéma américain contemporain*, *op. cit.*, p. 33.

reprennent du service sur grand écran grâce à l'explosion des effets spéciaux. Superman, Batman, Spiderman, Elektra évoluent dans un monde manichéen, où, dotés de superpouvoirs, ils font triompher le bien face à des méchants clairement désignés. Avec eux se réalise la combinaison de l'image *simplex* et de l'image-excès, l'extrême simplicité de leur « fonctionnement » donnant toute son ampleur au déploiement toujours plus stupéfiant des effets spéciaux chargés de traduire le caractère proprement extra-ordinaire de leurs exploits.

On sait l'importance de ce système. La part des recettes engendrées chaque année par les *blockbusters*, le côté « *bankable* » des stars têtes d'affiche, la place prise par ces produits à travers le monde sont autant d'éléments qui assurent ce fameux impérialisme hollywoodien, si souvent dénoncé, sur la planète Cinéma. Pourtant, limiter le cinéma contemporain à ces seuls aspects marketing, c'est le réduire à la partie émergée de l'iceberg. C'est ne pas voir que le mouvement de simplification extrême s'inscrit dans un ensemble plus large dont toute une partie est de fait antinomique tant elle fonctionne à la déstandardisation-complexification des modèles. Ce qui constitue l'hypercinéma n'est autre, à cet égard, que la *multiplexité*.

L'HYBRIDATION MONDIALISÉE

Les *blockbusters*, en effet, s'ils occupent une place prépondérante dans l'économie du cinéma, ne sont pas pour autant seuls au monde. En 2005, pour une production américaine globale de 699 films, 11 films seulement dépassent le budget de 100 millions de dollars, et 8 en 2006 sur un ensemble équivalent. Or, face à eux, l'autre branche de l'alternative n'est plus aujourd'hui le film d'auteur, mais bien tout le reste : tout ce qui n'est pas *blockbuster*. C'est-à-dire, en termes quantitatifs, 98 % de la production, qui peuvent être plus ou moins formatés à l'hollywoodienne, plus ou moins dépendants du système, mais qui peuvent aussi ne l'être pas du tout. Car le processus de dérégulation généralisée qui domine l'hypermodernité n'a pas épargné la notion même de norme uniforme. Dans ce cadre, le schéma *simplex* n'est plus lui-même qu'une des pièces de la complexification structurelle typique du nouvel âge planétaire du cinéma.

Cela s'exprime d'abord à travers une mondialisation accélérée. À une époque où le nombre des pays indépendants, tels qu'ils sont enregistrés à l'ONU, s'est considérablement accru depuis une trentaine d'années, les cinématographies nationales sont elles-mêmes de plus en plus nombreuses. Et la marge de développement futur est énorme : environ 50 % des pays n'ont pas encore de production cinématographique, et certains continents ont des structures insuffisantes – l'Afrique – ou sont largement soumis encore – comme l'Amérique du Sud – à l'emprise américaine. Mais, à côté de ces zones qui, en fonction du développement à venir de chaque pays, constituent autant de réserves à exploiter et qui ne manqueront pas de l'être, le monde du XXIe siècle est plus cinématographique qu'il ne l'a jamais été.

Outre le fait que des centres traditionnels de très forte production comme l'Inde (environ 800 films par an) ou le Japon (environ 280) poursuivent dans la voie d'une prolixité qui, longtemps réservée au marché interne, tend aujourd'hui à pénétrer des marchés éloignés, du fait notamment de la présence de communautés émigrées installées un peu partout dans le monde, d'autres lieux forts sont apparus, en particulier en Asie. Hong Kong, puis Taïwan, la Corée du Sud, la Thaïlande et, aujourd'hui, la

Chine (déjà 300 films par an) développent une activité de production telle qu'Hollywood n'a pas tardé à en tenir compte, en particulier en attirant les cinéastes les plus talentueux dans son orbite ou en rachetant les droits de films pour des remakes américains. Par ailleurs, malgré des situations contrastées – vitalité du cinéma anglais, crise du cinéma italien, stabilité du cinéma français[1], bonne tenue des cinémas espagnol et belge, reconstruction en cours des cinémas de l'Est –, l'Europe reste une zone de production forte, comme le sont, sur d'autres continents, le Canada, l'Égypte ou l'Australie. Mais, surtout, dans un monde où le moindre pays se trouve confronté à la globalisation, le cinéma devient un vecteur d'affirmation culturelle pour les petits États et pour les nations émergentes. La distribution en Occident de films iraniens, irakiens, syriens, kazakhs, tadjiks, bangladis, pakistanais, turcs, palestiniens, israéliens, cubains, albanais, islandais, lituaniens, lettons, angolais, malgaches, dit assez cette ouverture. En 2005, les 534 films distribués en France provenaient de 61 pays différents, et le nombre des coproductions s'élevait à 66 films, offrant toutes les configurations possibles : franco-portugais-angolais, italo-franco-américain, hispano-cubain, russo-japonais, germano-américain, germano-turc, hispano-franco-canadien, americano-germano-norvégien…

1. La situation du cinéma français ne saurait être envisagée sans référence à l'« exception culturelle » qui la fait bénéficier d'un dispositif original de soutien, mis en place en plusieurs étapes depuis l'après-guerre. Les incontestables réussites du système ne doivent pas cacher que celui-ci s'essouffle et appelle des aménagements, notamment une aide plus sélective qui éviterait « une politique de saupoudrage dispendieuse et frustrante » (Françoise Benhamou, *Les Dérèglements de l'exception culturelle*, Paris, Seuil, 2006, p. 206). Cela semble aller dans le sens préconisé par le Centre national de la cinématographie lui-même, à en croire sa directrice Véronique Cayla, qui souhaite « revaloriser les aides sélectives pour aider le risque artistique, l'innovation et l'indépendance » (*Le Monde*, 29 mars 2007).

À quoi s'ajoute un autre effet majeur de la globalisation : la multiplication des échanges, le mélange ethnique qu'engendrent flux migratoires et voyages, l'ouverture aux autres cultures (dont la *world music* donne par ailleurs une image significative), et cette interpénétration de plus en plus forte des peuples et des consciences que génèrent et développent les moyens de communication et de diffusion mondialisés de l'information. On assimile souvent la globalisation à une puissance d'homogénéisation des produits et des cultures, à l'uniformisation des pratiques, à l'occidentalisation ou l'américanisation du monde. C'est ne pas voir qu'elle s'accompagne en même temps non seulement d'une économie de la variété, mais aussi d'un patchwork de référentiels, de formes culturelles de plus en plus fluides et imprévisibles, métissées et transnationales, « chaotiques » et fractales [1]. À l'heure de la mondialisation hypermoderne, les identités se mêlent, deviennent volatiles, décloisonnées et kaléidoscopiques. Même si l'époque est témoin de la revitalisation des fondamentalismes religieux et des identités ethno-nationales, de plus en plus les modèles de stabilité et d'homogénéité cèdent le pas à des flux disparates, à des processus de brouillage des identités traditionnelles. Plus que tout autre, le monde du cinéma participe de plain-pied à cette dynamique : un nombre croissant de réalisateurs se nourrit d'une multiplicité de références, ils s'identifient à des groupes divers, revendiquent des affiliations plurielles qui ne se recouvrent que partiellement, construisant ainsi un syncrétisme culturel de fait très individualisé.

Cela est vrai en France, où le rapport avec les anciennes colonies et l'immigration noire et maghrébine donnent naissance à un cinéma relevant souvent de la double apparte-

1. Arjun Appadurai, *Après le colonialisme. Les conséquences de la globalisation*, Paris, Payot, 2001, p. 61-87.

nance. Cela est vrai aussi en Italie ou en Allemagne avec les cinéastes issus de l'émigration turque, vrai en Angleterre avec des réalisateurs venus d'Inde ou du Pakistan, vrai aux États-Unis où la diversité d'origine et de culture des cinéastes illustre elle-même la variété des communautés qui constituent le peuple américain. Cette dynamique favorise moins un cinéma communautaire et revendicatif, comme a pu l'être la *blaxploitation* des années 1970, qu'un cinéma déterritorialisé ou transculturel, fait de dialogues hétérogènes, de parcours croisés, d'interactions fluides et irrégulières. Radu Mihaileanu, roumain de naissance, apprenant tardivement qu'il est juif et que son père, émigré en Roumanie, a changé de nom, émigre à son tour vers l'Ouest, est un temps apatride, prend la nationalité française par commodité et tourne, avec *Va, vis et deviens*, un film qui raconte l'histoire d'un enfant d'Éthiopie, que sa mère fait passer pour un falasha et qui se retrouve émigré en Israël, dans une famille de Juifs séfarades parlant français… C'est *Babel*. Titre, du reste, d'un film révélateur, puisqu'il est réalisé à Hollywood par un cinéaste mexicain, González Iñárritu, qui, après avoir tourné son premier film (*Amours chiennes*) au Mexique, est immédiatement attiré à Hollywood, où il réalise ses films suivants avec des stars hollywoodiennes, Sean Penn (*21 grammes*) et Brad Pitt (*Babel*).

Car Hollywood reste, dans cette nébuleuse éclatée du cinéma mondialisé, le centre géométrique, générant une force centripète qui entraîne les talents venus de toutes les cinématographies. Cela a certes toujours été le cas, en raison notamment de l'afflux des cinéastes européens, dont beaucoup fuyaient le nazisme, dans les années 1930, et avec l'aura de terre promise qui a fait du pays une terre d'immigration, comme Kazan l'a illustré de façon exemplaire avec *America, America*. Mais force est d'observer que l'appel à venir travailler dans le giron hollywoodien se déploie à une échelle nouvelle, avec une intensité et une ampleur sans précédent. S'il trouve encore un écho chez les Européens (Paul Verhoeven est hollandais, Lasse Hallström suédois, Roland Emmerich allemand, Gabriele Muccino italien, Anthony Minghella et Christopher Nolan anglais), il agit désormais sur des cinéastes venus de tous les pays du monde. John Woo est chinois, Lee Tamahori néo-zélandais maori, Phillip Noyce australien, M. Night Shyamalan indien, Tony Bui vietnamien, Guillermo Del Toro mexicain, Walter Salles brésilien... À côté de ces réalisateurs qui s'installent dans le système hollywoodien, nombre de cinéastes, comme les Français Jean-Pierre Jeunet pour *Alien, la résurrection* ou Pitof pour *Catwoman*, viennent simplement y tourner un film que les studios leur proposent, voire y tourner le remake de leurs propres films, comme le Japonais Hideo Nakata y réalisant, avec *Le Cercle – The Ring 2*, le « sequel » américain de son film japonais.

Dans ces conditions, si l'Amérique reste bien le cœur de la planète Cinéma, le paysage hollywoodien apparaît, lui, plus cosmopolite et bigarré qu'il ne l'a jamais été. La mondialisation n'en est qu'à son début : c'est un cinéma de plus en plus déterritorialisé, transnational, pluralisé qui s'annonce.

Le récit multiplexe

Cette diversification ethno-culturelle des cinéastes se trouve elle-même redoublée par une dynamique de dérégulation esthétique s'exerçant sur les différentes composantes des films.

À commencer par la narration. Si la lisibilité immédiate reste le principe de base du scénario hollywoodien, le schéma *simplex* d'une histoire unique présentant un début, un développement et une fin n'est plus de mise. L'unité d'action, héritée de la vieille règle classique qui distinguait action principale et actions accessoires, vole en éclats. Désormais, dans la structuration même du récit, l'accessoire devient aussi important que le principal. Cela se vérifie à travers des types de récit qui privilégient l'éparpillement et le chaotique, le discontinu et le fragmentaire, l'anecdotique et le désunifié. Ainsi du *road movie*, avatar du roman picaresque, qui avait fait fortune, à l'époque de *Easy Rider*, grâce au thème de la route cher à la *beat generation*. Celui-ci se trouve réinvesti, vingt ou trente ans plus tard, non tant pour exprimer une ligne de vie axée sur la liberté que pour épouser des parcours chaotiques, éclatés, poussés par le hasard, erratiques. De la cavale entre filles de *Thelma et Louise* à la virée entre potes de *Sideways*, en passant par le voyage en famille de *Little Miss Sunshine*, la route devient de plus en plus buissonnière, les péripéties plus saugrenues, et les personnages eux-mêmes beaucoup plus diversifiés et atypiques.

Cela se vérifie et s'accentue avec la vogue prise par le film choral, dont le *Short Cuts* de Robert Altman offre comme le modèle parfait : on raconte désormais non plus une histoire, mais deux, trois, dix, vingt, à travers des récits qui entrecroisent des personnages ayant les uns avec les autres des liens lointains, voire aucun lien. Récits constituant, selon le système de la mosaïque, un vaste tableau qui apporte la vision collective d'un groupe social (*Gosford Park*), d'un événement (l'assassinat de Robert Kennedy dans *Bobby*), d'une rue (comme celle qui porte le nom de *Magnolia*), d'une ville (le Los Angeles de *Collision*) ou même de la planète (*Babel*). Autant de films qui traduisent la fragmentation et les nouvelles segmentations du monde à travers l'hétérogénéisation structurelle et narrative. Comme si cette complexité formelle ne suffisait pas, d'autres cinéastes cherchent à aller toujours plus loin encore : là où Hans Canosa, réanimant la technique du *split screen*, initiée par Andy Warhol et très en vogue dans les années 1960-1970, raconte ses *Conversation(s) avec une femme* en coupant l'écran en deux et en projetant deux films en un, Mike Figgis va, lui, jusqu'à couper l'écran en quatre dans *Time Code* et à projeter quatre films en même temps.

Cette manière moins conforme de raconter habitue le spectateur aux récits les plus alambiqués. Du coup, la simplicité narrative paraît simpliste : non seulement on ne s'étonne plus, mais on trouve quasi naturel que tel film, comme *Irréversible*, puisse raconter les choses à l'envers. Ou que tel autre, comme *Spider*, puisse mêler, sans que rien ne permette de le distinguer à l'image, le récit de la réalité objective et le récit de la même réalité vue par le cerveau malade d'un homme sortant d'un asile psychiatrique. À la limite, que la complexité narrative entraîne un embrouillamini du sens tel qu'il débouche sur l'incompréhension n'est plus ressenti comme un handicap : le brouillage fait partie du jeu. Michael Haneke joue ostensiblement au chat et à la souris avec le spectateur en lui indiquant dès le titre de son film, *Caché*, qu'il lui faut voir plus loin pour chercher ce qui n'apparaît pas d'emblée. Particulièrement en phase avec ce monde flottant, incertain, multiple, où réel et imaginaire se confondent, *Mulholland Drive*, très représentatif de l'univers compliqué de David Lynch, n'en finit pas d'enrouler ses circonvolutions structurelles comme autant de voies polysémiques. *Inland Empire*, accentuant encore l'imbroglio, plonge le spectateur, à travers une expérience de cinéma à valeur quasiment hypnotique, dans un labyrinthe d'une complexité absolue, où il ne peut évidemment que se perdre [1].

1. *Lost Highway, Mulholland Drive, Inland Empire* : les titres des films, qui renvoient à la topographie de Los Angeles, tracent une voie qui mène vers cet « empire du milieu » qu'est Hollywood. Chez Lynch, le fil d'Ariane, c'est le cinéma. Voir Jean Serroy, *Entre deux siècles*, *op. cit.*, p. 505-507.

Se donne à voir, ici, un aspect très caractéristique du cinéma contemporain, déjà rencontré à propos de l'image-excès, mais qui s'exprime à travers une autre forme expressive. Dans nombre de films, tout se passe comme si l'appréhension claire et distincte du récit avait cessé d'être une exigence. Parce que ce sont les résonances intimes immédiates qui priment, l'absence d'explication ou d'intellection n'est plus perçue comme une déficience. De même que le cinéma d'action ne s'adresse plus à l'intellect du spectateur mais cherche à le faire vibrer par une cascade précipitée d'images-sensations, de même certaines narrations reposent, finalement, sur un ressort identique en dissolvant la signification transparente de celles-ci. En dépit de l'importance de l'« histoire », ce cinéma se rapproche lui aussi de la musique faisant vibrer le spectateur par-delà le sens maîtrisé du récit. Non pas la compréhension pleine et entière pour être ému, mais l'émotion-surprise sans cesse relancée comme fin en soi. Peu importe, ainsi, que les polars soient de moins en moins réellement intelligibles. Quand le spectateur des années 1930-1950 ou des années 1960 allait voir un film d'Hitchcock, il attendait une explication qui vienne éclairer le sens du film. Quand celui de l'hypermodernité émotionnelle va voir *Le Dahlia noir* de Brian De Palma, il en sort sans avoir compris grand-chose, ce qui n'enlève rien, au contraire, à son plaisir : l'image-émotion l'emporte sur l'image-intellection. Et si le spectateur voit, sur un sujet très proche, le *Hollywoodland* d'Allen Coulter, il peut d'autant moins se faire une idée sur la solution de l'intrigue – meurtre ou suicide ? – que le film lui présente les deux, sans trancher, comme également recevables. La résolution n'est plus nécessaire au fonctionnement du film : l'image-efficacité a pris le pas sur la fonction de sens surplombant. Le réalisateur qui théorise et concrétise le mieux, à travers son œuvre, la vertu même de la polysémie, Michael Haneke, laisse ainsi toujours volontairement planer ce qu'il considère, en relation avec l'ambiguïté intime des comportements humains, comme nécessaire au spectateur : l'ombre du doute. Quant à l'autre maître du labyrinthe, David Lynch, il récuse toujours toute explication : chez lui, c'est le mystère qui fait sens, non le sens qui fait mystère.

Nouveau rapport aux images qui exprime, dans le domaine culturel, le passage d'un individualisme disciplinaire à un individualisme de type expressif[1]. L'un des grands traits de la seconde modernité est l'effacement de la prégnance des mécanismes de socialisation et d'individualisation que Foucault désignait sous le nom de « discipline ». Ce grand dispositif multiséculaire n'est plus le schème structurant de l'hypermodernité. Aux injonctions et règlements uniformes destinés à créer l'obéissance régulière des corps ont succédé les dérégulations de l'hyperconsommation, la polyphonie des sollicitations, la nébuleuse kaléidoscopique des images. Désormais, le contrôle panoptique et le quadrillage analytique sont supplantés par la culture mosaïque des écrans et les stimulations audiovisuelles dispersées. Le nouveau rapport au cinéma est l'écho de cette transformation. L'essor d'une culture de divertissement permanent a provoqué la ruine de la *discipline du sens* au bénéfice de l'indétermination revendiquée et du feeling émotionnel. Non plus la directivité linéaire du récit, mais un réseau complexe et multidirectionnel où l'on se perd dans une trame faite de flashes discontinus et d'impressions en chaîne.

Cette incertitude est d'autant plus prégnante que la sacro-sainte distinction des genres, toujours appliquée par Hollywood, se trouve elle-même érodée par des mélanges, des contaminations, des métissages. Les genres canoniques

1. Sur cette immense métamorphose culturelle, Gilles Lipovetsky, *L'Ère du vide*, Paris, Gallimard, 1983.

évoluent vers des genres hybrides : le policier se fait thriller, action, épouvante ; le film historique n'hésite pas à flirter avec le fantastique, avec la comédie parodique, avec le film d'arts martiaux ; le dessin animé se met à parler aux adultes de sujets graves[1] ; et une comédie, *La vie est belle*, raconte la Shoah… On ne sait plus trop où l'on est, surtout lorsque, comme dans *Bagdad Café*, on est en plein désert, entre partout et nulle part, dans l'un de ces films hors genre, hors norme, qui parle de tout et de presque rien. Ou bien lorsque, comme avec *Barton Fink*, on atterrit dans un hôtel improbable où un dramaturge, en proie à une crise d'inspiration, se retrouve devant le vertige de la page blanche. Le film tout entier se remplit alors de cette vacuité ; et de la solitude et de l'étrangeté latente se dégage insidieusement l'angoisse, devant un corridor sans fin, menaçant, qui mène on ne sait où.

Tout se disjoint, s'hétérogénéise et s'engage dans des voies dispersées[2]. L'éclatement touche même largement le sujet des récits. À côté des thèmes graves et lourds, place aussi, à présent, à l'insignifiant, au petit, au trois fois rien. Une esthétique du pointillisme développe des scènes qui valent pour elles-mêmes plus que par rapport à un sujet central. Les films se multiplient qui apportent le plaisir du minuscule, de la première gorgée de vin de *Sideways* à la dernière senteur évanouie des *Broken Flowers*, et qui, à force

1. Ainsi, Marjane Satrapi utilise en 2007, dans *Persepolis*, le dessin animé pour évoquer, à travers les soubresauts de l'Iran moderne, sa propre histoire et celle des femmes soumises à la loi islamique. Le film d'animation devient à la fois tableau d'histoire et autobiographie : une première du genre.

2. Même le temps de la science-fiction se complexifie. Dans un prodigieux bond en avant-arrière, on peut ainsi opérer un *Retour vers le futur*. Et, à la poursuite du vieux mythe de la fontaine de jouvence, Darren Aronofsky va chercher *The Fountain* à la fois dans trois siècles qui mêlent passé, présent et futur – le XVIe, le XXIe, le XXVIe –, à travers trois hommes – un guerrier, un scientifique, un explorateur – dont les trois noms – Tomas, Tommy, Tom – disent assez qu'il s'agit à la fois du même et de l'autre.

de parler de tout et de rien, du grand et du petit, du simple et du compliqué, laissent perplexe sur ce qu'est leur véritable sujet. Ainsi le saugrenu *Punch-Drunk Love*, qui, entre une voiture traversant l'écran dans un double looping, un piano-harmonium déposé au bord d'un trottoir ou un vague entrepôt où s'entassent des boîtes de pudding, apparaît aussi cocasse et déroutant que son fantasque héros lunaire.

On touche là à un autre aspect essentiel de la multiplexité : la singularisation du personnage. Le cinéma de l'hypermodernité n'est plus celui de la psychologisation, soumis à la toute-puissance des grilles freudiennes d'interprétation. Le subjectif intégral, aujourd'hui, va de soi : plus besoin de décryptage plus ou moins pesant. Dans ce contexte, les conduites les plus « anormales » n'apparaissent plus vraiment extraordinaires. Les êtres sont considérés simplement pour ce qu'ils sont : du vieillard resté enfant de *Toto le héros* au débile léger de *Forrest Gump*, de la sourde de *Sur mes lèvres* à l'autiste de *Rain Man* ou au trisomique du *Huitième Jour*, il y a place pour tous. Car tous les individus sont à la fois complexes et singuliers, leur singularité se traduisant à travers des comportements qui, dans un monde où la différence individuelle est devenue une valeur première, n'ont besoin d'aucune justification ni d'aucune explication savante. C'est la singularité même qui s'impose comme fait d'évidence et modèle. Le cinéma hypermoderne montre les êtres tels qu'ils apparaissent dans leur façon unique de se comporter : là est leur vérité, si cocasse, si étrange, si inexplicable soit-elle, dans une surface qui n'est nullement superficialité. Pointe ultime de l'imaginaire égalitaire démocratique : c'est la singularité de l'autre qui le rend proche de moi. Mon dissemblable, mon frère [1]...

1. Ce qu'exprime plaisamment un dialogue de *Michou d'Auber* entre un petit Beur et le père d'accueil, un pur Berrichon, qui le reçoit : « On est tous pareils », dit le gamin ; « On est tous différents, c'est la même chose », lui répond son père adoptif.

DÉMULTIPLICATION DES ÂGES DE LA VIE

Longtemps, le cinéma, sous sa forme classique, a raconté des histoires centrées sur des personnages d'âge moyen, ni trop jeunes ni trop vieux. Quelques exceptions regardaient parfois du côté de l'enfance – les collégiens de *Zéro de conduite* ou *Les Disparus de Saint-Agil*, les boucles blondes de Shirley Temple ou le nez retroussé de Mickey Rooney. Plus rarement du côté de la vieillesse – les comédiens en retraite de *La Fin du jour* ou les trois *Vieux de la vieille*. Lorsque Truffaut montre en 1959 une enfance « plus vraie », dans *Les Quatre Cents Coups*, le choc est fort, de tout autre nature que celui qui avait accueilli sept ans auparavant l'image convenue qu'en donnait *Jeux interdits*. La nouveauté qu'il introduit – donner à voir un garçon de 12-13 ans non pas tel que les adultes le voient mais tel que son âge le révèle – est, depuis, devenue monnaie courante.

Cette dynamique s'inscrit dans le fil d'un phénomène qui s'est amorcé au cours des années 1950, et dont le rock, avec l'émergence fulgurante d'Elvis Presley, s'est fait le moteur. On assiste en effet dès ce moment à la promotion d'une catégorie d'âge jusqu'alors traitée marginalement : la jeunesse. Une image juvénilisée de la star fait son apparition : Marlon Brando dans *Un tramway nommé désir*, James Dean dans *À l'est d'Eden*, Anthony Perkins dans *La Loi du Seigneur*, Elisabeth Taylor et Paul Newman dans *La Chatte sur un toit brûlant* offrent leurs corps et leur désir de vivre intensément à toute une jeunesse avide de nouvelles icônes. Leurs films exposent toute une série de problèmes jusque-là largement occultés : le mal-être, la violence, les conflits entre générations, le sexe, la musique. C'est l'époque de *Graine de violence*, de *L'Équipée sauvage*, de

La Fureur de vivre, de *Rock around the Clock*, films prémonitoires de ceux qui, dans les années 1960-1970, vont porter de façon plus radicale l'esprit de la révolte et de la contestation. Que ce soit dans la liberté de vivre sa vie et sa mort (*À bout de souffle*, *Pierrot le fou*), dans l'errance existentielle (*Easy Rider*), dans les soulèvements étudiants contre l'autorité (*If*), dans la marginalité hédoniste et anarchisante (*Les Valseuses*) ou à travers la veine libertaire de l'underground (*Flesh*, *Trash*, *Heat*), le cinéma des années de la contestation et de la contre-culture est un cinéma jeune, qui se positionne comme tel. Quand Romain Goupil reviendra, quinze ans plus tard, sur 1968, son film portera un titre à valeur à la fois romantique et symbolique, renvoyant à une jeunesse érigée en référentiel central : *Mourir à trente ans*.

Ce mouvement enclenché par la modernité émancipatrice des années 1950-1960 s'est fortement accentué dans la période hypermoderne. Nous en sommes au moment où le cinéma investit tous les cycles, toutes les étapes de l'existence. Plus d'exclusion : dorénavant, toutes les générations ont droit de cité, sont auscultées et mises en scène. Aux « scènes de la vie conjugale » succède la scène des temps démultipliés de la vie. Ce n'est plus à l'homme et à la femme « moyens » que l'on s'intéresse, mais à l'être singulier, dont la première singularité est celle de son âge, à tous les âges.

C'est que la durée de la vie s'allonge et que les normes en vigueur dans le monde de la tradition n'ont plus cours. Émancipé des anciens contrôles communautaires et de l'emprise des modèles traditionalistes ou religieux, l'individu est devenu premier et chaque âge de sa vie, du coup, mérite d'être considéré pour lui-même, comme un absolu. Les étapes de l'existence ne sont plus ces dispositifs traditionnels transcendant l'individu qui lui fixaient des rôles prédéfinis et dont Philippe Ariès notait qu'ils appartenaient « à un système de description et d'explication physique qui remonte aux philosophies ioniennes du VIe siècle avant Jésus-Christ[1] ». Dans la foulée de l'augmentation de la durée de la vie et de la dynamique de l'individualisation, un nouveau regard sur les âges de la vie s'est imposé. Ceux-ci ne désignent plus des statuts ou des rôles déterminés par des seuils et des principes fixes ; ce sont désormais des situations incertaines et confuses rythmées par des crises subjectives, des doutes et des interrogations se formulant dans le cadre du problème de l'identité personnelle[2]. Au sein de la culture hypermoderne, même les phases de la vie sont entrées dans une dynamique de détraditionalisation, de dérégulation, de redéfinition sociale et subjective. Il n'est pas difficile d'y reconnaître une des figures du présentéisme individualiste contemporain et son désir de vivre pleinement chaque moment : l'enfant n'attend plus, comme autrefois, d'être adulte, et le vieillard veut vivre son âge, le troisième et même le quatrième. Le nouvel impératif est d'« être soi-même d'un âge à l'autre[3] ».

Le nouveau zoom porte d'abord sur la toute petite enfance : Gilles de Maistre s'attache au *Premier Cri* et Alain Chabat prépare, comme producteur, un film sur la naissance et les 18 premiers mois de 5 bébés à travers le monde, qui devrait, symboliquement, s'intituler *Life*. Jacques Doillon filme une *Ponette* de 4 ans, qu'il soumet à ce choc frontal qu'est la mort de sa mère. Cela se poursuit avec la petite enfance, qui devient grande : *Toto le héros*

1. Philippe Ariès, *L'Enfant et la vie familiale sous l'Ancien Régime*, Paris, Plon, 1960, p. 6.

2. Éric Deschavanne et Pierre-Henri Tavoillot, *Philosophie des âges de la vie. Pourquoi grandir ? Pourquoi vieillir ?*, Paris, Grasset, 2007. Voir également Marcel Gauchet, « La redéfinition des âges de la vie », *Le Débat*, n° 132, nov-déc. 2004.

3. Voir François de Singly (dir.), *Être soi-même d'un âge à l'autre*, Paris, L'Harmattan, 2001.

a 8 ans [1], la gamine de *La Faute à Fidel* en a 9, le gamin de *Libero* 10 et un autre va jusqu'à afficher son âge et ses mesures de façon plus que précise : *Moi, César, 10 ans 1/2, 1 m 39*. La question se pose : à quoi tient l'apparition de ce nouvel « objet » à l'écran ? La réponse ne fait guère de doute : elle n'est autre que le processus d'individualisation de la représentation de l'enfant, l'attention nouvelle portée à l'individualité concrète de celui-ci. À la différence des époques anciennes, où le cours de l'enfance semblait dominé par un processus naturel ou anonyme davantage que par une dynamique en première personne, nous comprenons la marche de l'existence comme une histoire strictement personnelle, une histoire dont le caractère individuel est présent dès les premières années de la vie. C'est parce que l'enfant est reconnu comme une personne à part entière, une pleine individualité, que le cinéma le met en scène, lui accordant la place de personnage central aux traits et aux parcours singuliers.

Après les enfants, ce sont les préados, les ados, les jeunes adultes qui envahissent l'écran : Doillon s'intéresse aux 11 ans de *La Drôlesse*, aux 13 du *Jeune Werther*, aux 15 de *La Fille de quinze ans* ou du *Petit Criminel*. Claude Miller suit *La Petite Voleuse* sur un scénario de François Truffaut, comme une sœur aînée de l'Antoine Doinel des *Quatre Cents Coups* ; Téchiné saisit les vibrations des *Roseaux sauvages* l'année du baccalauréat ; Tavernier évoque les adolescents criminels dans *L'Appât*. Quant aux lycéens du *Péril jeune*, ils deviennent les étudiants de *L'Auberge espagnole* puis se retrouvent lancés dans la vie (*Les Poupées russes*). Ce regard ne concerne pas seulement le cinéma français, mais tous les cinémas, y compris,

1. Le film est à lui seul une mise en perspective des âges de la vie : Toto est vu successivement comme bébé, comme enfant de 8 ans, comme adulte de 30, comme vieillard de 80.

naturellement, le cinéma américain, qui en fait l'objet d'un genre spécifique : quelle que soit la cinématographie concernée, les jeunes s'y taillent une large part. Mais on ne retrouve plus rien ici de l'esprit rebelle de la contre-culture : le regard porté sur les « jeunes » est devenu lui aussi pluralisé. Parce que les étapes de l'existence ne sont plus socialement prédéfinies, les films s'ouvrent à l'individualisation des parcours, aux récits et aux trajectoires particularisés : enfances difficiles, vies de collège et de lycée, déclassés des banlieues, étudiants anxieux de leur avenir et remâchant leurs innombrables problèmes existentiels. Partout, l'enfance et l'adolescence sont observées au plus près et l'accent est mis sur une commune difficulté à vivre cet âge : dans le Téhéran de *La Pomme*, tel que le montre Samira Makhmalbaf à travers deux fillettes tenues recluses par une éducation rétrograde ; dans l'Écosse frappée par la crise industrielle du *Sweet Sixteen* de Ken Loach ; aux États-Unis, malades de leurs armes à feu, à l'image des lycéens tueurs de Columbine que Gus Van Sant suit à la trace dans les travellings croisés d'*Elephant*.

Sans boussole, sans point d'ancrage, la jeunesse, telle qu'elle apparaît dans les représentations les plus extrêmes qu'en donne le cinéma, est en proie à une déstructuration-désintégration radicale, par rapport à soi comme par rapport au monde social. Ce qu'*Elephant* montre précisément de façon forte, en se refusant à toute explication faussement rassurante, c'est un horizon vide de sens, où tous les anciens cadres – familiaux, éducatifs, moraux, religieux – ne jouent plus. Là où les films de révolte des années 1950-1960 s'inscrivaient dans un conflit de générations qui mettait clairement face à face enfants et parents, voici que les ados tueurs de Columbine tirent sur tout ce qui bouge, proviseur comme collégiens, en semant la mort sans but ni sens. On est au-delà de la crise d'adolescence, au-delà de l'affrontement intergénérationnel, au-delà de toute logique de revendication. Très loin, même, de l'acte gratuit à la Gide, qui gardait valeur positive d'affirmation de soi, la tuerie a ici partie liée avec un univers fait, pêle-mêle, de jeux vidéos, d'imaginaire nazi, d'absence des parents, de plaisir *fun*, d'allergie à toute forme d'autorité, de mise en scène à la Rambo, de fragilité psychologique. Un magma hétéroclite, délétère et pathogène, incapable d'être à la hauteur des impératifs de socialisation d'une adolescence déstabilisée à mort, réduite à un état d'anomie totale. Une image récurrente du film le dit : un ciel vide, où s'accumulent les nuages et les cataclysmes à venir.

Lorsque ces jeunes prennent de l'âge, le ciel ne s'éclaircit pas pour autant. Les films qui traduisent leur crise, entre difficulté à quitter la jeunesse et à entrer dans l'âge adulte – ce qui n'est rien d'autre que le syndrome de *Tanguy* –, se multiplient. Le mal de vivre des trentenaires s'impose comme un sujet dans l'air du temps, qui alimente, d'ailleurs, le gros de la production française actuelle : le film de Marie-Anne Chazel, qui raconte les aventures existentielles d'un groupe d'amis affligés de tous les symptômes d'époque – mal-être, homosexualité, boulimie, cancer – le traduit plaisamment dans son titre même, *Au secours ! j'ai trente ans*. Ledit malaise est bientôt suivi, au fil des décennies qui s'égrènent de la quarantaine et de la cinquantaine, de la fameuse crise de la *mid-life*. Le cinéma hypermoderne est celui qui met en scène la crise d'un âge de la maturité devenu de plus en plus problématique : ce dont témoignent dans les films les divorces, le rapport aux enfants, les couples recomposés, la dépression, l'ennui, les rêves de jeunesse inassouvis, les personnages immatures. *Little Children*, autour de l'adultère et de la pédophilie, brosse le tableau des frustrations, des désirs, des transgressions qui habitent les trentenaires d'une banlieue américaine. *Mariages*, à travers plusieurs couples d'âges divers, tient plaisamment le compte de tous ces mécomptes matrimoniaux. Certains acteurs s'en font même une spécialité : ainsi Jean-Pierre Bacri, en époux et cadre bien installé remettant son couple, son métier et sa vie en question dans *Kennedy et moi*, ou en chef d'entreprise découvrant un nouvel horizon à sa vie dans *Le Goût des autres*, ou encore en mari plaqué en pleine déprime reprenant goût à la vie grâce aux charmes d'*Une femme de ménage*. Et, tandis que les trentenaires tiennent le haut de l'écran, les quadras et les quinquas sont plus que jamais là, entre *Mes meilleurs copains* et *Le Cœur des hommes*, à doucement prendre de l'âge ensemble.

Surviennent la soixantaine et les 70 ans. Mais les retraités ont des ressources, et, même s'ils ont dépassé la limite d'âge, les quatre pilotes de *Space Cowboys* sont les seuls compétents pour réussir une mission dans l'espace. Car les vieux, et même les très vieux, ne sont plus les vieillards d'autrefois : les pensionnaires de la maison de retraite de *Cocoon*, qui naviguent dans les 80-90 printemps, régénérés par l'eau de jouvence d'une fable symbolique, se révèlent de fringants partenaires, danseurs, noceurs et amoureux frénétiques. Qu'est-ce à dire, sinon que le troisième âge n'échappe pas à la puissante dynamique d'individualisation ? Dans les sociétés anciennes, l'idéal associé à ce moment de la vie était la préparation à la mort. Il n'en va plus ainsi. Dorénavant, le « vieux » est un individu qui se refuse à subir passivement le poids de l'âge. S'il n'est plus objectivement jeune, il fait siennes les valeurs jeunes d'activité, de dynamisme, de forme. Autrefois, la vieillesse était le moment, au moins idéalement, de l'acceptation des choses et du destin. Aujourd'hui, le troisième âge refuse que l'avenir lui soit fermé, que les jeux soient faits. Même avancé en âge, l'individu veut continuer à pouvoir construire, inventer, voire refaire sa vie.

C'est pourquoi les expériences de l'aventure, de l'amour et du sexe peuvent prendre de plus en plus de rides sur le grand écran : Jack Nicholson et Diane Keaton sont déjà largement andro et ménopausés lorsqu'ils constatent, dans une rencontre qui est autant de cœur que de sexe, que *Tout peut arriver*. Clint Eastwood et Meryl Streep ne sont pas non plus de la première jeunesse quand leurs personnages de vieux photographe baroudeur et de bonne épouse bonne mère vivent une grande aventure sentimentale *Sur la route de Madison*. Plus âgée encore, *La Vieille qui marchait dans la mer*, tombant amoureuse d'un jeune garçon de plage, entend bien, malgré sa vieille peau et sa vieille carcasse percluse de rhumatismes, continuer à porter beau. De même que, à 80 ans, après avoir enterré la femme qui fut l'amour de sa vie, le héros de *Suzanne* vit un dernier amour avec une femme plus jeune que lui, dans un film qui regarde la vieillesse comme on regarde traditionnellement la jeunesse : pleine de vie, de diversité, de ressources, d'envie d'aimer.

À coup sûr, pareille approche quelque peu euphorique du grand âge est loin de rendre compte d'une réalité fréquemment vécue de manière infiniment plus tragique. D'abord, chercher à ne pas faire son âge, combattre les stigmates du temps au moyen des cures diverses, des traitements vitaminés, de la DHEA ou de la chirurgie esthétique se paie souvent au prix fort tant l'entreprise, un jour ou l'autre, est appelée à montrer ses limites. En outre, malgré le Viagra, la déficience sexuelle est vécue comme une angoisse ; l'un des rares films qui ose le dire porte bien son titre : *La Débandade*… Les tourments prennent une ampleur plus grande encore lorsque survient le grand âge : solitude extrême, déréliction physique et morale, sentiment d'abandon que procurent la maison de retraite, l'hospice, l'hôpital de longue durée, antichambres de la mort. Force est d'observer que le cinéma hésite encore à regarder de près la face noire de la vieillesse prolongée. Quelques films, peu nombreux, se risquent à évoquer tel ou tel aspect, mais c'est de manière volontairement feutrée (ainsi la maladie d'Alzheimer, très justement mais très romanesquement traitée dans *Loin d'elle*), ou fragmentaire (dans *La Consultation*, parmi la quinzaine de patients qui défilent devant un médecin généraliste, figurent deux ou trois vieillards en proie aux maladies du grand âge – encore s'agit-il d'un documentaire...). La décrépitude n'est pas, il est vrai, très commerciale. On touche là à l'ultime tabou de l'hypercinéma : tout est dit et montré, sauf, précisément, la déchéance qui accompagne la fin de vie. Faut-il y voir un cran d'arrêt rédhibitoire ? Si le schéma de la dynamique multiplexe que nous proposons ici est juste, ce dernier verrou cédera inévitablement, de même qu'ont déjà disparu d'autres interdits ou mises entre parenthèses : le processus de cinématographisation des âges de la vie ira à son terme. Les acteurs et les actrices vivant, comme tout le monde, de plus en plus vieux, des rôles accordés à leur grand âge les attendent[1].

Reste qu'à l'évidence l'imaginaire de l'égalité démocratique a fait son œuvre : chaque âge, à cette aune, mérite respect, attention, égale reconnaissance. Et ce d'autant plus que nous sommes dans une société où les très jeunes comme les plus vieux représentent des catégories de consommateurs importantes. Plus de hiérarchie, mais la dignification égale des époques de la vie. Avec, toutefois, une valorisation toute particulière de la jeunesse, liée à l'effondrement des cultures traditionalistes tournées vers

1. Ainsi, Danielle Darrieux interprète en 2006, à 89 ans, le rôle d'une comédienne octogénaire à qui est offerte une *Nouvelle Chance*. Il en va de même pour les réalisateurs : le Portugais Manoel de Oliveira, né en 1908, réalise en 2007, à 99 ans, *Belle toujours*, dans lequel il reprend, quarante ans après, le *Belle de jour* de Buñuel, en une sorte de suite qui met en scène les mêmes personnages vieillis, et le même Michel Piccoli, mais âgé à présent de 82 ans.

le passé, mais aussi à l'essor de nouvelles catégories de consommateurs : depuis les années 1960, les jeunes ont de l'argent de poche à dépenser et depuis les années 1980-1990, ils sont devenus la catégorie d'âge la plus directement consommatrice de cinéma. La séance en salles n'est plus aujourd'hui la sortie familiale qu'elle a longtemps constitué, mais une sortie entre jeunes, que l'on favorise par des politiques tarifaires, des fêtes du cinéma et, surtout, par des films qui visent spécifiquement ce cœur de cible. Le cinéma, qui, depuis James Dean, a participé au premier chef, avec la musique, à la construction d'une culture ado, en est aujourd'hui à l'exploitation systématique de cette culture, par une diversification et une multiplication des produits qu'il propose. Le film de collège, le *teen movie*, dans sa version sexe – *American Pie* –, musique – *Rock Academy* – horreur – *Scream* –, est devenu un genre, et les fêtes comme les vacances scolaires ramènent infailliblement leur lot de dessins animés, de films d'aventures, de *Harry Potter* et de *Seigneur des anneaux*.

De cette jeunesse, largement sollicitée, à toutes les autres étapes de l'existence, la manière dont le cinéma donne à voir chaque âge en tant que tel traduit le processus d'individualisation qui amène chaque individu à vivre de façon personnelle les temps de sa vie.

Un homme, une femme

La variété complexe des personnages contemporains touche naturellement aux rôles et aux identités sexuels profondément redéfinis par la culture hyperindividualiste. Il a toujours existé, dans le cinéma classique, des rôles atypiques, mais qui ne dérangeaient en rien la dissemblance structurelle des positions de l'un et l'autre sexe : le gigolo, l'homme faible, le mauvais garçon d'un côté, la mégère, la pute, la garce de l'autre. Depuis les années 1970, on assiste à un large processus de déstabilisation de la dichotomie traditionnelle des rôles sexuels. Le cinéma d'aujourd'hui en montre toute l'ampleur irréversible[1]. Enregistrant et accélérant en même temps l'évolution par la force de modèle qu'ils génèrent, les films font ainsi de plus en plus place à des personnages féminins évoluant dans des sphères d'activité qui leur étaient traditionnellement fermées. La liste est longue des *executive women* (*Working Girl*), des femmes de pouvoir (*Le diable s'habille en Prada*), de celles qui exercent des « métiers d'hommes » – flic dans *Le Petit Lieutenant*, pilote d'essai dans *Les Chevaliers du ciel* –, ou qui sont engagées dans des sports ou des activités réputés virils – la boxeuse de *Girlfight* ou de *Million Dollar Baby*, les femmes soldats de *Une jeunesse comme aucune autre* –, ou qui se paient même le luxe d'être des superhéroïnes – *Catwoman*, *Elektra* – n'ayant rien à envier aux superhéros.

Les femmes reprennent également à leur propre compte la disjonction traditionnellement masculine entre amour et sexe, utilisant ce dernier à la fois comme une libération et comme un plaisir. Dans *Une femme coréenne*, l'héroïne met à bas l'édifice de soumission conjugale,

1. Ce phénomène ne peut être dissocié d'une dimension radicalement nouvelle, constitutive de l'hypercinéma et de son paysage professionnel : l'arrivée massive des femmes à la réalisation, domaine jusque-là quasiment réservé aux hommes. Pratiquement absentes à ce poste jusque dans les années 1980, elles l'investissent dès lors en nombre, et ce dans toutes les cinématographies. Les chiffres sont éloquents : on ne compte entre 1900 et 1980, pour l'ensemble du monde, qu'une vingtaine de femmes réalisatrices dont l'œuvre est achevée ; pour la seule année 2004, en France, parmi les films distribués, 68 sont dus à des femmes. Lesquelles ne réalisent pas que des « films de femmes » mais touchent à tous les genres (par exemple, dans les films d'action, Kathryn Bigelow à Hollywood, ou, dans les films sociaux, Roberta Torre faisant un sort à la mafia sicilienne dans *Mais qui a tué Tano ?*). Voir Jean Serroy, *Entre deux siècles*, *op. cit.*, « Le cinéma au féminin », p. 41-45.

pourtant particulièrement solide dans un pays aux traditions pesantes, en quittant son mari pour un tout jeune amant adolescent qu'elle utilise comme un pur objet sexuel, et en se faisant faire par celui-ci l'enfant qu'elle veut et qu'elle décide d'élever seule. Le sexe, comme la carrière ou l'argent, sont dorénavant aussi bien affaire de femmes que d'hommes : les copines de *Friends with Money* se racontent tout autant leurs aventures sexuelles que leurs problèmes d'argent. D'autant qu'il n'est pas rare, dans les films plus directement encore que dans la vie, que ce soient désormais les femmes qui fassent les avances sexuelles. Depuis que Lauren Bacall, en allumeuse, s'est approchée de Bogart, dans *Le Port de l'angoisse*, pour l'inviter à lui donner du feu, le cinéma a largement contribué à légitimer l'initiative féminine. Ce en quoi il apparaît moins comme reflet du réel que comme producteur de nouveaux modèles de comportement. En 1987, c'est Glenn Close qui fait vivre à l'avocat, marié et père de famille, qu'elle poursuit de ses avances une *Liaison fatale*. Aujourd'hui, ce sont les filles de 16 ans qui draguent les garçons timides de *Hellphone*.

Il n'est pas jusqu'à l'humour, longtemps considéré comme un monopole des hommes, qui ne se féminise. Le cinéma met à bas la vieille tradition qui donnait aux hommes tout droit de se moquer des femmes, depuis les fabliaux du Moyen Âge fustigeant leurs défauts en passant par toutes les saillies réservées aux précieuses dites ridicules et aux mégères présumées apprivoisées. Sur l'écran, ainsi que sur les scènes de music-hall, les femmes s'approprient le code humoristique, y compris dans le registre sexuel le plus appuyé : Josiane Balasko va jusqu'à piquer à Alain Chabat sa propre épouse dans *Gazon maudit* et Valérie Lemercier ne craint pas, dans un film où elle-même interprète un personnage dont le père se révèle homo et en ménage avec un proctologue, de choisir un titre explicite – *Le Derrière*. À présent, les femmes rient d'elles-mêmes – Bridget Jones est la première à se fustiger dans son journal –, comme elles rient des hommes, sans laisser le soin à ceux-ci de le faire pour elles.

À l'inverse, et dans une logique identique de brouillage des lignes, la beauté, domaine traditionnellement dévolu à la femme, n'apparaît plus comme un impératif catégorique des stars féminines. Elle est même souvent explicitement transformée en son contraire, à travers des films où l'actrice principale, réputée pour sa beauté, s'enlaidit de toutes les manières. Sandrine Bonnaire, interdite de toilette et de shampooing par Agnès Varda pendant tout le tournage de *Sans toit ni loi* en 1985, pour incarner au plus près une routarde, a, depuis, été largement dépassée. Ainsi, top model et icône publicitaire sur papier glacé, Charlize Theron s'astreint par un régime gras, on l'a vu, à prendre des kilos, se bourre les joues de prothèses disgracieuses, se graisse les cheveux, se jaunit les dents et s'habille avec des vêtements informes pour incarner un laideron à la démarche de camionneur, dans *Monster*. Ce qui lui vaut un Oscar. Et Monica Bellucci, madone pulpeuse, se fait sauvagement violer, battre, saccager, tuméfier, dans un film, *Irréversible*, construit sur cette inversion de la sublimation qui transforme l'image de la beauté en spectacle repoussant. Ce qui touche, ce n'est plus seulement la beauté iconique, c'est la personnalité singulière. Ce qui ouvre aux actrices un éventail de rôles beaucoup moins standardisés.

Dans le même temps, par ce qui pourrait sembler n'être qu'une inversion des rôles traditionnels, le strip-tease se masculinise dans *The Full Monty*, tandis que *Billy Eliott*, le gamin des cités minières, rêve de chausser les pointes et de devenir danseur. Pendant que les femmes sont au travail, les hommes assument leur statut de nouveaux pères depuis *Trois Hommes et un couffin* (premier film réalisé en 1985 par une femme, Coline Serreau, à remporter un énorme succès au box-office). La recomposition du paysage identitaire sexuel est du reste si forte que la question se pose à ceux-là mêmes pour qui elle ne faisait jusque-là guère problème : qu'est-ce qu'être homme dans une société où l'égalité gagne tous les domaines ? Dès 1975, un film prémonitoire et prototypique, œuvre de ce trublion iconoclaste qu'était Marco Ferreri, le disait de façon incisive : Depardieu se tranchant le sexe dans *La Dernière Femme*, c'était le malaise des hommes, comme émasculés de leur identité virile même. De façon moins extrême mais plus généralisée, les hommes d'aujourd'hui révèlent une fragilité intime : sous les torses musclés et les barbes viriles des « hypermecs » se font jour des êtres ordinaires, sans qualités particulières, qui apparaissent faibles, comme les personnages dont Nicole Garcia montre les fêlures, la solitude, les vacillements dans le portrait de groupe de *Selon Charlie*. Le titre d'un film de Jacques Audiard le dit de façon symbolique : *Regarde les hommes tomber*.

Dans la lignée de cette perte de pouvoir viril, le cinéma contemporain dit et montre la misère sexuelle, la masturbation devant les femmes qui se refusent, et aussi les viols, la pédophilie, l'impuissance, le tourisme sexuel[1]. La Lolita qui, dans *American Beauty*, vient semer le trouble dans une famille américaine ordinaire, où le père, dès l'ouverture du film, traduit sa frustration par une activité masturbatoire révélatrice, met à nu, sous la façade lisse et propre de l'élégant pavillon résidentiel, tous les désirs inavoués et les violences refoulées de l'homme américain en proie au mal-être identitaire. Les don Juan en ont pris un coup dans leur ego viril : ils sont saisis d'une « grosse fatigue ».

1. Le phénomène ne touche pas seulement les hommes : les partenaires, hommes et femmes, de *Sexe, mensonges et vidéo* sont emblématiques de cet Éros névrosé.

Autant d'aspects qui cohabitent avec une recomposition des territoires relatifs aux genres sexuels. Sur fond de malaise, et sans doute comme une réponse à celui-ci, l'époque enregistre en effet une remasculinisation des hommes de même qu'une reféminisation des femmes. Au moment même où Woody Allen promène sa silhouette de gringalet binoclard, on assiste à la promotion des supermecs body-buildés : on n'est plus dans le viril, mais dans l'hyperviril. Pas le moindre film d'action qui ne permette d'admirer les pectoraux et la musculation du héros, mis en valeur par des tee-shirts moulants, le tout généralement agrémenté, comme pour Bruce Willis dans *Les Larmes du soleil*, d'une barbe naissante soigneusement mal rasée. L'hypercinéma en rajoute dans le virilissime, de *Rambo* jusqu'à *Gladiator*, comme dans le féminissime, de Julia Roberts à Nicole Kidman. Les « mecs » refont surface, mais aussi les femmes hyperféminines, folles de beauté, de mode, de chirurgie esthétique, toutes celles qui fréquentent le *Vénus Beauté (Institut)* et qui se disent, l'une à l'autre, entre deux séances *: Comme t'y es belle !* C'est *La Revanche d'une blonde*, qui colore la vie en rose – tenues vinyle, téléphone mobile, carnet en forme de cœur, ruban au cou de son petit chien – et qui prouve, elle, la Barbie californienne, qu'elle vaut bien un diplômé d'Harvard !

L'écran hypermoderne combine l'atypique et le stéréotype, la révolution des genres et leur permanence sociale-historique ; tout se voit, tout se mêle et s'oppose dans la foulée de l'individualisation extrême et de la puissance démultipliée des modèles. Le cinéma, qui fournissait avec la star une sorte de canon sublimé, ouvre désormais ses écrans aux contrefaits, aux mal rasés, aux moches, aux grosses[1] et

1. La rondeur peut d'ailleurs, sous le regard de certains cinéastes, offrir sa propre grâce. Le corps plantureux de Marianne Sägebrecht, dans *Bagdad Café*, devient modèle pour le peintre qui découvre ses charmes. Autre forme du cinéma multiplexe.

simultanément à la beauté la plus normée. Tyrannie de la beauté et émancipation des femmes progressent de concert[1]. Spirale des personnalités singulières, exacerbation des modèles (muscles, minceur, jeunesse, sexe) : dans tous les cas, l'hypertrophie des contraires vient composer tout à la fois l'image multiplexe et l'image-excès du nouveau cinéma.

MINORITÉS MULTISEXES

Cette redéfinition des rôles n'épargne pas les identités relatives aux inclinations sexuelles. Cela apparaît tout particulièrement dans la façon dont l'homosexualité se donne désormais à voir sur les écrans. Longtemps, l'homosexuel a été objet de risée : les deux partenaires de *La Cage aux folles* ont, en 1978, donné à cette tradition son image la plus achevée. Vingt ou trente ans après, un tel film ne serait pratiquement plus possible ; d'ailleurs, son remake américain tardif, *The Birdcage*, en 1996, tombe totalement à plat. Progressivement, le phénomène gay s'est imposé, trouvant sa légitimation à l'écran dans des films qui le montrent dans un tout autre contexte que celui de la condamnation morale ou de la dérision salace. Les amours de collège dans le Cambridge très british de *Maurice*, celles, plus populaires, du jeune Pakistanais de la banlieue londonienne dans *My Beautiful Laundrette*, l'apprentissage amoureux et la découverte de la sexualité homo dans *Les Roseaux sauvages*, l'ombre qui s'étend du sida dans *Les Nuits fauves*, le droit social à vivre dignement son homosexualité et sa maladie dans *Philadelphia*, la drague

1. Sur ce double processus, Gilles Lipovetsky, *La Troisième Femme*, Paris, Gallimard, 1996.

et la prostitution masculine dans *J'embrasse pas*, la passion qui touche jusqu'à ce mythe même de la virilité qu'est le cow-boy dans *Le Secret de Brokeback Mountain :* l'homosexualité, dans sa diversité, s'impose comme allant de soi.

Si l'homosexualité féminine semble moins présente que l'homosexualité masculine dans les productions importantes, c'est sans doute parce que le lesbianisme n'a longtemps relevé, à travers le cinéma porno, qui en fait grand usage, que d'un fantasme masculin. Les amours entre femmes n'en ont pas moins définitivement acquis dignité et droit d'écran. Hollywood accorde un Oscar à Charlize Theron pour son interprétation d'un personnage de lesbienne, dans *Monster*, et nombre de films indépendants, de *La Tentation de Jessica* à *Puccini et moi*, donnent à l'homosexualité féminine la place qui doit lui revenir[1]. Il en va de même pour la transsexualité : le travesti de *Chouchou*, à mi-chemin entre *Tootsie* et *Pretty woman*, connaît un vrai coup de foudre, plus touchant que comique, pour son bel ami de rencontre. Et le héros de *Hedwig and the Angry Inch*, garçon devenu fille par une opération qui lui a laissé quelques centimètres d'appendice indésirable – l'« *angry inch* » du titre –, porte une cicatrice qui le confirme dans son statut ambigu d'homme-femme et l'affuble d'un troisième sexe troublant.

Déjà loin du début des mouvements pour les droits homosexuels des années 1960, le nouveau cinéma gay qui naît dans les années 1990 impose à travers le « queer cinema »[2] l'évidence reconnue d'une culture gay qui, ne s'enfermant pas dans la revendication militante, remodèle

1. Par exemple : *It's in the Water* de Kelli Herd (1988), *Le Voyage au Kafiristan* de Fosco et Donatello Dubini (2001), *The Politics of Fur* de Laura Nix (2002), *Tipping the Velvet* de Geoffrey Sax (2002).

2. Un documentaire de Lisa Ades et Lesli Klainberg retrace cette histoire : *Fabulous ! The Story of Queer Cinema* (États-Unis, 2006).

très largement, bien au-delà des films proprement homosexuels, le cinéma d'aujourd'hui. La multiplication des films mettant en scène des personnages homosexuels traduit, de fait, des homosexualités plurielles, qui ne sont que des représentations démultipliées de la figure même du dispositif de singularisation. La perspective n'est plus ici la libération sexuelle, mais la quête et l'affirmation plus ou moins anxieuse de soi qui, de fait, concerne toutes les catégories sociales, qu'elles soient sexuelles, d'âge ou de culture.

Hybridations culturelles, dérégulation des rôles sexuels, particularisation du profil des êtres : le cinéma qui s'annonce se donne comme le regard expressif et anticipateur de ce « magma inorganisé » que constitue l'état social individualiste hypermoderne.

CHAPITRE IV

L'image-distance

Paradoxal cinéma hypermoderne : alors même que la logique d'excès vient immerger celui-ci, l'englober dans un spectacle qui agit de façon sensorielle et sensitive, une autre logique se développe qui implique, à rebours, une démarche sinon spéculative, du moins cognitive. Clins d'œil, citations, allusions, références : on ne compte plus les films qui exacerbent la distance, le recul du film par rapport à lui-même, lequel induit une semblable mise à distance, par rapport au film, du spectateur. Par où une autre forme de multiplexité s'introduit au cœur même du dispositif filmique contemporain : elle définit la troisième figure caractéristique de l'hypercinéma. On la nomme ici l'image-distance. Cette combinaison de dispositifs contraires – simplicité/multiplexité, sensation immédiate/distanciation cognitive – est l'une des grandes figures marquantes du cinéma qui vient.

LE CINÉMA DU CINÉMA

Le premier à se faire son cinéma, à se regarder comme tel, c'est le cinéma lui-même. Il le fait d'abord, et de plus en plus, selon une logique commerciale qui cherche à exploiter au maximum le filon d'un film à succès (comme *Le Silence des agneaux*), par la production immédiate de « sequels » qui viennent offrir la suite de l'original (*Hannibal*) ou de « prequels » qui le prolongent par un retour à ce qui a précédé (*Dragon rouge*), voire de pré-sequels qui viennent offrir un récit antérieur à l'original, à ses sequels et à ses prequels (*Hannibal Lecter, les origines du mal*). Ce système relève essentiellement de la répétition et de la série : ainsi *Rocky 5*, conçu à la manière d'une démarche marketing de déclinaison de produit, renchérit en fait purement et simplement, en 1990, sur l'original de 1976, après trois autres épisodes successifs produits à intervalles réguliers, en 1979, 1982 et 1985.

Mais ce qui est nouveau, dans ce fonctionnement bien huilé, c'est la distance temporelle qui sépare de sa suite tardive une série qui semblait s'être définitivement interrompue. À 60 ans, en 2006, seize ans après avoir raccroché les gants, *Rocky Balboa* remonte sur le ring, et, avec l'âge et le recul du jugement sur soi, c'est sa propre vie de boxeur qu'il remet en jeu, voire, plus profondément, la vie de Sylvester Stallone lui-même, l'histoire des coups qu'il a pris sur le ring hollywoodien et de sa volonté d'aller pourtant jusqu'au bout de son cinéma par ce film quasi testamentaire qui traduit non seulement la distance du temps, mais la distance du cinéaste vis-à-vis de sa création. La même ambition autoréférentielle ne préside pas toujours à ce genre d'entreprise, mais ces suites lointaines se caractérisent toutes, nécessairement, par la distance du regard : *18 Ans après*, Coline Serreau observe les déjà vieux nouveaux pères de *Trois Hommes et un couffin* se débattre, au sein de familles recomposées, avec leur bébé qui est devenu ado, tout comme ils se débattent avec une société qui a changé. De même, *Les Bronzés 3*, vingt-huit ans après leurs premières aventures, observent et mettent en avant, avec la distance de l'humour, les traces du temps sur leurs personnages.

Le processus est le même en ce qui concerne les films donnant lieu à des séries régulières. C'est assurément la logique commerciale qui règle le processus de production. Mais cela n'empêche pas des ruptures dans la mécanique de reproduction à l'identique qui viennent établir une certaine distance entre la série et ce qui apparaît comme une sorte de remise en cause. Rompant avec la surenchère de gadgets technologiques et d'effets spéciaux en tout genre des James Bond canoniques, *Casino Royale* apparaît comme une mise à distance quasi critique de la série, par le choix d'un interprète physiquement différent, d'une violence sèche et d'une noirceur désenchantée dans le ton. Ce type de recul se traduit de façon ostensible dans la façon de revisiter les grands héros et leur mythologie d'un point de vue qui ne craint pas d'être ironique. Sherlock Holmes, réduit au rang d'ectoplasme pur et simple dans *Élémentaire, mon cher... Lock Holmes*, où il n'est qu'un acteur de théâtre pochard embauché par le docteur Watson pour figurer une créature que celui-ci a inventée de toutes pièces : on frise là, en écornant un personnage qui a tout d'un monument national, le délit de lèse-majesté. Rares sont désormais les héros dont la légende ne se trouve ainsi passée au crible de la révision iconoclaste : Jeanne d'Arc, Robin des Bois, Roméo et Juliette, et jusqu'à Blanche-Neige…

Il en va de même pour la réalisation des remakes. À son degré zéro, le procédé n'est qu'une reproduction pure et simple, comme celles que le cinéma hollywoodien a l'habitude de proposer au public américain avec la version *made in USA* des films étrangers censés ne pouvoir lui être offerts directement. Le procédé est ancien, il se systématise : *Trois Hommes et un couffin* se traduisent littéralement *Three Men and a Baby*, les deux *Fugitifs*, en franchissant l'Atlantique, deviennent… *Three Fugitives*. Cette volonté de clonage à visée essentiellement commerciale se retrouve dans les reprises de films anciens que l'on ressort des oubliettes pour les offrir au nouveau public, notamment aux jeunes. Si la martingale ne marche pas à tous les coups, elle tire parfois le gros lot, à l'instar des *Choristes* qui font oublier au box-office la désuète *Cage aux rossignols*. Pas de distance ici à proprement parler – puisqu'on reprend fidèlement la même histoire et les mêmes personnages –, si ce n'est celle des années qui amène à un toilettage de surface pour correspondre au changement d'époque.

Le procédé diffère s'agissant des remakes nouvelle mode qui vont puiser dans l'histoire du cinéma pour réinterpréter les œuvres, les relire à la lumière d'aujourd'hui, voire, dans les cas les plus pénétrants, jeter sur l'œuvre originale une lumière qui l'éclaire d'un jour inédit. Le phénomène de reprise a toujours existé : le roman de James M. Cain, adapté à quatre reprises, du *Dernier Tournant* à *Ossessione* et aux deux *Facteur sonne toujours deux fois*, témoigne qu'un même scénario est réutilisable à volonté et qu'un remake peut toujours en engendrer un autre. Ce qui est nouveau, c'est, outre la multiplication de ce type de films, la relecture de fond qui met à distance le film originel : la *Lady Chatterley* de Pascale Ferran, s'appuyant sur une version seconde du roman de D.H. Lawrence, renvoie l'histoire d'amour romantique et le film érotique des deux adaptations précédentes (de Marc Allégret et de Just Jaeckin) au rayon des banalités courantes, en recentrant le regard sur l'héroïne et sur la densité des rapports charnels que vivent l'un et l'autre des personnages.

La distance de la réinterprétation peut aller jusqu'à établir une forme de dialogue complexe avec l'œuvre originelle. Ainsi, dans *Loin du Paradis*, Todd Haynes offre une reproduction hyperréaliste du grand mélodrame de Douglas Sirk, *Tout ce que le Ciel permet*. L'illusion – couleurs, décors, costumes, dialogues, éclairages – est totale : le film est comme un double parfait, plus vrai que le vrai. Pourtant, derrière la ressemblance de copie conforme surgissent des éléments inédits, qui apparaissent comme le refoulé même du film primitif, de tout ce qu'il impliquait et qu'il ne disait pas : la solitude affective de l'héroïne ne tient plus à son veuvage, mais au fait qu'elle découvre un soir son mari dans les bras d'un autre homme ; et le jardinier qui vient apporter à cette solitude le réconfort amoureux n'est plus le mâle blanc et viril qu'incarnait Rock Hudson, mais un Noir, ce qui va susciter le scandale dans une petite ville où haine raciale et puritanisme se tiennent la main. Le mélodrame relu à la lumière crue du racisme et de l'homosexualité, avec cet élément supplémentaire que Rock Hudson, on l'a su depuis, était lui-même homosexuel et qu'il est mort du sida : la distance est ici celle de la remise en cause du sens du récit, de la réinterprétation à la lumière du présent, si forte que l'original lui-même ne peut plus être vu avec le même regard innocent.

Point ultime de cette réinterprétation, le remake peut être conçu dans la perspective radicale d'une création dont l'originalité tient précisément à ce qui apparaît à première vue comme la répétition clonée du modèle. Ainsi, lorsque Gus Van Sant refilme plan par plan *Psychose*, en gardant le même titre original (*Psycho*), il joue sur l'identique, tout son projet, aux confins de l'art contemporain, résidant dans les microvariations, à peine perceptibles, qu'il fait subir au film d'Hitchcock et dont le caractère infime recrée une œuvre originale.

Divers, multiple, ce phénomène de reprise d'un film par un autre, relève, il est vrai, la plupart du temps, d'une pure logique commerciale. Dans un contexte de concurrence industrielle et de production pléthorique, la chasse aux recettes fonctionne à plein régime. Ainsi en va-t-il lorsque Luc Besson fait réaliser par l'un de ses chefs opérateurs un film dont il signe le scénario, *Banlieue 13*, en le reprenant directement au *New York 1997* de John Carpenter, qu'il transpose de la banlieue new-yorkaise à la banlieue parisienne. L'investissement dans les suites et les reprises ne représente ici rien d'autre, à cet égard, qu'une manière de minimiser les risques, de gérer l'incertitude qui domine le marché du cinéma. La bonne vieille formule magique – les stars, outils promotionnels – ne réussissant plus comme autrefois, on cherche ailleurs. Le cinéma, avec ses stocks de films qui ne demandent qu'à être réutilisés, constitue un fonds de garantie solide. Un fonds de commerce.

Cela étant, la logique économique n'explique pas tout. Nous vivons le moment où le cinéma est devenu un « continent » classique, avec son histoire légendaire, ses modèles, ses références, ses œuvres fondatrices, lesquelles peuvent être, du coup, inlassablement revisitées, à l'instar de ce qui s'est pratiqué pendant des siècles dans les autres champs artistiques. Sur ce plan le cinéma a rejoint les autres arts : riche d'une histoire reconnue, il devient pleinement septième art. Loin de traduire un vide créatif, le recyclage du passé ne fait que placer le cinéma dans une position lui permettant de se réinventer sans cesse : ni répétition ni retour en arrière, mais logique néomoderne empruntant les ressources de l'ancien pour créer du nouveau[1]. Contrairement à ce qui se dit souvent, la prolifération des remakes n'a rien de « postmoderne » : elle est d'essence hypermoderne tant par la pléthore de ses manifestations que par la liberté de réinterprétation qui s'exprime sans frein : tout est possible, y compris la relecture infidèle, iconoclaste, irrespectueuse, conforme à une

1. Sur cet aspect, voir Félix Torres, *Déjà vu. Post et néo-modernisme : le retour du passé*, Ramsay, 1986.

logique individualiste ultramoderne. Et le procès qu'on lui fait est vieux comme la modernité. La querelle des Anciens et des Modernes en fournit le canevas, qui, dès le XVIIe siècle, posait la bonne question : qu'est-ce qui empêche les modernes d'avoir leur mot à dire ?

LE CINÉMA DANS LE CINÉMA

L'image-distance va bien au-delà des remakes et des suites. Plus directement, elle se manifeste aujourd'hui dans une distance du cinéma avec lui-même. On le voit en premier lieu par la fréquence, à l'intérieur des films, d'autres films dont des extraits sont insérés jusque dans la trame narrative. Le procédé n'est pas nouveau, mais sa multiplication est patente, tout comme la valeur qui lui est accordée. Il ne s'agit plus tant de citer pour rendre hommage que pour entraîner une réflexion sur le film lui-même. Non plus la simple illustration, mais une mise en abyme, selon tout un réseau de significations qui circule entre le film et d'autres films à l'intérieur du film. Dans certains cas, suivant le modèle que Fellini en donne dans *Intervista*, où un Marcello Mastroianni vieilli et une Anita Ekberg qui a pris trente ans et trente kilos regardent sur une toile blanche défiler leurs propres images dans *La Dolce Vita*, la réflexion – ici sur le temps qui passe – est celle du cinéaste sur son œuvre même. Le remploi des images d'origine, dans un film que sépare d'elles la distance des années, amène à relire dans le présent le film originel, et aussi à lire par rapport au passé le film présent – Pierre Schoendoerffer, citant presque tous ses films dans le dernier d'entre eux, *Là-haut. Un roi au-dessus des nuages*, revisite son œuvre à travers le regard nostalgique porté sur le passé de ses personnages, mais également sur la France coloniale, sur la décolonisation, sur son cinéma lui-même.

Mais la citation dépasse largement la simple autoréférence : elle devient de plus en plus un moyen pour le film d'exprimer ce qu'il a à dire, voire de développer son propre mouvement narratif, par le moyen d'un autre film. Vrai film, dans bien des cas : *L'Armée des douze singes* montre un extrait de *Sueurs froides* qui intègre le film d'Hitchcock à son propre contexte dramatique renvoyant, par un jeu d'abyme en miroir, à *La Jetée* de Chris Marker, dont le film de Terry Gilliam est un remake. Dans *Stupeurs et tremblements*, la longue citation de *Furyo* assimile la condition de l'héroïne, soumise à un véritable supplice par son travail au sein d'une entreprise nippone d'aujourd'hui, aux tortures infligées par son geôlier japonais à l'officier anglais dans le camp de prisonniers en 1942.

Les films cités sont aussi, souvent, de faux films, réalisés par le cinéaste lui-même comme un moyen de dire autrement ce qu'il a à dire. Les réalisateurs de la Nouvelle Vague, et Godard le premier, dans *Vivre sa vie* par exemple, en avaient bien senti les potentialités créatives. La nouveauté tient désormais à l'utilisation accrue et particulièrement inventive de ce cinéma dans le cinéma : jeu parodique, comme le faux film d'horreur dont on voit des extraits dans *La Cité de la peur* ; enchâssement accréditant la fiction, comme dans *Scream 2*, où des extraits d'un film imaginaire renvoient au processus de meurtre initié dans le *Scream* originel ; dédoublement correspondant à la thématique centrale du film, comme dans *Parle avec elle*, où un faux film cité, *L'amant qui rétrécit*, en dédouble un vrai, *L'homme qui rétrécit*. Le procédé se démultiplie encore avec les faux films d'amateur, les faux documentaires, les fausses vidéos intégrés dans le film, tous éléments dont on trouve les exemples fondateurs chez le Welles de *Citizen*

Kane ou le Resnais de *Muriel*, mais qui prennent, du fait des évolutions techniques, un relief inédit.

La différence de support permet en effet, avec le grain particulier de l'image vidéo et de l'image numérique par rapport à la pellicule, toute une gamme de variations qui mettent un type d'images en concurrence avec un autre. C'est tout particulièrement sensible, depuis les années 1990, dans la création vidéo[1], et, plus encore, depuis les années 2000, dans la création numérique, où le film dans le film occupe une place considérable[2]. Lorsqu'un grand cinéaste s'en empare, le procédé devient la matrice même du film. Dans *Inland Empire*, non seulement le film raconte le tournage d'un film, mais les scènes de tournage viennent s'intégrer à un labyrinthe créatif qui porte l'imaginaire de Lynch à des profondeurs d'enchâssement et de dédoublement sans fin, à l'image de ce plan où l'héroïne, entrant dans une pièce, vient s'inscrire dans un plan lui-même inscrit sur l'écran d'un téléviseur, où s'inscrit le plan de celle qui regarde ledit téléviseur, et où figure l'écran du téléviseur où s'inscrit le plan de celle qui le regarde, à l'infini… Le tout tourné en caméra numérique et mêlant le récit premier – le tournage d'un film en caméra cinéma – à d'autres niveaux relevant du souvenir, du fantasme, du rêve, de l'hypnose même.

Le cinéma, ici, nourrit le cinéma, la création devenant à la fois le thème et le moteur dramatique du film. Ce qui explique l'inflation de films prenant le cinéma pour objet, selon une multitude de perspectives différentes. Films sur la création cinématographique, comme le *Ed Wood* de Tim

1. Marie-Thérès Journot, « Journal filmé et caméra de surveillance : les emplois paradoxaux de la vidéo dans le cinéma des années 1990 », in Odile Bächler, Claude Murcia, Francis Vanoye (dir.), *Cinéma et audiovisuel. Nouvelles images, approches nouvelles*, Paris, L'Harmattan, 2000.

2. Jean-François Aubé, « Une tendance du court-métrage numérique : le film dans le film », *Hors Champ*, janvier 2004.

Burton, évoquant le cinéaste champion des séries B à travers le tournage de l'une d'entre elles, *Plan 9* ; films sur les affres de l'écriture scénaristique, comme dans *Adaptation* de Spike Jonze, où les deux coscénaristes se mettent eux-mêmes en scène autour d'une histoire d'écriture de scénario qui entreprend de faire une fiction de leurs propres vies ; films choisissant de raconter en mettant le récit en rapport avec le cinéma lui-même, comme *Dopo mezzanotte* de Davide Ferrario, où l'aventure sentimentale du héros, gardien de nuit au musée du cinéma de Turin, s'inscrit dans la forme même du cinéma muet qui constitue son horizon ; films imaginant, comme *Simone* d'Andrew Niccol, le cinéma à venir en créant de toutes pièces une star virtuelle, créature numérisée si parfaite dans le film hollywoodien où elle tient la vedette qu'elle devient, sans que personne ne se doute qu'il s'agit d'une pure virtualité, une star mondiale[1]...

Cette spécularité atteint son point extrême dans les films qui mettent en scène le tournage d'un film. Truffaut l'avait fait dans *La Nuit américaine*, mais par un emboîtement clair qui distinguait le film premier du film second dont il racontait le tournage, et où l'effet d'illusion tenait principalement au fait qu'il interprétait lui-même le rôle du metteur en scène tournant ce film dans le film. Le mélange devient total lorsque la confusion s'installe à l'intérieur même du film : les figurants qui, dans *Salam Cinéma*, viennent auditionner pour tourner un film ne savent pas que le film a déjà commencé, filmé par Mohsen Makhmalbaf, qui les filme, et qui se filme les filmant. La complexification et la distance interviennent alors de façon beaucoup plus radicale et systématique. Elles jouent sur l'entremêlement de la fiction et de la réalité. Kiarostami enchaîne *Où est la maison de mon ami ?*, *Et la vie*

1. Jean Serroy, *Entre deux siècles*, *op. cit.*, p. 575.

continue et *Au travers des oliviers*, en tirant jusqu'au bout le mince fil tendu entre le tournage d'un film qui raconte un tournage et la réalité qui vient interférer dans ce tournage et entraîner un autre film. Ou encore, mêlant tournage réel et tournage rêvé, *Ça tourne à Manhattan*, petit film indépendant fauché ayant pour sujet le tournage d'un petit film indépendant fauché, en vient à dire les arcanes de la création prise entre vie et fiction, réalité et imaginaire.

Cette distance prise avec l'acte même de faire un film, tout en constituant une réflexion sur l'essence du cinéma et sur ce qu'est sa propre création, s'affirme en écho à l'hypermodernité en tant que métamodernité, ou modernité réflexive et autocritique. La modernisation, la science, les techniques, les médias, la consommation, la religion, les rôles sexuels : c'est toute notre société qui se retourne sur elle-même, s'interroge sur ses repères et son fonctionnement en vue d'une autoconstruction réfléchie de plus en plus généralisée. Il en va de même au cinéma. Il ne s'agit plus des recherches expérimentales ou des ruptures ostensibles que traduisaient le Welles des années 1940 ou le Godard des années 1960. Le phénomène se banalise et s'empare de la création. Les artisans du septième art s'interrogent sur l'identité propre de leur art, comme l'hypermodernité romanesque ou picturale s'exprime dans l'interrogation sur l'identité de la littérature et de la peinture.

Le cinéma classique filmait sans vrai doute sur lui-même. Quand il filmait le cinéma, c'était de façon romanesque et directe, en y trouvant matière à dynamiser une comédie musicale – *Chantons sous la pluie* – ou à rendre plus dramatique le mélodrame – *Boulevard du crépuscule*. Ses héros appartenaient au temps de l'« innocence » du cinéma : ils allaient de soi, imposant au premier degré leur figure triomphale. Déjà, en 1984, Woody Allen, faisant descendre les créatures de rêve de l'écran dans *La Rose pourpre du Caire*, traverse le miroir : son amour du cinéma est aussi une interrogation sur ce qu'il y a derrière l'écran et les images. Les films qui s'engagent dans cette voie apparaissent ainsi comme autant de dialogues du cinéma avec lui-même, une interrogation du septième art sur ses liens avec le réel et les images pléthoriques de l'époque, sur ses rapports avec l'Histoire et avec son histoire, sur sa spécificité, sa place dans un monde qui se virtualise. Autre temps, autre cinéma : c'est désormais la distance interne, le regard du cinéaste sur son film et sur le cinéma qui s'imposent comme une évidence. Il faut y voir non pas, comme on le dit complaisamment, la vanité creuse d'un ressassement, mais, bien plutôt, le signe d'une maturité cinématographique, qui, loin de la candeur du récit simplex, se pose continûment la question initiée par André Bazin : « Qu'est-ce que le cinéma ? »

Interrogation d'autant plus relancée qu'elle intervient en un temps marqué par la multiplication des dissensus – avortement, drogue, fécondation *in vitro*, mariage gay, homoparentalité, laïcité, port du voile islamique, euthanasie – et la dissolution des normes sociales qui encadraient la première modernité. Avec l'individualisation galopante conduisant à la chute de l'ancienne puissance organisatrice des institutions collectives, l'hypermodernité apparaît comme une époque de pluralisation des modèles, de quête identitaire et d'autoréflexivité généralisée. C'est ce processus que réfracte le cinéma, sonnant le glas de l'innocence du premier degré et ouvrant la voie à des approches plus distanciées.

Le second degré au premier plan

Dans l'hypercinéma, la distance, s'installant au cœur du film, amène, selon le procédé même de l'ironie, à donner à entendre et à voir autre chose que ce qu'on l'on dit et montre. La parodie et le pastiche, sous la forme de palimpsestes, constituent l'aspect le plus visible de cette distance introduite dans l'œuvre par rapport à une autre œuvre référentielle. Les moyens en sont variés : caricature systématique (*Sacré Robin des Bois*) ; parodie de parodie (*Scary Movie* dédoublant *Scream*) ; reconstitution sourcilleuse jouant de la copie conforme sur le mode pince-sans-rire (*OSS 117. Le Caire, nid d'espions*) ; traitement formel et thématique qui renvoie à des originaux latents (comme *The Good German* le fait avec *Casablanca* et *Le Troisième Homme*) ; reconstitution discrètement décalée du genre et du parfum d'époque (*Mon petit doigt m'a dit* ou *Le Mystère de la chambre jaune* repeint aux couleurs sépia de l'imaginaire).

L'esprit parodique lui-même peut en venir à s'autoparodier : Wes Craven, spécialiste du film d'horreur, construit *Scream* comme une parodie de son propre univers, renvoyant d'ailleurs explicitement dans le film à ses films antérieurs. On touche là, dans ce jeu avec le second degré pratiqué de façon de plus en plus complexe, à ce que l'on peut désigner comme un « troisième degré », où coexistent l'adhésion au récit et aux sensations qu'il procure et le détachement ironique que suscite le traitement parodique[1]. Dans ses réalisations les plus raffinées, ce détachement peut même n'avoir plus rien d'humoristique. Avec *Angel*, François Ozon pousse par exemple à bout le processus : s'emparant d'un genre, le mélodrame, il en tire un film qui joue totalement le jeu des sentiments, des situations, des personnages, des décors, des costumes, tels qu'ils s'inscrivent dans la plus pure tradition du mélo romanesque. Mais il le fait en gardant constamment le très léger décalage

1. L'expression est de Laurent Jullier. Il en donne pour exemple le *Frankenstein* de Kenneth Branagh, qui « brasse les couches de représentation associées à son thème sans renoncer à faire peur » (*L'Écran post-moderne*, *op. cit.*, p. 19).

de la mise à distance, si bien que le spectateur se trouve à la fois happé par l'émotion et garde vis-à-vis d'elle une forme de détachement. Film éminemment paradoxal, qui suscite à la fois l'affect et le jugement extérieur, qui immerge dans le dedans de l'œuvre tout en amenant à la regarder du dehors. On est là au cœur de l'hypermodernité du cinéma, celle-là même qui fait co-exister les contraires, l'immersion émotive et la distanciation du regard, dans un mélange à la fois paradoxal et parfaitement syncrétique.

L'allusion, le clin d'œil, la citation, tout ce qui relève d'un métalangage ou d'une métareprésentation s'imposent comme une tendance majeure de l'hypercinéma[1]. En mettant en scène un Indiana Jones à la fois pleinement en action dans les aventures les plus spectaculaires et conservant vis-à-vis de ce qui lui arrive le sourire froid de l'ironie, Steven Spielberg avait donné un coup de vieux à tous les aventuriers qui avaient accompagné le grand cinéma hollywoodien de genre, marqué par une double innocence : celle de héros entièrement en phase avec l'action dans laquelle ils étaient engagés et celle de spectateurs venus là pour croire à leurs exploits. Une fois que, face à un adversaire qui, au moment de l'affronter en duel, perd son temps à faire tournoyer son arme selon les meilleures règles des films traditionnels, le héros dégaine tout bêtement et l'étend raide dans la poussière avec un petit sourire en coin, il devient plus difficile de montrer sans recul des héros purs et durs.

Le cinéma présuppose désormais un spectateur « cultivé » par les médias, non dupe, avec lequel il instaure un effet de complicité, fondé sur une culture d'images et sur des archétypes partagés. Les films de Tarantino ou des frères

1. Laurent Jullier propose une taxinomie sommaire de ce qu'il appelle le « cinéma de l'allusion », *ibid.*, p. 24-27.

Coen, gorgés de références au cinéma[1], mais aussi au polar, aux mangas, aux BD, aux séries, donnent le modèle de ce cinéma fonctionnant à double détente. Un film comme *Pulp Fiction* devient culte du fait même qu'il concentre tout ce qui constitue, dans sa diversité patchwork, le côté à la fois bariolé et constamment référentiel d'un contenu et d'une forme appelant toujours l'ironie distanciée. Le look comme les dialogues des tueurs sont systématiquement décalés, en porte-à-faux avec les figures classiques du film noir : un tueur à gages saisi de ferveur mystique, un boxeur qui brandit son sabre comme un samouraï, deux malfrats qui devisent doctement sur les hamburgers, une discussion tranquille dans une cafétéria qui débouche brusquement sur la décision de braquer celle-ci : tout le film fonctionne sur des déplacements déjantés, des jeux jubilatoires et irréalistes avec les genres et clichés du cinéma. Le public de l'âge hypermoderne entre ainsi dans les films par plusieurs portes qui, même si elles ouvrent sur des domaines qu'il ne connaît pas – qui peut relever et comprendre toutes les références hitchcockiennes des films de De Palma ? –, lui donnent la sensation ludique du double jeu et le plaisir de « s'éclater » dans le délire des signes. L'hilarant ne procède plus de l'inadaptation burlesque des personnages ni de l'effet de « mécanisation de la vie » chère à Bergson : il vient du détournement *cool* des signes média-culturels, du télescopage loufoque de séries hétérogènes de sens. L'humour joue ici comme un moyen de n'être pas dupe, de désamorcer le sérieux des films traditionnels sans pour autant se priver du plaisir qu'ils procurent. *The Barber* est un vrai

1. Ainsi, dans *Pulp Fiction*, on voit un John Travolta un brin empâté se lancer, avec une Uma Thurman sous cocaïne, dans une danse où apparaît en filigrane celle à laquelle, jeune et mince, il se livrait, en se déhanchant avec souplesse, dans *La Fièvre du samedi soir*.

film noir, en même temps qu'il en est un vrai/faux : le plaisir est double.

Dans ce jeu de citations et de clins d'œil, on a parfois reconnu l'expression d'un esprit superficiel, désabusé, nihiliste, sous-tendu par la disparition des grands horizons de sens. Les plus pessimistes l'ont assimilé à une figure de l'épuisement ou de l'obsolescence de l'esprit de modernité : quand on ne croit plus en rien, se déchaîne le jeu pur des signes tournant sur eux-mêmes dans une circularité et une spécularité sans fin. Avec le désert du sens contemporain viendrait l'esthétique ludique, désubstantialisée, désenchantée, des « images se-sachant-images »[1].

On soulignera pourtant que cette inflation d'allusions est moins le reflet de la banqueroute du sens que le signe d'un nouveau palier de l'individualisation qui, s'affranchissant des anciennes formes d'encadrement collectif, revendique le droit au « délire » juvénile et au jeu *free style* avec les conventions. L'humour citationnel ou le recyclage ironique n'est que la version ludique de cette poussée de la dynamique de souveraineté individuelle, une manière de s'émanciper des contraintes codées des genres filmiques. Dès lors, en effet, le genre ne commande plus impérativement la tonalité du film : le voici détourné et distancié, métamorphosé qu'il est en une espèce de métafilm par le recours aux emprunts libres et autres pastiches. Au principe de plaisir exalté par la société d'hyperconsommation répond la jubilation du second degré, des réminiscences détournées, du mélange ironique des différents éléments de la médiaculture. Avec l'hypermodernité individualiste triomphe la liberté du mixage tous azimuts et de la distance décontractée qui « voit tout entre guillemets » (Susan Sontag).

1. Alain Renaud-Alain, « L'image sans gravité », *Revue d'esthétique*, n° 25, 1994. Voir aussi Vincent Amiel et Pascal Couté, *Formes et obsessions du cinéma américain contemporain*, *op. cit.*, p. 47-60.

C'est se tromper radicalement que diagnostiquer un cinéma qui, devenu indifférent à lui-même, n'aurait plus d'autre but que de se parodier, de se « venger » en un temps de « ressentiment vis-à-vis de sa propre culture »[1]. C'est l'inverse qui est vrai : la référence est d'une certaine façon révérence[2]. Nul désenchantement, nul « travail de deuil », mais, bien davantage, immersion jubilatoire dans l'univers des signes contemporains, jeu avec le cinéma et les médias érigés en référentiel hégémonique, en culture irriguant l'imaginaire des nouveaux cinéastes. S'imposant comme référence majeure dans une époque ultra-individualiste, la média-culture autorise la complicité du clin d'œil, le sourire de l'allusion, la familiarité du décalage, le recul de la distance ironique. S'il s'agit d'*entertainment* pour le nouveau spectateur qui goûte le plaisir de la reconnaissance des clins d'œil, il s'agit pour les réalisateurs de se faire plaisir par la pratique des citations, par les associations humoristiques et décalées du second degré. Le cinéma fait son cinéma, joue avec le cinéma, pour une deuxième gloire du cinéma.

1. Jean Baudrillard, « Illusion, désillusion esthétiques », *Le Complot de l'art*, Paris, Sens & Tonka, 1996, p. 36.

2. Sur cette question, que posait déjà la vogue du burlesque au XVIIe siècle, voir l'introduction à Scarron, *Le Virgile travesti*, éd. Jean Serroy, Paris, Garnier, 1988.

Deuxième partie

NÉO-MYTHOLOGIES

CHAPITRE V

Le documentaire ou la revanche des Lumière

Depuis qu'en 1895 le train est entré en gare de La Ciotat, le cinéma a partie liée avec la réalité et, partant, avec le documentaire. L'histoire du septième art s'est écrite tout autant dans le sillage des frères Lumière que dans celui de Méliès et, de Vertov à Flaherty, de Joris Ivens à Chris Marker, le *cinéma-vérité* n'a jamais cessé de poser l'œil de l'objectif directement sur le réel.

Pourtant, c'est bel et bien une planète-documentaire en grande partie inédite que nous voyons émerger et se développer, dotée de nouvelles frontières, d'un nouveau relief, de nouveaux horizons. Ce qui s'impose aujourd'hui n'a plus rien à voir avec ce qui s'est passé jusque dans les années 1990. La multiplication soudaine et exponentielle des documentaires sur grand écran, de même que le nouvel engouement du public qui ne les avait longtemps considérés que comme relevant du seul domaine de la télévision, ont changé singulièrement la donne. Si le genre documentaire n'est évidemment pas nouveau, le phénomène contemporain qui l'accompagne, lui, l'est en grande partie. Avec le siècle qui commence sonne l'heure de la revanche des frères Lumière.

UNE MARCHE IMPÉRIALE

Les faits en témoignent : en 2005, sur les 534 films distribués en France, 58 sont des documentaires, soit un peu plus d'un film sur dix, là où, six ans plus tôt, en 2000, il n'y en avait encore que 27 sur un total de 532. Et le nombre de films documentaires croît proportionnellement aux entrées qu'ils réalisent. Cette même année 2005, trois documentaires ont affiché en France des scores à faire pâlir nombre de films de fiction : 150 000 entrées pour *Rize*, 320 000 pour *Le Cauchemar de Darwin* et, must du must, 1,9 million pour *La Marche de l'empereur*. S'exportant un peu partout dans le monde, ce film a réalisé des scores considérables, notamment aux États-Unis, où, avec 77 millions de dollars de recette, il dépasse *Le Cinquième Élément* (qui en avait rapporté 63 millions), devenant ainsi le plus gros succès français jamais obtenu sur les écrans américains. Lesquels écrans américains ne sont d'ailleurs pas non plus indifférents aux documentaires proprement américains, comme le prouvent les 120 millions de dollars réalisés par *Fahrenheit 9/11*, ou encore la percée réalisée par *Une vérité qui dérange*, qu'Al Gore propulse sur les talons du film de Michael Moore en en faisant la troisième meilleure recette jamais réalisée par un documentaire.

Cette revitalisation du genre[1] trouve une autre illustration au travers des prix et festivals qui lui apportent une

1. Le retour en force du documentaire (il s'en produit actuellement en France quelque 2 300 par an) se vérifie également dans une tendance puissante que dégage une étude portant début 2007 sur la télévision des neuf principaux marchés mondiaux : la fiction et les émissions de divertissement apparaissent, pour la première fois depuis 2004, en baisse parmi les nouveautés, alors que le documentaire et les magazines représentent la plus grosse part des nouveaux programmes. Autre signe de cet engouement : depuis 2005, vodeo.tv, site de VOD, est entièrement consacré à la fourniture en ligne de documentaires de tout format.

consécration officielle : création en 2003, pour le vingt-neuvième festival du cinéma américain de Deauville, d'une section intitulée « Les docs de l'oncle Sam », et en 2007, 35 ans après la première édition de la manifestation, d'un César du meilleur documentaire. Les titres de « gloire » rayonnent et se multiplient : Oscar du meilleur documentaire et César du meilleur film étranger pour *Bowling for Columbine* en 2003 ; Palme d'or pour *Fahrenheit 9/11* en 2005 à Cannes (qui n'avait plus couronné de documentaire depuis 1956 et *Le Monde du silence* de Cousteau) ; Oscar 2006 du meilleur documentaire pour *La Marche de l'empereur*. Le festival du film policier de Cognac décerne en 2007 son grand prix, pour la première fois en vingt-cinq ans, non à un film de fiction, mais à un documentaire, *A Very British Gangster*, consacré à l'histoire d'un truand authentique. Le temps est loin où le documentaire était tout juste bon à servir de hors-d'œuvre en première partie de séance dans les bons vieux cinémas de quartier puis, disparaissant du grand écran, à devenir le tout-venant de la télévision, destiné en priorité au remplissage des programmes de nuit. En quelques années, sa situation a radicalement changé. Reconnu, honoré, dignifié, il accède au statut de film à part entière, à voir pour lui-même et qui, à l'instar du film de fiction, prolonge sa durée de vie par le DVD. En 2005, *La Marche de l'empereur* – encore lui – réalise le meilleur score de vente des DVD de l'été, avec plus de 300 000 exemplaires vendus. Le documentaire n'est plus dans cette situation marginale et minoritaire qui était depuis toujours la sienne : il devient partie intégrante du grand marché du cinéma.

À cette consécration par les chiffres s'ajoute l'extrême diversification des sujets traités. Pour prendre un simple exemple, en 2005, à Deauville, la section documentaire pouvait proposer aussi bien le portrait psychiatrique d'un musicien maniaco-dépressif, un reportage sur les enfants d'un quartier de Calcutta, une enquête sur la faillite d'Enron, un making-of du tournage de *La Porte du Paradis* en 1979, une expérience de vie au milieu des grizzlys d'Alaska, une évocation d'Hubert Selby Jr., la chronique d'un tournage à New York, un voyage sur les traces de la rumeur née autour des *Protocoles des Sages de Sion* ou une enquête sur un vol de tableaux dans un musée de Boston que la vie d'un basketteur chinois jouant en NBA. Tout semble désormais matière à susciter le regard de la caméra : les ressources étant immenses, l'inventaire devient illimité. Le bouleversement est majeur : on est passé d'un monde « clos » à un univers « infini ».

En même temps, le documentaire a perdu son ancien style professoral, ostensiblement pédagogique. C'en est fini, pour l'essentiel, de la traditionnelle voix off qui faisait autorité ainsi que des structures narratives et des rhétoriques codées (comme celle qui articulait tout reportage sur une ville, une région, un pays, autour de la notion systématiquement sollicitée de « terre de contrastes » !). On retrouve et on prolonge de la sorte la voie des grands créateurs du cinéma du réel qui, interrogeant la réalité par tous les moyens – de l'image, du son, du montage –, ne confondaient jamais représentation du monde et cours de géographie. La diversification gagne aussi, du coup, la forme elle-même : dans la multiplicité de ses approches et dans des recherches qui relèvent tout autant de la narration que de la mise en scène, le documentaire passe de ce qui était l'apprentissage quasi doctoral d'un monde connu qu'il se chargeait de faire découvrir par un récit simple, à l'investigation problématique d'un monde éclaté et sans frontières qu'il interroge tous azimuts par des moyens complexifiés.

Assurance tous risques

Comment interpréter cette formidable déferlante du documentaire ? Quel sens lui donner ? Faut-il y voir une méfiance accrue à l'égard de la télévision qu'on est de moins en moins enclin à croire parce qu'on la juge soumise aux contraintes nées des intérêts financiers ? C'est ainsi que les documentaristes eux-mêmes, se détournant de plus en plus d'une télévision qui leur impose des produits calibrés et qui refuse systématiquement certains sujets jugés épineux, choisissent de tourner directement pour le cinéma, assurés qu'ils sont d'y trouver précisément un public qui se défie du petit écran. Pour avoir accès au vrai, confiance serait ainsi redonnée au cinéma documentaire, plus libre, moins suspect de compromissions.

L'explication est à retenir, mais aussi à nuancer. Concernant les rapports entre cinéma et télévision, nombre d'exemples montrent que le documentaire est diffusé aussi bien d'un côté que de l'autre. Michael Moore, par exemple, choisit de montrer aux États-Unis *Fahrenheit 9/11*, véritable pamphlet anti-Bush, d'abord à la télévision plutôt que dans les circuits de cinéma, pour toucher directement un public plus large dans la perspective des élections qui se profilent. Pareillement, nombre de documentaires sont conçus à la fois pour une diffusion télé et pour une exploitation en salles, certains utilisant même ce troisième *medium* qu'est le DVD pour se donner à voir in extenso : le succès que *Mondovino* rencontre sur grand écran permet ainsi la sortie de la version intégrale, de près de 10 heures, en DVD.

Dans ces conditions, on ne saurait lier la consécration actuelle du documentaire sur grand écran au seul rapport à la télévision. Au vrai, trois séries de transformations sociales et culturelles sous-tendent profondément le phénomène. Tout d'abord, la poussée du documentaire apparaît comme une réponse à la disparition des grands repères collectifs du bien et du mal, du juste et de l'injuste, de la droite et de la gauche, ainsi qu'à l'effacement des grandes visions de l'avenir historique. Délestées de grilles macro-idéologiques indiquant le sens de l'histoire, ce sont toutes les « petites » histoires, toutes les réalités micro et macro du monde humain-social qui gagnent une nouvelle dignité. Mais, orphelines des idéologies héroïques, nos démocraties sont devenues, en même temps, des démocraties de désorientation, d'insécurité et de déception. Dans ce contexte de déstabilisation des référentiels et de vide idéologique, les faits présentés par le documentaire substituent aux systèmes d'interprétation globale désormais défaillants des « réalités » immédiates mais fortes, ancrées, ayant une certaine dimension d'évidence. Ils apportent de petits îlots de terre ferme et solide qui font cruellement défaut à nos contemporains.

Les films du réel, tels qu'ils prolifèrent sur les écrans, ont un soubassement commun, qui les rend facilement œcuméniques. Ce qui les fonde, c'est l'idéologie des droits de l'homme, élargie aux droits de la terre – protection des espèces, préservation des ressources naturelles. Cinéma de protection sur lequel tout le monde ne peut qu'être d'accord, il vient répondre au sacre des droits de l'homme ainsi qu'à une insécurité sociale et écologique croissante. Les perches du Nil et le juteux trafic d'exploitation que leur élevage génère en Afrique, dans *Le Cauchemar de Darwin*, les sombres menées capitalistes de l'industrie du tabac contre la santé collective, dans *Tabac, la conspiration*, le réchauffement planétaire et l'aveuglement des grandes puissances contre lesquels Al Gore part en croisade dans *Une vérité qui dérange*, autant de sujets différents et de visions diverses, mais qui ont tous le même effet : alors même qu'ils semblent alerter les consciences et les éveiller à des dangers insoupçonnés, en fin de compte, ils rassurent et font entrevoir des solutions pour apaiser l'anxiété collective. Ils satisfont les besoins d'assises et de réassurance en faisant valoir l'évidence de vérités humanistes et écologiques.

En approfondissant cette dimension rassurante, ils proposent même, face à l'angoisse de l'avenir, le retour au cocon douillet du passé, par exemple dans la nostalgie des temps où l'on apprenait, comme dans le documentaire de Nicolas Philibert, à conjuguer *Être et avoir* avec un instituteur exhalant le souvenir de l'école laïque et obligatoire. Même cocon sécurisant lorsque le bonheur est à Najac, dans ce petit village de l'Aveyron sorti tout droit de la France tranquille, éternelle et rurale, et rétif à toutes les sirènes de l'urbanisation et de la mondialisation, que filme Jean-Henri Meunier dans *La Vie comme elle va* et dans sa suite, *Ici Najac, à vous la Terre*.

Cinéma consensuel en ce qu'il est avant tout humaniste, il dénonce le mal sans vraiment mettre en avant de modèles concurrents. On est à mille lieues d'une contre-culture. Il vient offrir une clé à valeur passe-partout, qui ouvre indifféremment toutes les serrures, de la santé à la géopolitique, de la survie des espèces menacées aux zones d'ombre de l'histoire. Cinéma hypermoderne, qui donne la sensation de comprendre la complexité du monde et de détenir un certain pouvoir sur la marche des choses[1], il est en fait, alors même qu'il dénonce les dégâts du libéralisme, intrinsèquement libéral et moral.

Le néodocumentaire exprime la fin des grands rêves collectifs et des prophéties de la modernité triomphante.

1. Enregistrant, parallèlement à la déréliction du politique, l'épuisement de l'art à vocation politique et sociale, Dominique Baqué voit dans le film documentaire « l'un des relais possibles d'un art politique aujourd'hui exténué », *Pour un nouvel art politique. De l'art contemporain au documentaire*, Paris, Flammarion, 2004, « Champs », 2006, p. 219.

Lorsqu'il n'y a plus de grands mythes mobilisateurs, il reste à mieux connaître le présent pour en rectifier les dérives et les excès ; quand on ne croit plus aux utopies sociales, on se réfugie dans un passé imaginaire et idéalisé ; quand on n'espère plus révolutionner le monde actuel, on le montre, on l'ausculte au plus près comme la seule chose qui nous reste à aimer, à détester ou à corriger.

Une prime de satisfaction réflexive

Un deuxième phénomène est à souligner. Ce qui caractérise le néodocumentaire, c'est qu'il apporte à son public une satisfaction particulière : la démystification, la dénonciation des mensonges, le plaisir de sortir de la caverne des illusions. Il répond au besoin qu'éprouve l'individu contemporain de se sentir un sujet libre, pensant et critique dans un système qui le pousse à consommer à tout va. Un peu partout, nous voyons s'accroître le désir d'une consommation plus réflexive et active, distanciée et citoyenne. La consommation est ce qui, à présent, doit nous rendre plus intelligents, fût-ce sans effort, dans le bonheur des images. À ce consommateur se vivant comme averti et non dupe est donnée en quelque sorte une prime de satisfaction réflexive. Un phénomène observable à travers une multitude de modes de consommation : recherche de « bons plans » sur le Net, partage d'informations sur les blogs et forums, voyage culturel, alimentation bio, achats « verts ». Consommer, mais sans « se faire avoir » et en étant « responsable » ; voir des spectacles non seulement pour le divertissement ou l'évasion, mais pour se sentir plus éclairé, plus majeur, moins berné.

Le rapport plus ou moins cynique à l'univers politique n'y échappe pas : il suffit de se mettre, en suivant Karl Zéro, *Dans la peau de Jacques Chirac* pour observer les dessous du pouvoir et pour avoir l'impression d'en comprendre les mécanismes. Même chose pour la *fast food*, avec ses dangers pour la santé, les risques qu'elle fait courir, les pressions publicitaires qu'elle exerce, sa puissance de frappe financière. L'expérience *in situ* que Morgan Spurlock mène dans *Super Size me* en se portant volontairement candidat au rôle de cobaye et en filmant sur son propre corps les effets du Big Mac et du Coca-frites prétend en montrer, « preuves » à l'écran, le côté pernicieux.

De plus en plus, il s'agit d'ouvrir les yeux, percer la surface des apparences, révéler le vrai contre les médias marchands, pour le plus grand profit du citoyen consommateur. L'Afrique livrée aux méfaits de la mondialisation, telle que l'explique Hubert Sauper dans *Le Cauchemar de Darwin*, en débroussaillant le mécanisme complexe qui lie l'introduction, dans un lac de Tanzanie, d'un poisson prédateur qui en épuise les ressources naturelles à un commerce exploitant les populations locales au bénéfice du marché européen et à un vaste trafic d'armes international permet d'en pénétrer les arcanes et de faire ainsi de chaque spectateur un quasi-spécialiste de la question.

Le risque est, naturellement, que cette démystification soit elle-même une mystification. Dans le cas du film de Sauper, il semble bien que ce puisse être le cas, comme l'a établi par la suite une enquête menée sur place par des journalistes et montrant que l'élevage de la perche du Nil, loin de ce que le documentaire prétend, permet au contraire aux Africains concernés de vivre et de se développer. Preuve, sans même avoir à juger de la bonne ou de la mauvaise foi du réalisateur, que le documentaire, par son désir de s'adresser à un large public, n'échappe pas aux mécanismes de simplification et de spectacularisation. Alors même qu'il se présente comme un « autre » cinéma, garant de la vérité face aux médias, à la fiction, aux superproductions hollywoodiennes, le néodocumentaire, ici et là, ne manque pas de leur emprunter leurs ressorts : sensationnalisme, effet-choc, manichéisme, voire, dans les cas extrêmes, carrément manipulation. Sur ce plan, Michael Moore, avec sa caméra coup-de-poing, n'y va jamais de main morte. Si, au bout du compte, le public se retrouve dans ces films, c'est sans doute aussi parce que ceux-ci confortent, en même temps que ses certitudes ou ses aspirations profondes, son goût des spectacles hyperboliques et son « consommationnisme » distractif. Malgré la différence de registre et de scénographie, le public se retrouve « chez lui », avec la satisfaction de ses appétits de « récits » à frissons.

Le banal et l'intime

Enfin, en troisième lieu, le succès actuel du documentaire ne peut être dissocié des métamorphoses de la culture de l'individu dans les démocraties hypermodernes. La nouvelle planète consumériste et psychologique a entraîné une *seconde révolution individualiste*, marquée par l'émancipation des sujets vis-à-vis des anciennes contraintes collectives et par l'exigence de se gouverner soi-même. Cette fièvre d'autonomie individuelle ne s'est pas limitée aux rapports à la famille, à la religion ou à la politique : on en trouve l'expression jusque dans la relation au cinéma et, plus précisément, aux documentaires. Dans nombre de ceux-ci, le sens est *ouvert*, plus ouvert en tout cas que dans le film dramatique. Point de vision surplombante qui commande le tout, mais mille et un petits gestes, des séquences décousues et discontinues, des pointillés et des mystères, où chacun, du coup, est rendu à soi, en prend et en laisse, tricote et retricote à la carte des micro-univers de sens. Par là, le néodocumentaire fait écho au désir individualiste d'être plus *participatif* et autonome, moins pris en charge, moins orienté par le fil de la trame narrative dont le commencement et la fin sont fixés à l'avance. Une partie de la jouissance du spectateur réside alors dans cette liberté de l'imagination subjective recomposant, à usage intime, un récit plus personnel, plus secret, à travers le réel représenté. Et ce quel que soit ce réel : dans les 130 heures d'histoires et d'individus filmés, aboutissant aux 175 minutes de film de *Dans la chambre de Vanda*, Pedro Costa montre les errances d'une sans domicile fixe, mais, comme le relève Denis Bellemare, « il n'émet pas un point de vue sur ce monde[1] ». Les petits faits qu'il raconte, les gens que rencontre le personnage sur sa route, la diversité d'un réel transfiguré par l'« immatérialité du cinéma » laissent la porte ouverte au sens et offrent à chaque spectateur, si éloigné soit-il de ce monde, les « leçons de vie » qu'il entend y trouver. Filmant, dans *Jesus Camp*, les évangéliques, branche radicale et fondamentaliste du protestantisme américain, Heidi Ewing et Rachel Grady donnent à voir la droite religieuse en action de façon volontairement neutre, sans commentaire : un néoconservateur y trouvera confirmation de ses choix comme un démocrate de sa défiance.

Tout un ensemble de principes (culte hédoniste et psy, culte du corps et de la santé, culte de l'autonomie subjective) ont précipité l'avènement d'un néo-individualisme se présentant comme obsession narcissique, interrogation et souci de soi, exigence d'authenticité et de communication

1. Denis Bellemare, « Projections portugaises », in Jean-Pierre Esquenazi (dir.), *Cinéma contemporain, état des lieux*, *op. cit.*, p. 218.

intimiste, psychologisation de l'existence. Dans ce contexte, c'est la quotidienneté de la vie et les méandres du Moi existentiel qui sont recherchés et valorisés. La singularité de chacun, le grain de la vie comme elle va, deviennent matière à filmer, à réfléchir et à aimer. L'accouchement de Naomi Kawase dans *Shara*, les cinq bébés filmés de 0 à 18 mois dans le documentaire que prépare Alain Chabat, l'amour adolescent de la fille de Claire Simon dans *800 kilomètres de différence*, la *fast food* que Morgan Spurlock mange au MacDo comme vous et moi ou le vin, bon ou mauvais, des vignerons de *Mondovino*, qui a vocation, un jour ou l'autre, à arriver sur ma table : la société de l'individu extrême a entraîné le désir de nous retrouver et de nous reconnaître dans les spectacles filmés, de voir d'une autre manière ce que nous sommes et ce que nous vivons nous-mêmes.

Sous la poussée de la culture individualiste et psy, toute personne et toute réalité quotidienne se montrent ainsi dignes d'intérêt cinématographique, faisant voler en éclats les hiérarchies d'autrefois, qui distinguaient sujets nobles et sujets inférieurs. Mini-héroïsation du banal qui rejoint, à certains égards, le phénomène de la téléréalité. La star, désormais, se rapproche de moi, elle n'est plus l'autre intouchable et dissemblable, comme l'étaient autrefois les stars quasi divinisées d'Hollywood : Jean-Pascal, pas Valentino ; Loana, pas Garbo. C'est la singularité des individus auxquels on peut s'identifier qui nous séduit et nous touche. Et même Moi ou mes proches « méritons » d'être filmés tels que nous sommes dans notre vie « réelle » ordinaire. Il faut considérer le sacre du documentaire comme l'une des figures de l'avancée de l'imaginaire démocratique travaillant à réduire les inscriptions hiérarchiques de la dissemblance parmi les hommes.

On peut ainsi y voir une sorte de *ready-made*, de pratiquement tout et de n'importe quoi, qui installe le banal ou le dérisoire de la réalité au centre de l'œuvre, qui affirme que tout est art, que tout est « bon » à filmer. Mais si, chez Duchamp, la démarche plasticienne était inséparable d'une dénonciation de l'art, d'une volonté de subvertir le travail artistique et le musée lui-même, ici, rien de tel. L'insignifiant de tous les jours est au contraire sursignifiant et le documentaire n'ambitionne nullement de transgresser l'espace artistique. Il se donne à voir pour ce qu'il entend être : nullement un non art ou un anti-art, mais un art « brut », un art du réel.

Les hommes à la caméra

Un art « brut » et pourtant inévitablement « monté », c'est-à-dire construit. D'où un problème vieux comme le cinéma, qui n'en finit pas d'agiter la réflexion critique : qu'en est-il, dans ces conditions, du rapport du film documentaire à la réalité et, corrélativement, à la vérité ?

Ne nous y trompons pas : s'il y a toujours eu dans la fiction des éléments de réel, il y a toujours eu également, dans le documentaire, des éléments de fiction. À l'évidence, il n'existe pas deux cinémas hétérogènes, substantiellement différents, car la seule vraie catégorie opératoire, ici, est celle du Récit. Aucun film ne peut échapper à la dimension première, irréductible, de l'écriture. Simplement, le documentaire a ceci de spécifique qu'il raconte la réalité. Il se trouve que les développements nouveaux du documentaire, forts de l'histoire d'un genre qui s'est, depuis Dziga Vertov, préoccupé précisément de ce qu'il en est, pour *L'Homme à la caméra*, de la représentation du réel, invitent plus que jamais à dépasser la sacro-sainte dichotomie réel-fiction, vrai-faux. C'est là, dans l'extrême diversité apportée aujourd'hui à la question, qu'apparaît toute la complexité formelle d'un genre dont la soudaine prolifération illustre autant la complexification de la réalité sociale – celle de l'âge hypermoderne – que l'affinement de la démarche artistique qui entend en rendre compte. Longtemps, le documentaire, tel qu'il figurait dans les premières parties de séance, avec reportage sur la pêche à la sardine ou sur les danses folkloriques du Haut-Tyrol, et tel qu'il se donne encore dans les films projetés à la télévision ou sur grand écran (programmes de découverte du monde, vie des animaux, etc.), s'en est tenu à ce que l'on pourrait appeler son degré zéro : celui du reportage, de la découverte neutre, anonyme (le réalisateur y reste un inconnu), naïve, sans subjectivité, ne revendiquant aucun point de vue, si ce n'est celui de qui sait montrant à qui ne sait pas. Par rapport à cette forme primitive du genre, ce que les grands documentaristes lui ont, tout au long de son histoire, apporté est la notion de regard. Un documentaire devient, dès lors, un œil ajouté à la caméra, un choix d'angle et de cadre, une science du découpage et du montage qui représente le monde en l'interrogeant, en faisant voir ce qui est dessous, trop visible parfois et qu'un œil commun ne voit pas. Sa visée est alors proprement artistique. Et il se pourrait bien qu'à travers la réaffirmation actuelle du documentaire se cherche une nouvelle synthèse de l'objectif et du subjectif, mille synthèses inédites travaillant à marier, d'une certaine manière, Lumière et Méliès.

La (re)construction du réel

L'œuvre de Raymond Depardon en est une parfaite illustration : inlassable observateur du monde et de la société des années 1970-2000, il passe de l'Afrique aux urgences d'un hôpital psychiatrique, d'un commissariat à une chambre de tribunal, des silhouettes de Paris à des profils paysans. Mais il le fait en proposant, par la visée même qu'il choisit, une *vision du monde*, qui apparaît à travers la façon dont il compose, construit, élabore son film, c'est-à-dire dont il travaille la réalité comme un matériau pour le cinéma et dont il y introduit du récit. Documentaire brut sur une séance de la *10e Chambre* correctionnelle de Paris, ses *Instants d'audience*, par la façon dont il les « met en scène », deviennent, au sens balzacien, des scènes de la justice ordinaire, qui composent un chapitre d'une comédie humaine, d'un roman des hommes d'aujourd'hui. La barrière entre fiction et réalité saute, les personnages qu'il convoque à la caméra comme la présidente les convoque à la barre sont des acteurs de leur propre vie qui, en plans serrés, révèlent leur intimité devant le tribunal filmé, lui, en plans larges, avec tout l'apparat imposant du cérémonial judiciaire. On songe à Flaubert, qui voulait « donner à la prose le rythme du vers et écrire l'histoire ordinaire comme on écrit l'histoire ou l'épopée ». Ce programme esthétique se prolonge : il s'agit toujours de « bien écrire le médiocre », de transfigurer le plus ordinaire, de « tirer l'éternel du transitoire » (Baudelaire).

Cette force narrative du documentaire ainsi pratiqué explique que l'on puisse considérer ces réalisateurs comme de véritables metteurs en scène, dont on va voir les films comme on va voir une œuvre de fiction. Du reste, des cinéastes comme Depardon ou Agnès Varda transcendent les frontières et brouillent volontiers les repères. Quoi qu'il en soit, l'habitude que leurs films instaurent auprès du public est l'abolition de la classification générique : le documentaire n'est plus rejeté aux marges, il devient, comme la comédie ou le thriller, un genre susceptible de remplir les salles et de satisfaire un public qui, en le voyant, aura le sentiment qu'on lui raconte une histoire.

D'autant que ce qui, il y a quelques années, aurait relevé du simple reportage, se trouve promu, par le flair de producteurs sachant sentir le vent et de réalisateurs ne craignant pas de vouloir séduire le public le plus large possible, au rang de film à part entière, proposant au public ce qu'il attend : une vraie histoire, davantage encore qu'une histoire vraie. La scénarisation de la réalité devient ainsi pratique courante, de la voix off qui accompagne les insectes de *Microcosmos* dans leur monde de l'infiniment petit ou *Le Peuple migrateur* dans ses vols au long cours à l'anthropomorphisme que *La Marche de l'empereur* installe comme procédé narratif en donnant la parole à un couple de manchots et à son rejeton. Processus qui va jusqu'à la présentation d'une termitière en terre d'Afrique entièrement scénarisée et transformée ainsi en véritable film de guerre mettant aux prises le peuple des termites et l'armée des fourmis qui l'attaquent, dans *La Citadelle assiégée*.

REGARD MILITANT/REGARD INTIME

Le néodocumentaire a ceci de caractéristique qu'il assume de *raconter* le réel. Or un récit n'est jamais neutre. Et toute une catégorie, importante, de documentaires raconte dans le but de convaincre. Il s'agit là de films que l'on peut appeler militants, au sens où ils résultent d'un engagement obéissant à une volonté de le faire partager. La question qu'ils posent est, du coup, moins celle de la réalité que celle de l'objectivité. Dans les cas extrêmes, le militantisme se fait propagande, manipulation : la chose a toujours existé, générant tout autant des œuvres fortes – *Les Dieux du stade*, de Leni Riefenstahl, par exemple, moins reportage sur les Jeux olympiques de 1936 qu'hymne à la puissance nazie – que des sous-productions détestables – comme les fameux *documenteurs* produits par la propagande de Vichy qu'a analysés Jean-Pierre Bertin-Maghit[1]. Aujourd'hui, avec la production qui s'accroît, la question est plus que jamais sensible : où commence l'impartialité, où finit-elle ?

Une œuvre comme celle de Claude Lanzmann en fournit l'illustration tant théorique que pratique. Voulant consacrer un film au génocide des Juifs d'Europe durant la Seconde Guerre mondiale, il développe en 1985 avec *Shoah*, à travers les images qu'il propose, une position théorique sur le problème même que soulève la représentation d'un événement qui défie, fondamentalement, la représentation. Document, plus que documentaire, son film refuse tout autant les images d'archives que la fiction : il dit l'indicible par d'autres moyens, il interroge les témoins, il arpente les lieux où plus rien ne se voit de ce qui fut l'horreur, il dresse un tombeau mémoriel pour les millions de corps évanouis en fumée. Œuvre fondatrice, *Shoah* est un film assurément militant : il suffit de voir la façon farouche dont les négationnistes cherchent à le nier pour s'en convaincre. Mais il ne l'est pas de la même manière que le documentaire (*Tsahal*) consacré, en 1994, à l'armée israélienne par le même réalisateur : les développements, dans les années qui suivent, du conflit israélo-palestinien accusent de façon nette la manière dont son militantisme recouvre ici un engagement personnel beaucoup plus subjectif.

Il en va pareillement de l'évolution de l'œuvre de Michael Moore, toujours engagé mais de plus en plus provocateur. Après *Roger et moi* (1989) et le témoignage qu'il y apporte sur les licenciements opérés par la General

1. Jean-Pierre Bertin-Maghit, *Les Documenteurs des années noires*, Paris, Nouveau Monde Éditions, 2004.

Motors, il effectue un tir de barrage contre le lobby favorable à la vente d'armes dans *Bowling for Columbine* (2002). Cette dynamique l'amène à s'en prendre directement en 2004, avec *Fahrenheit 9/11*, au « gouverneur Bush », dans ce qui constitue un pamphlet pur et simple, d'autant plus efficace qu'il est émouvant, drôle, acide, constamment talentueux. Le grossissement, l'exagération, la simplification, la manichéisation : le documentaire militant, sans le dire et sans même s'interdire parfois la mauvaise foi, sait prendre avec la réalité la distance de la forme rhétorique. Al Gore se faisant filmer, dans *Une vérité qui dérange*, présentant devant des étudiants une conférence sur le réchauffement de la planète prononce, au sens propre, un discours, revêtu de toutes les formes rhétoriques et spectaculaires appropriées. Cette force de conviction qu'il met au service de la cause qu'il défend, il l'assortit d'une stratégie de lancement, en accompagnant partout son film auprès des publics populaires comme auprès des autorités (en France, les députés ont droit à une projection spéciale). Où l'on voit que le documentaire simplifie le monde, en développant la complexité des moyens qu'il utilise. Même les militants du réel n'ignorent plus les ficelles d'Hollywood.

Cette complexité, qui permet d'aborder la réalité extérieure de toutes les façons, le documentaire l'utilise aussi en dirigeant sa caméra en sens inverse, vers l'intérieur, vers l'intime. Une autre forme de documentaire, qu'on pourrait dire intimiste, prend pour sujet l'individu. L'infinité du soi, l'infinité des soi, offre un champ illimité. Portraits de personnages, d'artistes, de gens quelconques ou de célébrités, le documentaire est alors tout à la fois enquête, analyse, voire psychanalyse, portant, par l'effet-miroir qu'il offre, tout autant sur l'individu filmé que sur le réalisateur qui le filme.

Dans *Esquisses de Frank Gehry*, Sydney Pollack montre certes l'architecte face à son art, mais la vision de l'artiste au travail, par les problèmes qu'il se pose sur la création, renvoie au réalisateur lui-même en train de faire son documentaire, se posant des questions sur la manière d'y parvenir et sur son art de cinéaste. De même, lorsque Agnès Varda, dans *Les Glaneurs et la glaneuse*, fait le compte de tous les détritus, déchets, restes, que laisse derrière elle, pour ceux qui les ramassent, la société de consommation, son film lui-même se construit à partir des images qu'elle glane à droite et à gauche, bric-à-brac de bric et de brocante où elle grapille avec sa petite caméra numérique, jusque, et y compris, sur sa propre personne en train de filmer, sur la glaneuse vieillie qui observe ses mains ridées, son visage un peu fané, les trous de sa chevelure. Un autodocumentaire, comme une autofiction. Claire Simon abolit plus encore les frontières lorsque, dans *800 kilomètres de différence*, elle construit un film sur un premier amour en prenant sa propre fille, justement en train de le vivre, pour objet d'observation : la frontière devient mince de la vérité à la subjectivité, de la réalité à sa représentation. Dans cet entre-deux incertain, la cinéaste construit une œuvre qui, de la cour d'une école maternelle (*Récréations*) à une petite entreprise de restauration (*Coûte que coûte*) ou au portrait d'une femme racontant sa vie (*Mimi*), interroge non seulement la réalité mais aussi le cinéma.

VRAI/FAUX

Ce travail et cette réflexion formels donnent naissance, chez un maître comme Kiarostami, à une œuvre totalement et simultanément ancrée dans la fiction et dans la réalité. Voir *Et la vie continue*, c'est voir un documentaire sur les ravages du tremblement de terre qui touche le nord de l'Iran en 1990, et en même temps le deuxième volet d'une fiction commencée avec *Où est la maison de mon ami ?*, qui va se poursuivre avec *Au travers des oliviers*, et qui raconte l'histoire d'un cinéaste – double de Kiarostami – tournant un film qui se construit chaque fois à partir de la réalité qu'il filme. Car le cinéaste filme les décors, les gens, les situations de la réalité que rencontre l'œil de sa caméra, le tout dans un récit conçu au préalable, qui raconte un film en train de se faire et que les événements réels se chargent eux-mêmes de conduire et de modifier. Étonnant jeu de miroirs, qui est tout le contraire d'un exercice formel, dans la mesure où, pour le cinéaste, la réalité c'est la vie, sa vie, sa vision de la vie. Arrivées à ce point d'entremêlement, réalité et fiction s'interpénètrent de façon si étroite que non seulement leur clivage théorique si souvent affirmé saute, mais que la distinction traditionnelle des genres s'abolit. Les films de Kiarostami ne sont ni documentaire ni fiction, ils sont l'un et l'autre à la fois.

Dans ces zones indécises où s'abolissent les typologies, le documentaire éclate. La créativité élargit son champ jusqu'à dissoudre ses traits génériques. Cela apparaît bien dans un type de films qui réintroduit la fiction dans le réel et cinématographise le reportage : le docu-fiction, où tel événement réel (par exemple, un accident de montagne dans *La Mort suspendue*) est raconté à travers un scénario qui mêle documents d'archives et interviews de spécialistes ou de témoins à une fiction qui reconstitue les faits et qu'interprètent des acteurs. Dans cette nouvelle configuration, le documentaire est à la fois matrice et matière de la fiction.

Il l'est aussi, mais de manière différente, dans l'enquête sociale que la toute jeune Samira Makhmalbaf mène sur deux fillettes retenues plus de dix ans enfermées dans leur maison par leurs parents, dans un quartier pauvre de Téhéran. Celle-ci donne naissance à un film, *La Pomme*, qu'elle tourne, quatre jours après que le fait divers a été révélé par la presse, sur les lieux, avec les protagonistes eux-mêmes, à qui elle fait *re-vivre* la situation. Le film (document ? fiction ?) est à la fois réalité et récit fictionnalisé, découpé, scénarisé après tournage et monté.

De façon plus ludique, la porte s'ouvre au plaisir et à l'art de jongler avec le réel et la fiction, notamment en jouant avec le vrai et le faux. Cédric Klapisch, qui donne à la réalité une place essentielle dans ses fictions, commence par un court-métrage, *Ce qui me meut*, qui est un vrai/faux documentaire, sur un personnage vrai – Étienne Jules Marey – dont il propose un faux portrait d'époque, en noir et blanc sautillant, lequel débouche sur rien de moins que sur l'invention du cinéma comme technique, Marey en étant l'un des initiateurs, mais aussi comme art, dans un plan final qui évoque *L'Atalante* et Jean Vigo. Et Naomi Kawase mêle à ce point le cinéma à sa propre vie que, se filmant en permanence et en continu dans ses *Carnets intimes*, elle devient dans un de ses films de fiction, *Shara*, une mère en train d'accoucher, dans une scène filmée au plus près qui la donne à voir dans les douleurs de l'enfantement.

Où est la réalité ? Où est la fiction ? Éternel problème métaphysique, mais qui n'est plus au cœur de ce qui se joue avec ce cinéma « super réaliste ». Le problème n'est plus ici, en effet, un problème d'expression et d'adéquation à la réalité, mais une dynamique de production et de renouvellement de la création artistique. Car, en démultipliant le champ d'investigation du réel, le documentaire d'aujourd'hui invente de plus en plus de combinaisons inédites « réel-récit » : il relance et revitalise la problématique de la fiction par celle de la réalité elle-même. Réciproquement, l'appel à des formes plus sophistiquées et constamment inventives de récit tend à produire des documentaires eux-mêmes plus complexes, plus ambitieux, à valeur esthétique de plus en plus clairement affirmée. On assiste, à travers la façon dont le documentaire est aujourd'hui pratiqué, à un phénomène culturel et artistique important : la convergence des deux tendances traditionnellement présentées comme distinctes, voire antagonistes, depuis la naissance du cinéma – la réalité pour Lumière, la fiction pour Méliès. Le néodocumentaire, dans la variété même des combinatoires qu'il explore, apporte au cinéma un *néo*néoréalisme : il réussit cette gageure de réconcilier les deux « frères ennemis » du septième art.

CHAPITRE VI

In memoriam Du film historique au cinéma mémoriel

La société hypermoderne est celle qui est dominée par la catégorie temporelle du *présent*. Consommation, publicité, information, modes, loisirs : sur fond d'épuisement des grandes doctrines futuristes, c'est toute la quotidienneté qui se trouve désormais remodelée par les normes de l'ici-maintenant et de l'instantanéité. Aux antipodes de la transmission des traditions séculaires, nous voyons se développer une culture de type présentéiste s'arc-boutant sur le temps court des profits financiers, l'immédiateté des réseaux numériques et des jouissances privées.

Mais le paradoxe est qu'au même moment notre époque est témoin d'un large mouvement de reviviscence de l'axe du passé, d'une véritable frénésie patrimoniale et commémorative (floraison des musées, culte du paysage et des monuments, prolifération des anniversaires en tout genre, vintage, rétro, etc.), doublée d'une forte poussée des identités culturelles, ethniques et religieuses faisant référence à une mémoire collective. Les modernes voulaient casser tous les liens les rattachant au passé : nous le célébrons, nous le redignifions, fût-ce dans l'animation et la promotion ultracontemporaines. Voici le temps de la mémoire généralisée, de l'excroissance mémorielle, autre figure de l'excès hypermoderne. Le cinéma n'y échappe pas : l'hypercinéma est inséparable de l'hypertrophie mémorielle envahissant l'écran.

Dans ce nouveau dispositif, ce sont tous les passés de toutes les communautés particulières qui refont surface, brisant le modèle traditionnel unitaire de la « grande Histoire ». Le surgissement du fameux « devoir de mémoire », lié initialement à la Shoah, ainsi que l'exigence de reconnaissance des différentes identités collectives ont répandu une culture et une éthique mémorielles sur l'ensemble du champ social-historique. On est passé de l'histoire-une à la mémoire plurielle[1] et, dans le cinéma, d'un genre bien répertorié – le film historique – à une thématique diffuse susceptible d'imprégner tous les genres, de la comédie au drame. Un cinéma nouveau se déploie, mû dorénavant par une volonté politique ou transpolitique de réappropriation de « blocs » historiques occultés et de célébration des différentes identités collectives.

Le film historique originel : un passé passé

D'emblée, le cinéma s'est déployé dans le registre futuriste aussi bien que mémoriel : en 1902, déjà, Méliès envoie les hommes en *Voyage dans la lune* et, en 1903, il fait ferrailler *Les Mousquetaires de la reine*, avant que, en 1908, Le Bargy et Calmettes ne lancent véritablement la mode historique en racontant *L'Assassinat du duc de Guise*. Si l'avenir offre à l'imagination des espaces infinis, l'Histoire s'offre elle aussi comme un vaste territoire à mettre en scène. Réservoir inépuisable d'événements et de personnages, elle est surtout un réservoir d'*histoires*, dans lequel la littérature romanesque a déjà largement puisé,

1. Pierre Nora, « L'ère de la commémoration », in *Les Lieux de mémoire*, Paris, Gallimard, Quarto, 1997, p. 4688-4699.

enrichissant les faits de toutes les ressources de l'imagination. Du roman-feuilleton au film à épisodes, Alexandre Dumas génère Mario Caserini, dont les *Trois Mousquetaires* (1909) ne sont que le prélude aux innombrables adaptations (plus d'une centaine) qui vont démultiplier le fameux trio sur tous les écrans du monde.

Un genre est né : le *film historique*, mélange de réalité et de romanesque, dont les caractéristiques sont bien répertoriées. L'élément premier en est la reconstitution d'une époque. À cette fin, le film est « à costumes » : l'habit de bure fait le moine médiéval, la perruque poudrée le petit marquis XVIIe et le bicorne Napoléon. Le studio y trouve toute sa raison d'être par la construction de décors rivalisant d'emphases stylistiques et décoratives, afin que s'impose l'image d'une réalité historique *faisant illusion* et que les spectateurs puissent y trouver tous les plaisirs du grand spectacle dépaysant. De l'*Intolérance* de Griffith au *Ben Hur* de Fred Niblo, Hollywood investit d'emblée l'histoire pour en faire un univers hollywoodien. Le traitement romanesque de l'histoire suscite des genres dans le genre : le péplum, le film de cape et d'épée, le film de pirates, la biographie, le film de guerre et jusqu'au western, chargé lui aussi de valeur historique dans un pays jeune à la recherche d'un passé.

Même si c'est Versailles qui lui est ainsi conté, ce qui est proposé au spectateur ressortit à un projet fondamentalement romanesque, à une volonté beaucoup plus idéalisatrice qu'historienne. Quant à l'histoire elle-même, elle ne saurait être qu'une Histoire des grands événements et des grands hommes propice à susciter l'admiration ou la fascination des masses. Érigé en icône, le personnage historique incarne une histoire essentiellement nationale : une histoire au service de l'idée nationale, mais, plus encore, du spectacle onirique du cinéma.

Puissant constructeur de mythes et de légendes, le cinéma a reproduit le schéma emprunté par la littérature dont l'origine millénaire est, comme on le sait, l'épopée. Il en va de même à l'écran. Le modèle épique fondateur structure les œuvres premières : Griffith, Gance, Einsenstein héroïsent à tout va. C'est, pour l'un, à travers la guerre de Sécession, la *Naissance d'une nation*, pour l'autre, du muet au parlant, un *Napoléon* né des idéaux de la Révolution, pour le troisième, d'*Octobre* à *Alexandre Nevski* et à *Ivan le Terrible*, le socle de la vieille Russie éternelle sous le fracas de la révolution communiste. Puis, naissant de l'épopée, vient le temps du roman – épopée en prose, comme on le définissait au XVIIe siècle –, qui humanise les héros. Le cinéma moderne a suivi cette évolution : le film historique, sans jamais renier sa dimension épique et spectaculaire, humanise lui aussi ses personnages. Mais ce sont toujours de grands hommes, ou, lorsqu'ils n'en sont pas, ils le deviennent, transfigurés par la grandeur de l'événement qui les héroïse : les pauvres de la forêt de Sherwood prennent figure légendaire, dès le film d'Allan Dwann (1922), prélude à d'innombrables remakes, autour de leur chef, *Robin des Bois*, justicier plus héroïque encore que le pourtant fringant Richard Cœur de Lion. Et *Les Croix de bois*, vus par Raymond Bernard en 1931 d'après le roman de Roland Dorgelès, ont beau incarner les pauvres poilus englués dans les tranchées, connaître la boue, les poux, la mort, leur sacrifice en fait des héros anonymes destinés à la célébration collective, à l'instar du soldat inconnu. Ils participent ainsi à la longue chaîne qui, de Jeanne d'Arc en Du Guesclin, de Louis XI en Roi-Soleil, de Madame de Pompadour en Marie-Antoinette, tisse une histoire à la gloire nationale.

Les premiers coups de semonce susceptibles d'ébranler l'imagerie glorieuse et de troubler la bonne conscience ne trouvent pas – fait révélateur – un écho suffisant pour lézarder l'édifice monolithique, tant historique que cinématographique. En visionnaire qu'il est, Kubrick peut bien en 1957, dans *Les Sentiers de la gloire*, inviter à abandonner la voie royale de l'héroïsation pour les chemins fangeux d'une réalité moins glorieuse, le film, qui jette sur les mutineries de 1916 un regard éclairant, est privé d'exploitation en France, et tombe à plat. Et lorsque, dans *Nuit et brouillard*, en 1956, un plan montre, en bordure de cadre, un képi facilement reconnaissable, qui atteste de l'implication de la police française dans le processus de la déportation, le film de Resnais se voit amputé de l'image douteuse, proprement censurée : l'heure n'est pas venue des remises en cause [1].

Ce n'est que très progressivement, dans le sillage d'une réflexion générée par les grands traumas historiques du siècle – la Shoah, le Goulag, la bombe atomique, les guerres mondiales puis coloniales – que le cinéma enregistre et accélère la montée du mémoriel, portant un regard critique et polémique sur « un passé qui ne passe pas ». En France, *Le Chagrin et la Pitié*, en 1969, et *Lacombe Lucien*, en 1974, ramènent à la lumière crue de l'écran les ombres de la collaboration ; *Voyage au bout de l'enfer*, en 1978, et *Apocalypse Now*, en 1979, déversent le napalm du Vietnam sur la mauvaise conscience américaine. *Shoah*, en 1985, témoigne non seulement de la réalité de la barbarie génocidaire mais élabore une sorte de code éthique et formel pour en aborder la représentation : il ne s'agit plus de raconter au premier degré, mais de s'interroger sur la légitimité et les moyens du récit historique à l'écran en soulignant que toute mise en scène du passé est porteuse d'enjeux présents et à venir. Le film qui dit hier le dit pour

1. Fait symptomatique, en 2007, le film de Resnais suscite lui-même une lecture non plus en tant que film de cinéma mais en tant que lieu de mémoire : voir Sylvie Lindeperg, *« Nuit et brouillard ». Un film dans l'histoire*, Paris, Odile Jacob, 2007.

aujourd'hui : il remet en question le passé et porte un jugement sur lui. La façon dont le cinéma aborde dès lors la représentation historique traduit la grande mutation de la société hypermoderne face au passé : l'histoire, celle d'un passé raconté au passé, devient mémoire, autrement dit un passé problématisé au présent. Se trouve illustrée ici d'une autre manière la célèbre formule de Croce : « Toute histoire est histoire contemporaine. »

LE FILM HISTORIQUE NÉOHOLLYWOODIEN : UN PRÉSENT AU PASSÉ

La composante historique, pour autant, n'y perd pas son côté spectaculaire. Elle offre même, aux yeux d'un cinéma néohollywoodien qui sait flairer les nouvelles sensibilités collectives, matière à générer un *néohéroïsme* en exploitant toute la panoplie des effets spéciaux, du numérique et du virtuel. Par la prodigieuse évolution technique qui bouleverse la conception et la réalisation des films, ce néocinéma réalise ce que le cinéma des décors construits n'aurait jamais pu même envisager.

Mais la différence va bien au-delà. Le film traditionnel, dans ses plus pures réalisations et ses plus belles réussites hollywoodiennes, des *Dix Commandements* de Cecil B. DeMille à la *Cléopâtre* de Joseph Mankiewicz, de la *Jeanne d'Arc* de Victor Fleming à l'*Ivanhoé* de Richard Thorpe, spectacularisait le passé en essayant de donner la sensation qu'il était passé. Le langage, à cet égard, était un puissant vecteur : un langage recréé, artificiel, dont les locutions recherchées et les tours syntaxiques contournés étaient censés « faire ancien », pour lui donner une patine qui valait caution historique. Changement de décor : les héros historiques du cinéma hypermoderne parlent, eux, le langage d'aujourd'hui. Le contemporain envahit le passé, l'actualise, le rend immédiatement perceptible aux yeux et aux oreilles d'un public, notamment jeune, pas nécessairement doté d'une grande culture historique. Le cinéma hypermoderne est celui qui *présentéise* intentionnellement, ouvertement, le spectacle du passé.

Tandis que l'histoire se réécrit au présent, les visées et les référentiels sont contemporains, pour ne pas dire *tendance* : le William Wallace de Mel Gibson, dans *Braveheart*, est certes bien le chef de la rébellion écossaise contre l'envahisseur anglais en 1280, mais, avec ses cheveux longs et sales, ses biceps qui saillent sous des tuniques de style punk, sa façon d'« écrabouiller » l'adversaire, de faire couler le sang et d'empaler à pieu que veux-tu, il relève plus d'une esthétique à la *Mad Max* que d'une volonté de réalisme historique. Et la *Marie-Antoinette* très rocky de Sofia Coppola, avec ses Converse roses, trouve sa véritable perspective moins dans la conformité supposée à son modèle que dans le propre cinéma de la jeune réalisatrice, poursuivant de film en film sa peinture d'une jeunesse mal dans sa peau.

Ce passé ramené à l'hyperactuel en vient, dans ses tendances extrêmes, à se décharger de toute crédibilité. Prétexte plus que sujet, il devient alors matière au second degré de l'ironie. Dans la veine lancée par les iconoclastes Monty Python, dont le *Sacré Graal* n'a plus rien de sacré, l'histoire se réécrit sur le mode burlesque ou fantaisiste. Le *Chevalier* de Brian Helgeland mène à un train d'enfer ses tournois, cheveux blonds flottant au vent d'une musique rock décoiffante. Personnage intéressant, au demeurant, puisqu'il n'est en fait qu'un jeune écuyer roturier qui, prenant les armes de son maître, usurpe son identité : le héros est d'abord homme, débarrassé de sa lourde cuirasse historique. Et, s'il revêt ladite cuirasse, c'est à sa manière, indépendante et rebelle : chevalier, au bout du compte, puisque adoubé comme tel grâce à son courage et à sa loyauté, mais rocker dans l'âme !

Cette curieuse combinaison d'actuel et de passé dont témoignent nombre de films à prétexte historique brouille tout autant l'histoire que les genres. L'hybridation devient la norme, mêlant passé et présent, Histoire et fiction, souci de reconstitution et recherche de spectaculaire. Le film historique s'y dissout dans d'autres formes qu'il convoque pour surcharger l'écran d'effets-sensation. *Le Pacte des loups* de Christophe Gans est à la fois film fantastique, film gore, film d'arts martiaux, film d'horreur, film de cape et d'épée, western (il n'y manque même pas un Indien !) : utilisant à tout va effets numériques, morphing, images virtuelles, et regorgeant de références cinéphiliques, il emprunte à l'esthétique du cinéma hollywoodien le plus contemporain – celle des *blockbusters* et des films d'action – une virtuosité et une efficacité formelles où vient s'exprimer, de façon paradoxale, une identité nationale. Le cadre historique et géographique est en effet celui de la France profonde d'un XVIIIe siècle prérévolutionnaire et d'une Lozère en proie à la fois aux superstitions venues du fond des âges et aux injustices nées d'un pouvoir monarchique et nobiliaire corrompu. La façon hyperspectaculaire et sursaturée dont est ici racontée l'affaire de la fameuse Bête du Gévaudan en fait un récit pour le temps présent destiné à un public familier des écrans hollywoodiens et qui se reconnaît davantage dans la *Jeanne d'Arc* bessonienne, carburant à la foi comme à une drogue dure, dans un mäelstrom de bruit et de fureur, qu'à la mystique et tout intérieure héroïne bressonienne.

Un cinéma coup-de-poing se déploie, qui casse les images, démolit les mythes, remettant l'homme ultracontemporain au centre d'une histoire où il peut facilement se projeter. Plus on s'éloigne de soi et plus on se retrouve chez soi : en hypermodernité, même le lointain passé n'est plus débranché d'un présent affiché.

LE FILM MÉMORIEL : UN PASSÉ POUR LE PRÉSENT

La façon dont les films historiques contemporains défont les figures jusque-là admises évoque ainsi ce qui s'est passé avec les valeurs qu'exprimaient les grandes tragédies de Corneille et dont Paul Bénichou a montré, dans ses *Morales du Grand Siècle*, comment l'humanisme classique les avait ensuite mises à bas. Le cinéma de l'âge hypermoderne prolonge ce processus culturel moderne en œuvrant lui aussi à la *démolition du héros*. « En dénonçant le vide de la gloire, on a atteint la grandeur humaine jusque dans ses principes », écrivait Bénichou[1]. La suspicion que jette sur la figure de l'homme la barbarie génocidaire tout autant que la montée de l'individualisme comme valeur première induisent le recentrage sur l'*Homo simplex.* Non plus le héros demi-dieu, mais le *vulgum pecus*, le vous et moi. Non plus l'épopée légendaire ni la grande peinture d'histoire, mais l'histoire des gens.

Les grands hommes, les grands événements, les grands siècles en font les frais : le Roi Soleil n'est plus contemplé en majesté, mais dans la fragilité de *Louis enfant roi*. Napoléon ne triomphe plus à *Austerlitz* : on le voit, exilé à l'île d'Elbe, dans *Napoléon et moi*, à travers le regard de son secrétaire (et l'on sait qu'il n'est point de grand homme pour son valet de chambre) ou, dans *Monsieur N.*, finissant péniblement son existence dans les brumes de Sainte-Hélène. Le privé, l'intime, le quotidien ramènent ceux qu'on n'idéalise plus à leur dimension d'individu. Ils rejoignent la multitude, devenue désormais matière de l'histoire des mentalités. Élargissant le champ de ses personnages historiques, le cinéma commence à s'intéresser à

1. Paul Bénichou, *Morales du Grand Siècle*, Gallimard, 1948, p. 109.

un homme qui surgit dans un village du XVIe siècle dix ans après en avoir disparu et qui n'est peut-être qu'un usurpateur (*Le Retour de Martin Guerre*, 1982) ou à un colporteur cheminant entre France et Savoie en 1859, l'année précédant le rattachement (*La Trace*, 1983). D'innombrables scénarios suivent qui mettent en scène aussi bien un obscur musicien de la fin du XVIIe siècle virtuose de la viole de gambe (*Tous les matins du monde*, 1991) qu'un mercenaire regagnant sa ferme au XIIIe siècle pour y reprendre des travaux d'herboristerie (*Le Frère du guerrier*, 2001).

Dans cette relecture d'un passé non plus héroïsé, mais humanisé, le cinéma revisite les grands récits fondateurs et les mythes originels. Il réécrit l'Histoire en délaissant la légende chère à John Ford. Le western, dans ses avatars les plus récents, le traduit de façon évidente. Porteur, avec toutes ses charges héroïques, de la mémoire identitaire d'une nation qui s'est forgée à travers une conquête de l'Ouest érigée en geste épique et légendaire, il se retrouve soudain confronté, avec *Danse avec les loups*, à ce qu'avaient déjà suggéré de façon diffuse, de *La Flèche brisée* à *Little Big Man*, des films moins consensuels : la réalité historique d'une nation indienne et l'éradication ethnique que ladite conquête a entraînée. Les héros de l'Ouest étaient-ils donc des salauds ? La figure du cowboy s'en trouve brutalement démythifiée. Avec sa vision crépusculaire, Clint Eastwood enregistre, dans *Impitoyable*, la fin de ce monde. Stephen Frears, de façon plus nostalgique, le confronte à la mutation des temps et aux réalités nouvelles dans *The Hi-Lo Country*, pour aboutir au même constat.

Dans cette mise à bas qui le désarçonne, le cow-boy fordien, qu'incarnait un John Wayne en majesté, perd son aura légendaire pour se retrouver en position d'accusé. En décidant de se fondre dans le peuple des Sioux, en changeant de nom pour devenir l'un d'entre eux, le lieutenant Dunbar de *Danse avec les loups* accomplit la démarche de contrition de l'homme blanc américain reconnaissant à la fois le crime ethnocidaire, mais aussi la grandeur de la civilisation indienne, annihilée par la conquête : un paradis, celui des origines, de la nature, des grands espaces, de la terre vierge, irrémédiablement perdu. Le western revisité dénonce la « paix blanche », la barbarie de la civilisation occidentale génocidaire. Et la faute est originelle : le récit de la découverte du *Nouveau Monde* devient, sous la caméra de Terrence Malick, une vision écologique et lyrique de la nature première, souillée par les conquérants qui viennent inexorablement la polluer. La même *Pocahontas*, princesse indienne idéalisée dans une bluette sentimentale par cet autre grand pourvoyeur de mythes américains que sont les studios Disney, devient, sous la caméra de Malick, la malheureuse *native* contaminée par l'homme blanc qui lui fait perdre sa pureté : la légende est renversée. Reste le *mea culpa* de la mauvaise conscience.

Ce sentiment qui pousse l'Amérique d'aujourd'hui à se pencher sur son passé pour l'ouvrir à une démarche mémorielle, l'Europe l'éprouve de façon tout aussi aiguë, à partir de ce trou noir qu'est, pour un continent marqué par la forte conscience de sa civilisation, l'extermination des Juifs. C'est un film, *Shoah*, qui, en donnant un nom à l'indicible, lui confère en quelque sorte une réalité mémorielle. Le génocide s'installe comme lieu géocentrique de l'histoire, imposant à la fois une recherche proprement historique pour établir les faits et un devoir moral, pour répondre au problème de la responsabilité collective et individuelle. Le cinéma trouve là un territoire nouveau et son investissement apporte au processus mémoriel une contribution essentielle.

L'identité française en question

Le cas français est particulièrement révélateur. Pas une seule des grandes zones d'ombre de la mauvaise conscience nationale qui n'échappe dorénavant à la lumière que des films de plus en plus nombreux portent sur elles. En s'intéressant, dans *La Vie et rien d'autre*, aux disparus de la Grande Guerre, Bertrand Tavernier introduit la dimension du deuil dans la conscience mémorielle. En traçant, dans *Capitaine Conan*, le portrait d'un combattant devenu tueur, il livre, de même, des acteurs de la guerre une image de brutalité éloignée de toute vision héroïsée. Ce qui autorise Stéphane Audoin-Rouzeau à se poser la question de savoir s'il ne serait pas, « à son corps défendant, un cinéaste de "l'identité nationale" »[1]. Il est en tout cas patent que cette vision non lénifiante, *déshéroïsée*, rendue sensible aux souffrances et aux faiblesses humaines, fait désormais partie de l'histoire mémorielle. Alors même que Lionel Jospin réhabilite au nom de l'État les mutins de 1917 et que les *Paroles de poilus*, redonnant, plus de quatre-vingts ans après, la parole aux simples soldats, dépassent le million d'exemplaires[2], Jean-Pierre Jeunet, poursuivant à sa manière, d'*Amélie Poulain* à *Un long dimanche de fiançailles*, la peinture d'une identité française édifiée à grands coups de nostalgie, fait passer sa petite Marianne d'Audrey Tautou d'un Montmartre de carte postale aux terribles tranchées de Verdun. Ce qu'elle cherche dans cet enfer, c'est précisément son fiancé disparu, dont elle ne veut pas croire qu'il a été fusillé « pour l'exemple ». On relit ainsi l'histoire à la lumière des droits

1. Stéphane Audoin-Rouzeau, « Bertrand Tavernier, la Grande Guerre et l'identité française », *Le Débat*, n° 136, sept-oct. 2005, p. 149.

2. *Paroles de poilus. Lettres et carnets du front (1914-1918)*, éd. Jean Guéno et Yves Laplume, Paris, Librio, 1998.

de l'homme, lesquels font du coup sonner de nouvelles trompettes. L'héroïsme n'est plus dans la guerre, mais dans son refus : c'est l'individu qui compte et non plus les grands idéaux nationalistes. Les braves soldats français et allemands qui, sortant de leurs tranchées, font passer leur fraternité d'hommes avant leur devoir de combattants, dans le *Joyeux Noël* de Christian Carion, surfent sur cette bonne conscience retrouvée. Ils sont d'ailleurs choisis pour représenter la France aux Oscars.

Il s'agit désormais de faire remonter à la surface ce qui avait été occulté. La vérité n'est plus dans l'héroïsme collectif d'un *Père tranquille* érigé, en 1946, selon le souci de réconciliation nationale voulu par de Gaulle, en image symbolique d'une France résistante sous ses dehors de passivité, mais dans les ambiguïtés qu'avait, le premier, en 1974, mises à jour le jeune *Lacombe Lucien*, collabo à défaut d'avoir pu être résistant. De plus en plus nombreux sont dès lors les films qui se tournent vers ce versant noir que représentent la collaboration et la déportation des Juifs français. Ainsi se développe une relecture de la France pétainiste, qui retouche le tableau : un *repentir*, au sens à la fois moral et pictural du terme. Le *Monsieur Batignole* de Gérard Jugnot, avec sa bonne bouille ronde de Français moyen, apparaît comme l'aboutissement rédempteur et consensuel de cette mémoire de repentance. Le profiteur de guerre, qui s'est installé dans un appartement volé à des Juifs, finit en effet par s'interroger sur l'ignominie et par sauver les enfants juifs du génocide en les soustrayant à l'occupant allemand. Même si elle se trouve ainsi opportunément intégrée dans un processus de prise de conscience valant contrition, la collaboration fait désormais partie de la mémoire nationale. Bertrand Tavernier, encore lui, la regarde en action jusque dans le cinéma lui-même : son *Laissez-passer*, qui raconte la façon dont les cinéastes français ont louvoyé en continuant à faire du cinéma sous l'égide de l'occupant et de la société de production qu'il avait mise en place, la Continental, traduit tout autant le point de vue de l'historien du cinéma qu'il est que celui du citoyen s'interrogeant aujourd'hui sur son passé.

L'exigence de reconnaissance du génocide pousse également le cinéma, loin de la radicalité formelle et éthique prônée par *Shoah*, à le fictionnaliser pour en faire le sujet de films spectaculaires visant à susciter l'émotion par les processus classiques du drame (*La Liste de Schindler*), du thriller (*Black Book*) ou même de la comédie (*La vie est belle*). Au-delà de la question théorique et morale posée par Lanzmann, ce que ces films imposent, par leur succès populaire, c'est une conscience collective acquise au devoir de mémoire.

Le processus gagne de proche en proche toutes les zones historiques douteuses. La réticence, si longue, du cinéma français à parler du fait colonial après la décolonisation est de même nature que le long silence qu'il a précédemment observé sur la collaboration. Longtemps, la guerre d'Algérie reste cette *Guerre sans nom*, à laquelle Bertrand Tavernier, toujours lui, cherche en 1991 à rendre son nom à travers des interviews d'appelés ayant participé au conflit entre 1954 et 1962. Mais le sujet reste brûlant, du fait que plusieurs mémoires identitaires continuent à se l'approprier : la mémoire à construire n'est pas la même pour les pieds-noirs des films d'Alexandre Arcady, pour les militaires des films de Pierre Schoendoerffer ou pour les Algériens, lesquels, dans un cinéma erratique, n'ont du reste pas encore trouvé le film susceptible, en reprenant le fil tissé sur le passé de l'Algérie jusqu'en 1954 par Lakhdar Hamina dans la *Chronique des années de braise* (Palme d'or à Cannes en 1975), de donner corps cinématographiquement à cette mémoire.

Contre les mensonges d'État : honorer les mémoires perdues

Il est symptomatique, à cet égard, que la construction de cette mémoire collective, pour les Africains du Nord comme pour les cinéastes de l'ensemble du continent noir, passe largement par l'intermédiaire de l'ancienne puissance coloniale, à travers des coproductions avec la France mais aussi par l'implication de jeunes Français issus de l'immigration ayant diverses références identitaires, différentes fidélités. Le cas d'*Indigènes* en est l'illustration exemplaire. Le film rappelle non seulement ce qui avait été largement oublié, voire occulté – la participation des troupes coloniales à la libération de la France –, mais il met aussi l'accent sur l'injustice du sort réservé à ces hommes, non seulement dans l'armée elle-même au moment des faits, mais aussi ensuite, en tant qu'anciens combattants privés de pensions. Le discours est alors discours de réappropriation par les fils de la dignité des pères, de redignification de ceux qui ont été niés dans leur sacrifice même[1].

Avec *Indigènes*, le phénomène nouveau est une force de revendication qui n'est pas seulement morale, puisque son effet direct est le déblocage par le chef de l'État français lui-même des fameuses retraites « cristallisées ». Notons toutefois que cette affirmation identitaire ne prône ni la séparation ni l'hétérogénéité des communautés : la mémoire particulière des combattants africains se trouve ici fondue dans une mémoire collective, nationale et française.

Dans une société de plus en plus fragmentée et chaotique, la demande identitaire joue pleinement : elle passe

1. C'est ce que traduit Clint Eastwood dans un film au titre explicite : *Mémoires de nos pères*.

par l'affirmation du *droit à la différence* et la recherche des racines. Le cinéma, *via* les images, rend visibles les choses et donne à la mémoire perdue les souvenirs qui font défaut. Le *America, America* de Kazan en offre le modèle archétypal. Mais le phénomène va s'accélérant : ainsi, l'émigration italienne, sujet d'inspiration favori depuis longtemps du cinéma transalpin, est toujours vivace dans cette construction mémorielle, comme le prouve le tout récent et lyrique *Golden Door* d'Emanuele Crialese, faisant d'Ellis Island, porte d'entrée des émigrants, le lieu de mémoire par excellence. Mais voici aussi que commencent à se dire toutes les autres émigrations – maghrébine, turque, pakistanaise, éthiopienne, kurde – qui font le sujet de *Bye-Bye*, de *Hammam*, de *Head-On*, de *Just a Kiss*, de *Va,vis et deviens*, de *Frères d'exil*.

La circulation des peuples et leur difficile intégration dans des pays d'adoption qui les utilisent ou les exploitent ramènent dans la mémoire collective le trauma premier : celui de la traite des Noirs, de la déportation massive, de l'esclavage. Dans *Little Senegal*, un Noir d'Afrique part sur les traces de ses ancêtres noirs d'Amérique, refaisant la route des esclavagistes à partir de l'île de Gorée, d'où partaient les bateaux de la traite, pour lui donner valeur mémorielle. Le film, réalisé par un Algérien, Rachid Bouchareb (également réalisateur d'*Indigènes*), parle au nom d'une mémoire collective africaine. Mais quand c'est Steven Spielberg qui, dans *Amistad*, évoque une révolte d'esclaves sur un bateau de négriers, c'est un Américain, blanc et juif de surcroît, qui souligne, dans la mémoire nationale, la tache noire de l'esclavage. Tout comme c'est un Anglais, John Boorman, qui, dans *In my Country*, prend en charge, au nom d'une conscience européenne liée à la colonisation, l'apartheid sud-africain. Et c'est un Grec, Costa-Gavras, qui soulève la sinistre cagoule du Ku-Klux-Klan pour montrer le racisme à nu dans *La Main droite du diable*, film à usage d'autant plus large qu'il est réalisé à Hollywood et selon les normes spectaculaires du cinéma hollywoodien.

Il en va de l'esclavage et du racisme comme de toutes les grandes révisions mémorielles. Chaque peuple a ses blessures et les génocides ont tendance à se multiplier. Le minutieux inventaire dressé, pour le Cambodge, par Rithy Panh, avec *S 21, la machine de mort khmère rouge*, ou le film réalisé par Sergueï Boulovski, *Spell your Name*, à partir des archives de la fondation créée par Steven Spielberg, et qui vise à faire connaître, au sein de la Shoah, le massacre particulier et mal connu des Juifs d'Ukraine, se fixent une voie documentaire dans la ligne de Lanzmann. D'autres choisissent la fiction pour aborder d'autres génocides : l'arménien, évoqué par Verneuil dans son film autobiographique, *Mayrig*, et plus récemment par les frères Taviani, qui en font le sujet du *Mas des alouettes* ; le rwandais, montré de façon romanesque mais documentée par Terry George dans *Hôtel Rwanda*. De manière analogue, l'effondrement du Mur ouvre la voie à la reconstruction de la mémoire du Goulag et à la recherche identitaire de chaque peuple soumis à la dictature soviétique : *Bouge pas, meurs, ressuscite*, réalisé par un cinéaste russe, Vitali Kanevski, qui a subi lui-même l'emprisonnement politique et l'interdiction de tourner, montre de façon symptomatique la vitalité de la jeunesse confrontée aux pires réalités de la Sibérie soviétique. *Shizo*, de la Kazakhe Guka Omarova, montre le Kazakhstan livré au chaos de l'indépendance et s'essayant tant bien que mal à trouver sa voie. Et *Good Bye Lenin !*, de l'Allemand Wolfgang Becker, entérine, même s'il le fait sans se bercer d'illusions, la fin d'une Allemagne coupée en deux, apportant au pays (où il obtient un succès considérable) le film à valeur de symbole qui permet véritablement à la réunification d'entrer dans la mémoire collective. On peut désormais regarder le passé en face, commc *La Vie des autres*, qui détaille au plus près le dispositif policier qui soumettait chaque Allemand de l'Est à la surveillance inquisitoriale de la Stasi dans ce qui fut, au sens propre, une ère du soupçon.

Le film mémoriel rend au présent un passé dont il se sent redevable, jusqu'à lui rendre possible d'endosser sa culpabilité : devoir de mémoire ou tyrannie de la repentance ? Tout, quoi qu'il en soit, est remis à plat.

Du sens de l'histoire au sens de la mémoire

Dans l'inflation mémorielle qui confronte le cinéma à l'histoire de façon radicalement nouvelle, nombreux sont les éléments qui jouent un rôle majeur. Au sein de sociétés où les grands systèmes futuristes n'ont plus de crédibilité, une nouvelle priorité est donnée aux pôles d'identification particulariste, aux *racines*, aux liens communautaires qui permettent de compenser l'éparpillement, le désarroi, l'isolement des individus. En même temps, c'est la culture présentéiste du bonheur individualiste qui, en conférant une importance nouvelle au besoin d'estime de soi et d'autrui, a rendu intolérables tous les anciens dénis de reconnaissance des minorités collectives. Les désastres du siècle, l'effondrement des grands mythes nationaux et la spirale de l'individualisation ont ainsi ouvert un processus d'affirmation et de revendication des identités particulières : ils ont rendu possibles de nouvelles politiques de reconnaissance, inséparables de la conquête des mémoires identitaires. Le cinéma participe intégralement à ce mouvement.

On assimilait le cinéma historique à un genre formaté, n'offrant qu'une distraction sans conséquence, en un mot frivole. Le voilà qui resurgit, porteur de nouveaux enjeux, dense, engagé, conflictuel. Il véhicule les valeurs du temps, morales, sociales, politiques, religieuses même, et ce non sans polémique. Il n'est pas jusqu'à Dieu lui-même qui n'en fasse les frais. De *La Dernière Tentation du Christ*, où Scorsese interprète au plus près l'Incarnation, à *La Passion du Christ*, où Mel Gibson prend un plaisir hollywoodien à planter les clous dans la chair du crucifié, Jésus est désormais un dieu véritablement fait homme. La façon dont chacun le voit – humanisé dans sa chair et ses désirs par le progressiste Scorsese, victime du peuple juif déicide ressorti pour l'occasion du rayon des vieux anathèmes par le très conservateur Mel Gibson – attise les querelles. Chacun cherche à fonder la mémoire collective à partir de sa propre vision et de sa propre croyance. Les scandales que suscitent ces films, de même que les réactions violentes qu'ils engendrent, raniment le feu des guerres de religion à travers ce qui en est comme la forme symbolique aujourd'hui exacerbée : la guerre des mémoires.

À l'heure du sacre du présent, les images renvoyant au passé redeviennent paradoxalement des enjeux majeurs, suscitent des débats et des querelles, pèsent sur la vie du monde, aiguisent les passions. Représenter Mahomet sous forme de caricatures ou exprimer sur l'islam son point de vue de cinéaste enflamme la planète et suscite des réactions radicales : c'est Mozart qu'on assassine, en l'occurrence le cinéaste hollandais Theo Van Gogh, éliminé par un extrémiste pour un film jugé coupable de lèse-islam. Où l'on voit que le cinéma, dans son rapport à la mémoire culturelle, provoque et met sous tension les sociétés libérales. On est passé de la mémoire unanimiste à la mémoire polémique. L'Algérie, on l'a dit, a suscité et continue de susciter des conflits mémoriels. Même l'image d'une identité française associée à Amélie Poulain génère une bataille critique qui juge le film à l'aune de référents symboliques inconciliables : emblème d'une France unie et réconciliée d'un côté, image lisse d'une France « nettoyée de sa polysémie ethnique, sociale et sexuelle » de l'autre.

Ce qui, pour les uns, apparaît comme l'illustration idéale d'une identité française éternelle, retrouvée miraculeusement, est jugé par les autres nostalgie douteuse d'une France frileuse, lepéniste et pétainiste [1].

Rien désormais n'échappe au cinéma mémoriel. L'Histoire immédiate elle-même se trouve *mémorialisée* : François Mitterrand, à peine mort, se retrouve, à l'égal des gisants des rois qu'il vient caresser dans la cathédrale de Saint-Denis, érigé en statue quasi régalienne dans le tombeau que lui dresse Robert Guédiguian dans *Le Promeneur du Champ-de-Mars*, film qui par ailleurs le montre dans son quotidien, tel qu'en lui-même, nullement héroïsé. Et il n'est pas même besoin qu'Elizabeth II ou Nelson Mandela soient morts pour que des films reconstituent, pour l'une la crise quasi monarchique qui secoue l'Angleterre au moment de la mort de Diana (*The Queen*), pour l'autre sa lutte contre l'apartheid et son long séjour en prison (*Goodbye Bafana*), contribuant à édifier l'histoire en train de se faire en objet de mémoire.

Le mémoriel fait peser sur le cinéma une gravité jusqu'alors inconnue. Le cinéma n'est plus seulement une industrie du rêve : il se joue à travers lui quelque chose qui le dépasse, qui touche à l'individu profond, à ses racines, à son identité ethnique ou religieuse. Tout porte à croire que ce processus va se poursuivre : nombre de zones sombres de l'histoire restent à visiter et nombreuses sont les mémoires disparues ou blessées. Dans un monde globalisé, multiples sont les identités qui se cherchent. La production éclatée d'aujourd'hui en témoigne déjà, qui offre à chacun matière à se retrouver. Les routes sont multiples, qui emmènent les Gitans de l'Inde jusqu'en Espagne dans

1. Raphaëlle Moine rappelle les détails de cette bataille critique dans « Vieux genres ? Nouveaux genres ? », in Jean-Pierre Esquénazi (dir.), *Cinéma contemporain, état des lieux*, *op. cit.*, p. 157-158.

le *Latcho Drom* de Tony Gatlif, qui amènent le Marseillais Guédiguian à entreprendre un *Voyage en Arménie* centré sur la recherche du père, ou qui poussent la Pakistanaise Sabiha Sumar à décortiquer, dans *Khamosh Pani*, le phénomène d'islamisation qui transforme son pays et fait disparaître la tolérance qui en constituait l'esprit. Dans un proche avenir, inévitablement, on verra des films sur d'autres peuples, sur d'autres communautés : Tibétains, Tchétchènes, Kurdes[1] – toutes les victimes de l'Histoire à qui le cinéma, jouant son rôle symbolique, voudra rendre leur mémoire.

À travers le prisme du mémoriel, le cinéma hypermoderne conquiert un nouveau territoire ouvert par le champ des particularismes et des revendications communautaires. Il offre, en une époque marquée par la réhabilitation et la reconstruction des identités, des éléments symboliques par lesquels chaque communauté se réapproprie son histoire, son identité, sa fierté.

1. Déjà des films attirent l'attention sur les déchirements historiques vécus par ces trois peuples : *Sept Ans au Tibet*, de Jean-Jacques Annaud (1997) ; *Les Trois Chambres de la mélancolie*, de Pirjo Honkasalo (2004) ; *Frères d'exil*, de Yilmaz Arsian (2006).

Chapitre VII

Cinépolis

Le cinéma n'est pas et n'a jamais été hors de son temps. Art essentiellement moderne, il n'a jamais cessé de prendre pour objet les plus grands événements et défis de la modernité. Au cours du siècle passé, il a mis en scène les deux guerres mondiales, la révolution communiste, la Grande Dépression, le Front populaire, le nazisme, la guerre d'Espagne. Mais aussi Hiroshima, le plan Marshall, la guerre froide, la décolonisation, la guerre d'Algérie, le Vietnam. Autant de questions qui ont largement nourri la pensée du cinéma tout au long des trois premières phases de son histoire, et ce à travers les genres, les esthétiques et les engagements les plus divers.

Il en va de même aujourd'hui. À une tout autre échelle, faut-il ajouter. Comment pourrait-il en être autrement à une époque dominée par la dissolution des anciennes certitudes, par l'accélération et la planétarisation des changements ? Plus que jamais, le cinéma observe et exprime, selon sa perspective propre, le cours du monde. Jamais, sans doute, autant de questions politiques et sociales n'ont été portées à l'écran. Il ne s'agit nullement là d'une revitalisation du cinéma social ou militant à l'ancienne mode, mais plutôt d'un régime de cinéma pour lequel le monde « politique » est moins affaire idéologique que domaine permettant d'apporter à l'expression cinématographique une profondeur de sens, en même temps que de démultiplier les regards sur les parcours particuliers et les existences singulières. C'est en ce sens que le Cinépolis hypermoderne ne cesse de croiser et de relancer le CinéMoi : le macroscopique est devenu tremplin pour exprimer la richesse de l'univers microscopique des individualités.

Diversité, donc, des problèmes qui seront traités ici à partir des quatre grands principes organisateurs de l'âge hypermoderne : la technoscience, le marché, la démocratie, l'individu. Autant de logiques sociales-globales qui, structurant le destin des sociétés ouvertes, suscitent un questionnement infini touchant au mystère « éternel » de l'existence humaine. C'est à la façon dont le cinéma renvoie lui-même à ce quadruple référentiel et dont il le traduit à travers son propre imaginaire que se lit et que se dit son hypermodernité.

ÉCOLOGIE ET SCIENCE-FICTION : LES NOUVEAUX TERRITOIRES DE LA PEUR

Depuis le milieu des années 1970, les procès intentés à la civilisation technoscientifique n'ont cessé de se développer. Elle était censée apporter sécurité, liberté et bien-être : la voici assimilée par ses détracteurs à l'ennemi numéro un, menaçant de faire obstacle à l'avenir durable de nos enfants. « La maison brûle » : la technoscience apparaît comme cette machine diabolique qui, indifférente aux conséquences à long terme, nous précipite droit vers l'abîme. Génératrice de confort immédiat, elle est aussi de plus en plus productrice de peurs liées aux dégradations de l'écosphère elle-même, à des risques irrémédiables pesant sur l'humanité et la planète. À l'heure où le marché et l'hyperconsommation semblent installer l'individu dans une référence exclusive au présent, il apparaît que jamais les inquiétudes relatives à l'avenir planétaire n'ont été aussi prégnantes. Après l'euphorie du progrès, « les dégâts du progrès » ; après l'extase de la libération, la peur de l'avenir. L'affirmation et la diffusion des valeurs écologistes dans l'esprit du temps en sont la traduction. La peur ancestrale se déploie désormais autour d'« une nouvelle génération de risques » – menaces industrielles, technologiques, sanitaires, naturelles, écologiques [1].

Dans ce contexte, ce n'est plus tant la vieille figure du savant fou voulant dominer le monde qui resurgit que celle d'une science détournée de ses finalités humanistes au bénéfice d'un modèle de développement suicidaire, détruisant les grands équilibres de l'écosystème. Les films se multiplient qui alertent l'opinion face aux risques liés au « délire » techno-industriel de l'époque. Dans *Le Mystère Silkwood*, une jeune femme, seule contre l'énorme pouvoir de la machine industrielle, dénonce la contamination nucléaire qu'entraînent les accidents survenus dans une centrale. L'ombre de la mort atomique plane déjà, en 1983, sur un monde qui vient de connaître (quatre ans auparavant) Three Miles Island et qui ne va pas tarder à subir (trois ans après) Tchernobyl. Depuis se sont développés les risques chimiques, les grandes pollutions maritimes, le réchauffement climatique, la disparition des espèces naturelles, l'épuisement des ressources en eau : autant de défis qui mobilisent un public de mieux en mieux informé, notamment, on l'a vu, par des documentaires (*Une vérité qui dérange*, *Le Cauchemar de Darwin*, *We Feed the World*), explicitant, non sans écho, en quoi ces risques

1. Robert Castel, *L'Insécurité sociale. Qu'est-ce qu'être protégé ?*, Paris, La République des idées/Seuil, 2003, p. 58. Sur ce point, voir l'ouvrage fondamental d'Ulrich Beck, *La Société du risque*, Paris, Aubier, 2001.

nous exposent au pire. Là est la nouveauté : en quelques années, le cinéma est devenu un amplificateur de la prise de conscience collective des problèmes planétaires.

On ne peut être étonné, dès lors, de constater une prolifération des films catastrophes qui prennent pour objet les phénomènes naturels– les typhons de *Twister*, les éruptions volcaniques du *Pic de Dante*, les déchaînements de l'océan dans *En pleine tempête* – et qui amènent tout naturellement aux pires prévisions catastrophiques. *Le Jour d'après* met en scène l'Apocalypse à venir en une explosion d'effets spéciaux qui donne à voir dans toute leur ampleur, encore inimaginable, les dérèglements climatiques, noyant Tokyo sous une pluie de grêle géante, Hawaii sous un ouragan dévastateur, New Delhi sous une tempête de neige démesurée, et finissant par engloutir New York sous une vague géante, par figer le flambeau de la statue de la Liberté dans un gel annonciateur d'une nouvelle ère glaciaire. Et – ultime petit sourire – par faire se volatiliser, sous le souffle de la tempête, les lettres célèbres d'Hollywood, emportées sur leur colline de Los Angeles par le vent mauvais d'un monde qui a perdu le nord. Le fait que ce dérèglement climatique soit montré, dans un *blockbuster* qui bénéficie de la superlogistique hollywoodienne, comme intervenant au moment même où les États-Unis refusent de signer le protocole de Kyoto laisse clairement apparaître d'où vient le mal et où se situent les responsabilités.

Face au déchaînement de la technoscience et à ses effets destructeurs, nombre de films se font les chantres d'un retour à la nature, que l'on va chercher dans des temps éloignés ou des contrées lointaines, où l'on voit comme le refuge d'une pureté première, à travers des paysages encore vierges et des peuples qui ont gardé une sagesse ancestrale. *Le Nouveau Monde* montre la découverte de l'Amérique et l'arrivée des Pères fondateurs comme une rupture avec la nature originelle et la civilisation indienne, que *Danse avec les loups* s'efforce de retrouver[1] ; *Le Dernier Trappeur* vit sa vie du côté du Grand Nord canadien ; *Himalaya, l'enfance d'un chef* poursuit la quête d'air pur jusque sur les hauts plateaux du Népal, et *Kirikou et la sorcière*, dans un dessin animé à forte valeur pédagogique ajoutée, montre une Afrique porteuse des valeurs primitives. Un cinéma *nostalgique* des temps préindustriels voit le jour, qui réinvestit les valeurs d'unité et d'harmonie avec la nature, à contre-pied du prométhéisme « thanatocratique » des modernes.

C'est, bien sûr, un tout autre rapport à la technoscience qu'exprime le cinéma de science-fiction. Car la science high-tech ouvre, aux yeux des technophiles, des possibilités d'existence démultipliée. Les films d'anticipation, par une surenchère d'écrans, de machines, de robots, en imaginent les formes les plus extraordinaires. Pour autant, cette technicisation accrue, tout en offrant aux hommes une vie potentiellement plus riche et plus intense, ne manque pas de soulever doutes et interrogations sur ces nouveaux pouvoirs. La réflexion est d'ordre moral, lorsque, dans *Minority Report*, Spielberg imagine que la police pourra, en 2054, grâce à ses ordinateurs ultraperformants, prévoir les crimes avant même qu'ils ne soient commis. Elle touche à l'identité individuelle lorsqu'elle envisage les possibilités qu'ouvrent les manipulations chirurgicales, comme dans *Volte/Face*, où s'opère un transfert de visage qui joue comme un transfert d'identité entre les deux donneurs-receveurs. Elle interroge même, à travers les manipulations génétiques qui font naître des clones, modifient les gènes des organismes, engendrent

1. Sur le rapport américain à la nature, voir Olivier Delbard, *Prospérité contre écologie ? L'environnement dans l'Amérique de G.W. Bush*, Paris, Lignes de repères, 2006.

des naissances de façon artificielle, la limite ultime, celle qui sépare l'humain de l'inhumain. L'homme se trouve ainsi comme renvoyé à une image incertaine de lui-même. Le rapport à l'espace n'est plus celui des temps héroïques et exaltants de la conquête et de l'envol vers le ciel – celui des fusées –, mais celui de l'investissement imaginaire d'un espace intergalactique problématique. Si, de *Guerre des étoiles* en *Guerre des mondes*, le vieux choc des mondes lointains renvoie toujours aux sourdes craintes d'une Apocalypse, le temps n'est plus aux envahisseurs venus d'autres galaxies, figures symboliques de l'époque abolie de la Guerre froide. *Alien*, le monstre extérieur embarqué à bord du vaisseau spatial lors du film originel de 1979[1], se retrouve dix-huit ans après, en 1997, dans *Alien 4, la résurrection*, naître du ventre même de la cosmonaute. Le mal ne vient plus d'ailleurs, mais de l'intérieur.

Tandis que les films des années 1950 creusaient l'écart entre les extraterrestres et l'homme, différents films s'emploient dorénavant à mettre en scène le processus d'humanisation d'êtres non humains (*Blade Runner*, *Robocop*, *Terminator* 2), le devenir humain de machines ou de presque humains capables de comprendre les sentiments et d'acquérir la conscience de l'humanité et prêts à se sacrifier pour celle-ci. Dans le monde de Spielberg, *E.T.*, l'extraterrestre du début des années 1980, venu d'ailleurs et montrant aux petits humains qu'il est en fait aussi humain qu'eux, fait place, vingt ans après, à l'aube du XXIe siècle, à *A.I.* Ici, l'autre, l'inhumain, ne vient plus du silence éternel des espaces infinis, mais il est engendré par le cerveau humain lui-même, qui s'invente un clone parfait, lequel, doté d'un esprit et d'un cœur, tend à

1. Le rapport à l'époque de la guerre froide est, dans le cas d'*Alien*, évident : le film est le remake d'un film de 1958, *Terror from Beyond Space*.

l'humanité : un robot, le plus faible de l'univers, mais un robot pensant. Après la science-fiction dogmatique se déploie ainsi une science-fiction plus incertaine, plus critique, s'interrogeant sur la division entre humain et non-humain, sur les frontières séparant l'homme de son autre[1]. Même la science-fiction n'échappe plus tout à fait à l'érosion des anciennes dichotomies absolues, au brouillage hypermoderne des grands repères de la vérité.

D'où, face à cette incertitude, le besoin de chercher des réponses du côté de la spiritualité. C'est ce qu'illustre *Matrix*, film culte des temps nouveaux. Dans un monde réduit à un gigantesque leurre numérique régi par une Matrice technicisée, ce qui reste de l'humanité attend la venue d'un guide, d'un nouveau Sauveur. Celui-ci se trouve être, très symboliquement, un informaticien, et son avènement, d'effets spéciaux en chorégraphies visuelles, est hollywoodien. La part importante accordée dans le film aux signes christiques et, en un syncrétisme très *new age*, aux philosophies orientales, traduit à la fois une quête de sens et cette idée force que c'est à l'homme de maîtriser la technique et de ne pas se laisser dominer par elle. Ce que le cinéma hypermoderne révèle, jusque dans les *blockbusters* ultratechnicisés qui consacrent visuellement l'omniprésence et l'omnipotence de la technoscience, c'est, paradoxalement, la recherche d'une sagesse. Dans son imagination débridée, la science-fiction dit encore les nouvelles attentes post-matérialistes de l'individu hypermoderne.

1. Ce point est bien analysé par Vincent Amiel et Pascal Couté, *Formes et obsessions du cinéma américain contemporain*, *op. cit.*, p. 129-133. *Terminator* a été également interprété comme le fantasme même de l'autosuffisance consubstantielle à la société hyper-individualiste. Voir Olivier Rey, *Une folle solitude. Le fantasme de l'homme auto-construit*, Paris, Seuil, 2006, chap. II, « Ce que Terminator termine », p. 139.

LE MARCHÉ : *DURA LEX, SED LEX*

Cette sagesse apparaît d'autant plus nécessaire que l'époque accouche d'un nouveau monde, assimilé parfois à un nouveau monstre : le marché tentaculaire, orchestrant une « tyrannie » globalisée. Le cinéma n'est pas resté insensible à cette montée en puissance de l'économique ainsi qu'aux déstructurations sociales qu'elle engendre. C'est par le regard critique qu'il porte sur cette évolution cruciale qu'il s'impose, aussi bien, comme cinéma hypermoderne.

Violence des échanges en milieu non tempéré

Abolissant les anciens protectionnismes et les réglementations administratives, l'ultralibéralisme étend son empire financier sur la planète. La réussite, pour les jeunes Rastignac, passe dorénavant, comme le montrait dès 1987 le film d'Oliver Stone, par *Wall Street* et par son monde de raiders. Le financier et le businessman sont devenus les héros emblématiques d'un temps où « la puissance et la gloire » se mesurent à la capacité de « faire de l'argent ». Car c'est l'économie qui, plus que jamais, mène le monde et règle la vie des hommes : le quidam nouveau joue en bourse ou s'occupe d'affaires immobilières, comme le flic qu'incarne Harrison Ford dans *Hollywood Homicide*, qui pense moins à boucler son enquête qu'à s'enquérir en permanence sur son mobile des fluctuations du marché. La compétitivité et la concurrence sont devenues des valeurs premières et des normes implacables, non sans transformer radicalement le monde du travail et de l'entreprise.

Dans ce paysage où l'entreprise apparaît fréquemment sous sa forme anonyme de société internationale, la globalisation tisse sa toile – immense stratégie de l'araignée où tout s'imbrique. *Syriana* en offre une image aussi complexe que totalisante, où se mêlent transferts de capitaux, grands travaux, intérêts politiques, réseaux terroristes, cabinets d'avocats internationaux, main-d'œuvre émigrée, le tout réuni par le même enjeu central, nerf énergétique de la société mondialisée : le pétrole. Nombre de films montrent les conditions nouvelles de cette globalisation économico-financière : ouverture au marché des pays émergents (la Chine de *L'Étoile imaginaire*) ; bouleversement, voire destruction, des cultures natives et des modes anciens de socialité (l'Inde de *Swades*) ; émergence de nouvelles oligarchies dans la jungle d'un capitalisme sauvage (la Russie d'*Un nouveau Russe*).

Mais les oppositions au nouvel ordre mondial sont fortes, même si elles ne se moulent plus dans la grande dialectique de la lutte des classes. Les Amis du rail, dans *Loco 33*, n'admettent pas qu'un jeune blanc-bec, adepte du *business is business*, vende à un studio hollywoodien la vieille locomotive qui fait la gloire des chemins de fer uruguayens, et ils s'en emparent pour se lancer dans une chevauchée fantastique ferroviaire. « Rail movie » symbolique, où tous les villageois du pays profond viennent le long du parcours applaudir et encourager les cheminots de la liberté nationale. Cette manière de ne pas céder aux sirènes du marché qui se profile peut même donner lieu à un procès en bonne et due forme intenté à ses promoteurs, comme celui qu'instruit au nom de l'Afrique la parabole de *Bamako* : les pays pauvres y accusent explicitement les pays riches de les maintenir, par une politique d'ajustements financiers structurels, dans la dépendance de la dette. Les Africains ne sont pas les seuls à démonter les mécanismes de l'injustice : des superproductions hollywoodiennes comme *Lord of War* ou *Blood Diamond* lancent leurs stars, Nicolas Cage ici, Leonardo DiCaprio là, à l'assaut des aspects les plus noirs du marché international – la vente d'armes d'un côté, le trafic de diamants servant à financer et à entretenir les guerres africaines de l'autre. Autre pilier du capitalisme globalisé, l'industrie pharmaceutique, dans *The Constant Gardener*, se trouve accusée par un Brésilien, Fernando Meirelles, parti tourner au Kenya pour les besoins de la cause, d'utiliser l'Afrique comme un laboratoire humain.

La destructuration sociale qu'introduit la loi d'airain du marché ne joue pas seulement au niveau des pays pauvres : elle touche aussi bien les pays les plus avancés. Les délocalisations, qui entraînent fermetures d'usines, licenciement ou déplacement de personnel, deviennent la norme dans un système mondialisé qui permet de réduire par ce moyen les coûts du travail et de la production. Ceux-là mêmes qui sont chargés de faire fonctionner le système se trouvent confrontés à sa dureté, à cette *Violence des échanges en milieu tempéré*, qui, dans un film au titre symbolique, envoie un jeune consultant encore rempli d'illusions se heurter à la réalité du terrain : derrière l'audit sur l'optimisation de la production dont il est chargé se profile la revente de l'entreprise à un groupe et, plan social à la clé, une centaine de licenciements en perspective. Le personnage se retrouve devant le même dilemme que celui que vit, de façon plus symbolique encore, le jeune héros de *Ressources humaines*, frais émoulu d'une grande école de commerce et recruté dans l'usine où son père est ouvrier, à l'ancienne, comme au temps de la lutte des classes, et où il se voit chargé de mettre en œuvre un plan de restructuration, dont son père sera précisément la victime.

Le libéralisme mondialisé est vu ici sous sa forme inhumaine, qui fait sauter les systèmes de protection sociale et les anciennes identités professionnelles. L'individu est sacrifié sur l'autel des intérêts boursiers et du rendement, à l'image de la comptable italienne de *J'aime travailler* qui, sa société étant rachetée par une multinationale, est mise à l'écart de façon humiliante et prise dans l'engrenage du *mobbing*, un harcèlement moral destiné à la faire craquer pour qu'on puisse s'en débarrasser plus facilement. L'invalidation sociale de larges fractions de la population s'accroît, la condition salariale se dégrade, les anciennes solidarités du travail s'effacent : pris dans la jungle du capitalisme total, l'individu est livré à l'incertitude du lendemain, à un processus d'atomisation qui le laisse seul face à lui-même et à une existence sans protection, sans culture de classe, sans encadrement collectif, sans projet politique de transformation du monde. Déclassement, déqualification et désaffiliation forment le nouvel horizon du monde, induisant des drames personnels et des fractures sociales. Voici le temps où le chômage et la précarisation de l'emploi deviennent des maladies endémiques. L'Italien de *Pain et chocolat* avait encore, en 1972, dans une comédie à l'italienne, la ressource d'émigrer en Suisse pour y trouver du travail. Vingt ans plus tard, le cadre français moyen se retrouve, dans une comédie à la française, à la rue du jour au lendemain, perdant en même temps que son emploi sa maison, sa voiture et sa femme, et devenant clochard dans ce que le réalisateur-interprète, appelle, non sans une ironie cruelle, *Une époque formidable*. Le temps des routards existentiels de *Sans toit ni loi* ou des glandeurs désenchantés d'*Un monde sans pitié* fait place à celui des *homeless*, des sans-emploi, des sans-domicile fixe, des sans-papiers, écume misérable du capitalisme de l'exclusion.

Classes non laborieuses, classes dangereuses

La délinquance est comme une voie tracée pour ceux qui n'ont pas d'autres moyens de s'en sortir. Les films de Ken Loach, montrant les ravages sociaux de la politique ultralibérale de Margaret Thatcher, font passer de la dérégulation du travail de *Riff Raff* à la misère qui vient (*Raining Stones*), puis, dans *Sweet Sixteen*, à leurs conséquences sur une jeunesse frappée de plein fouet par le passage en force de l'économie de marché et y répondant par le trafic de drogue et le crime. La grande veine sociale d'un cinéaste qui fut déjà, à ses débuts, dans les années 1960, l'un des jeunes hommes en colère du cinéma anglais trouve son écho dans de nombreux autres pays frappés par les mêmes symptômes : la Belgique, avec *Je pense à vous*, *Rosetta* ou *La Raison du plus faible*, la France du Nord, avec *La Vie de Jésus*, l'Italie du Sud, avec *Vento di terra*, et même la Finlande de *Au loin s'en vont les nuages* traduisent le malaise social d'une Europe confrontée au chômage et au durcissement du modèle économique, dont la jeunesse est la première victime.

Le « film-banlieue », avec ses quartiers délabrés, ses désarrois face à l'avenir, sa panne de l'intégration et de la mobilité sociale, mais aussi ses débrouilles – petits trafics, dealers, bandes et caïds –, est intimement lié à ce devenir d'un capitalisme entraînant trop de jeunes dans la galère des cités-ghettos, dans la spirale de la délinquance et de la violence. Exclus, déracinés, désinsérés, les jeunes « sauvageons » font ainsi rebondir la thématique des classes dangereuses, celles des cités péri-urbaines, qu'un documentaire de Bertrand Tavernier situe précisément *De l'autre côté du périph'*. Là se déploie une sub-culture plus ou moins délinquante, sous-tendue par le chômage, le délitement des familles, la perte de l'autorité parentale, l'effondrement des encadrements politiques et communautaires. Alors qu'Antoine Doinel, en 1959, pouvait faire ses *Quatre Cents Coups* au sein même d'un Paris qui lui appartenait, *Le Petit Criminel* de Doillon, enfant pareillement mal aimé à la recherche de lui-même, se retrouve en 1990 dans une cité-dortoir périphérique, que ne parvient pas à éclaircir le ciel bleu du Midi où se situe l'action. Il s'ensuit un glissement inexorable sur la pente d'une délinquance dont le cinéma des années 1990 montre qu'elle devient de plus en plus lourde et tragique, à mesure qu'aux drames sociaux s'ajoutent les problèmes ethniques et racistes. De la Marseille encore colorée de *Un, deux, trois, soleil*, on passe au noir et blanc dramatisé de *La Haine* : les trois héros, aux trois couleurs emblématiques – black-blanc-beur –, y sont les victimes d'un monde qui les ghettoïse et qui, *via* une bavure policière, fait d'eux des victimes. L'explosion n'est pas loin : avant sa concrétisation dans la réalité des événements, *Ma 6-T va crack-er* la décrit de façon prémonitoire en 1997, montrant comment la banlieue devient le lieu du désespoir, de la révolte violente sans horizon politique.

Même le cinéma américain n'ignore pas cette violence du monde du travail et de l'exclusion : *Roger et moi*, de Michael Moore, dénonce par exemple les ravages qu'ont causés les licenciements opérés par la General Motors. Mais la confiance dans la libre entreprise et dans les ressources individuelles continue de dominer. Optimisme qui doit être rattaché moins à l'état présent de la société américaine qu'à la persistance du « rêve américain », selon lequel chacun a des chances égales de réussir et de faire fortune[1] : le cadre de *En bonne compagnie*, en passe d'être licencié à la suite d'une restructuration, réussit grâce à ses seules qualités à se faire réintégrer dans son poste. Lorsqu'il se retrouve au trente-sixième dessous, réduit à la

1. La réalité, elle, est moins euphorique. Depuis deux décennies, les inégalités n'ont pas cessé de s'aggraver et, en Amérique comme en Europe, la mobilité sociale est en recul. La pauvreté touche aux États-Unis, suivant les dernières données, plus de un cinquième de la population et 12,6 % de celle-ci se trouve dans une situation de pauvreté absolue. Soixante-dix pour cent des fils étaient en 1998 dans la même position sociale que leur père en 1979 ou dans une position inférieure.

soupe populaire, le héros black de *À la recherche du bonheur*[1] croit toujours en sa chance. Il a raison : recruté par une société financière, il va y faire fortune.

L'ENJEU DÉMOCRATIQUE

La démocratie américaine de l'intérieur

Libéraux en matière économique, les Américains du Nord apparaissent nettement plus conservateurs en matière de valeurs culturelles. Si Hollywood est généralement crédité d'une sensibilité démocrate et si nombre de films dénoncent les maux et dérives d'une démocratie qui ne sait éviter ni l'exclusion, ni l'injustice, ni le racisme, le libéralisme culturel qui, depuis les années 1970, accompagne le triomphe du libéralisme économique, pose, lui, davantage de problèmes.

C'est qu'en effet, autour de 1980, la contre-culture, les mouvements féministes, l'émancipation sexuelle sont tenus pour responsables de l'immoralité régnante, du déclin de l'Amérique, de la crise des valeurs, des autorités et des institutions. Face à la flambée libérationniste, quantité de films exaltent les grandes valeurs fondatrices : le drapeau, la famille, la religion, le courage, l'abnégation, la rage de vaincre – toutes les valeurs revendiquées par Reagan et si longtemps incarnées par John Wayne[2]. Tout

1. Comme on le sait, la « recherche du bonheur » est inscrite dans la Déclaration d'indépendance de Thomas Jefferson, qui la fait figurer parmi les « droits inaliénables » de l'homme (« *life, liberty, and the pursuit of happiness* »). *The Pursuit of Happiness* est précisément le titre original du film de Gabriele Muccino.

2. Le programme de bouclier spatial lancé par l'administration Reagan va même chercher son nom dans la saga de George Lucas : *Star Wars*.

un cinéma de ces *eighties* va donner naissance à des héros populistes et hypervirils (Rambo, Rocky, Conan, Terminator, l'inspecteur Harry), relançant le mythe du rêve américain en s'appuyant sur les valeurs du passé. Trahis par les institutions et par les élites corrompues, lesdits héros apparaissent comme les symboles de la puissance retrouvée, aptes à remoraliser et à régénérer les États-Unis. Dans ce contexte, nombre de films font apparaître le libéralisme sexuel comme synonyme de déviances et de perversions (*Basic Instinct*, *Neuf semaines 1/2*, *La Fièvre au corps*), de violence et de mort, de dégradation morale mettant en péril l'institution familiale (*Liaison fatale*). La morale puritaine, nullement caduque, est ainsi brandie en rempart contre les dépravations et les dérives liées à la sexualité débridée[1].

D'aucuns en concluent à la montée d'un cinéma américain conservateur non seulement nostalgique, mais à propension réactionnaire. Le Hollywood de Spielberg et de Lucas, mettant en avant des héros forts, conquérants, respectueux d'un ordre moral et social, en phase avec une Amérique reaganienne, semble avoir ouvert une voie que reprend avec vigueur la nouvelle droite des années Bush. Le modèle patriarcal fonctionne en effet pleinement dans bien des films produits par Hollywood. Depuis plus de vingt ans, un acteur comme Harrison Ford l'incarne de façon souvent emblématique. Dans *Jeux de guerre* hier (*Patriot Games*, comme le dit plus symboliquement le titre original), dans *Firewall* aujourd'hui, dans de nombreux films de série, il apparaît comme le garant sécuritaire d'un ordre politique et moral, sauvant sa patrie et sa famille d'un même élan, et ramenant l'ordre contre toute tentative d'intrusion ou de corruption. Il arrive même que ce

1. Sur tous ces points, voir Frédéric Gimello-Mesplomb (dir.), *Le Cinéma des années Reagan*, Paris, Nouveau Monde Éditions, 2007.

modèle patriotique et familial se double d'une réaffirmation appuyée des valeurs religieuses : la façon dont Mel Gibson aborde *La Passion du Christ* n'est à cet égard guère éloignée du néofondamentalisme le plus rigoriste.

Qu'en est-il de ce reproche fait au cinéma hollywoodien qui met souvent dans le même sac conservateur, à travers l'exaltation de la force et de l'autorité, des cinéastes aussi différents qu'un Clint Eastwood ou qu'un Joel Schumacher ? Faut-il y reconnaître une prise de position politique uniforme, voire la manifestation d'un cinéma « postmoderne » stigmatisé comme anti-moderne[1] en raison de la nostalgie de l'autorité, des « vraies » valeurs perdues, de l'ordre religieux, familialiste et patriarcal que véhiculent ces films ? Cette tendance existe : selon Susan Aronstein[2], la trilogie d'*Indiana Jones* coïncide avec le désir de restauration du héros blanc et mâle ainsi que des valeurs traditionalistes. Pour d'autres, *Rencontres du troisième type* pourrait illustrer les valeurs de l'Amérique puritaine. Ce qui semble sous-tendre un certain nombre de films, c'est en effet l'idéologie du *Law and Order*[3], jointe à l'idée que la démocratie est en péril du fait d'un libéralisme culturel échevelé. Cela étant, des positions politiques et culturelles très différentes s'affirment selon les cinéastes et les œuvres. Les féministes peuvent bien, à travers des films comme *Liaison fatale*, *Baby Boom* ou *Working Girl*, dénoncer une réaction machiste[4], en réalité, c'est aujourd'hui l'image de la femme libre et indépendante qui domine de très loin

1. Sur le « postmoderne » comme « slogan » néoconservateur, voir Jürgen Habermas, « La modernité : un projet inachevé », *Critique*, n° 413, octobre 1981.

2. Susan Aronstein, « "Not Exactly a Knight" : Arturian Narrative and Recuperative Politics in the Indiana Jones Trilogy », *Cinema Journal*, n° 34, 1995.

3. *Law and Order* : c'est le titre d'un western de Nathan Juran (1953) dans lequel le rôle principal du shérif défenseur de la loi et de l'ordre est tenu par… Ronald Reagan.

4. Susan Faludi, *Backlash*, Paris, Des femmes, 1993, p. 143-170.

l'hypercinéma. Et, quant au sexe, le gel spermatique de *Mary à tout prix* et la tarte à utilisation masturbatoire d'*American Pie* donnent la mesure d'un cinéma qui, tournant le dos au puritanisme jusque dans ses comédies familiales, s'est largement désinhibé.

On ne trouve, de fait, aucune idéologie monolithique qui commande le cinéma américain. C'était déjà le cas pendant les années Reagan, ce l'est plus encore de nos jours. Si les idéaux ultra-conservateurs trouvent des films et des héros pour les illustrer, il y a à l'inverse autant de films et autant de héros qui défendent une tout autre vision du monde. Lorsque, dans *Chute libre*, Joel Schumacher montre un cadre moyen, soudain mis au chômage, qui « pète les plombs » et se met à tirer sur tout ce qui bouge, notamment sur les Coréens, Latinos et autres Chicanos, il apparaît vite que la violence qui se déploie ici exprime la vision réactionnaire d'une Amérique qui se sent menacée. De même, quand Michael Bay revisite *Pearl Harbor* et qu'il ajoute à l'attaque des Japonais un épisode purement fictionnel où le héros, impuissant devant l'attaque japonaise, devient aussitôt après le héros triomphant d'une mission qui venge l'honneur malgré la défaite subie, on voit bien que le film de guerre en vient à réécrire l'Histoire pour laver un souvenir cuisant, exalter l'orgueil national et redorer les étoiles ternies de la bannière. Rien à voir avec Clint Eastwood : celui-ci, dans *Mémoires de nos pères*, regardant la bataille d'Iwo Jima du côté américain, fustige la façon dont la bannière étoilée dressée sur l'île par les soldats du front est ensuite bradée à l'arrière dans des kermesses à grand spectacle visant à recueillir des fonds de soutien. L'héroïsme et le sentiment patriotique se perdent dans ce carnaval : c'est du coup au nom même de l'idéal démocratique, et en mémoire des pères qui sont morts courageusement, qu'il convient de montrer les faux plis du drapeau. Preuve que cette exaltation de la bannière étoilée n'a rien d'un nationalisme belliqueux et réactionnaire, un second volet du diptyque, *Lettres d'Iwo Jima*, vient montrer la bataille du côté japonais, pour dire que l'héroïsme n'est pas l'exclusivité d'un camp et que, de part et d'autre, la guerre se fait avec des hommes, avec du sang et des larmes. Le bien ou le mal ne se trouvent pas d'un seul côté. La façon acide, l'humour noir et le regard cynique avec lesquels David O. Russell montre, dans *Les Rois du désert*, les soldats combattant en Irak lors de la guerre du Golfe portent sur leur héroïsme et sur l'intervention américaine elle-même un regard plus que soupçonneux.

L'impérialisme américain de l'extérieur

Tout autre est évidemment la vision de la démocratie américaine de l'extérieur, et notamment depuis les pays qui, longtemps soumis à son impérialisme, en rejettent, quant à eux, explicitement le modèle. Le cas de l'Amérique latine est, sur ce plan, révélateur. Démocraties encore fragiles, faisant tout juste l'expérience des libertés, les pays qui s'étendent du Mexique au Chili reconstruisent leur cinéma en même temps qu'ils construisent leur démocratie. Certains, de vieille tradition cinématographique comme le Mexique, l'Argentine ou le Brésil, ont connu, après les vagues nouvelles des années 1960, un fort ralentissement d'activité de leur cinéma, dû tout autant à la concurrence d'une télévision qui devient la principale pourvoyeuse des divertissements populaires qu'à la présence de dictatures militaires et de régimes puissants, largement soutenus par les États-Unis et muselant progressivement la vie intellectuelle et artistique. La disparition des régimes autoritaires, l'implantation de la démocratie, la vague progressiste qui amène un peu partout au pouvoir des leaders issus des luttes sociales ou révolutionnaires :

autant d'éléments qui raniment aujourd'hui la création artistique et qui favorisent l'apparition d'une nouvelle génération de cinéastes, pleinement en phase avec les préoccupations nouvelles de leur pays.

Que dit ce cinéma ? Il enregistre, évidemment, la dureté économique, facteur principal d'une décomposition sociale dont les favelas de *La Cité de Dieu* donnent, dans le film du Brésilien Fernando Meirelles, une vision violente. La misère engendre le crime, la prostitution, la drogue, tels qu'ils apparaissent dans la Medellín livrée aux cartels que montrent Barbet Schroeder et son scénariste colombien, le romancier Fernando Vallejo, dans *La Vierge des tueurs.* Cette mise à nu de la grande pauvreté s'accompagne toutefois également d'une volonté de la comprendre et d'en rechercher les causes. La crise économique qui frappe l'Argentine en 2001 est minutieusement analysée par l'Argentin Fernando Solanas, qui, dans *Mémoire d'un saccage*, en désigne les responsables : une classe dirigeante corrompue, mais aussi les grands holdings américains et les organismes financiers internationaux.

Une déliquescence, née de la corruption d'une bourgeoisie décadente, traduit la pourriture d'un système social, familial, culturel, que montre l'Argentine Lucrecia Martel dans *La Ciénaga.* Le modèle du marché, que fournit le tout-puissant voisin nord-américain, ne fait que renforcer la ruine des pays pauvres et les fractures sociales. La ville nouvelle, telle que la présente le Mexicain Alejandro González Iñárritu dans *Amours chiennes*, fait se côtoyer – et se heurter dans le choc symbolique d'un accident de voiture – les déshérités des quartiers pauvres et les riches des quartiers chics, profiteurs d'un monde tapageur de luxe et de clinquant.

Richesse évidemment fascinante. Mais, pour des milliers d'émigrants attirés par le mirage américain, la frontière est souvent un piège qui se referme, et le même González

Inárritu, pour son premier film hollywoodien, *Babel*, le montre bien, en embarquant deux de ces migrants mexicains dans un engrenage infernal qui les conduit à leur perte. Les États-Unis sont l'horizon même du continent latino, mais un horizon que les cinéastes dénoncent comme un leurre.

D'autant que les cinéastes de la nouvelle génération, celle dont l'enfance a connu les dictatures militaires, revisitent le passé de leur pays, et qu'ils y voient des régimes qui, soutenus en sous-main par la CIA, ont pratiqué la violence, les enlèvements, la torture. Le souvenir de ces décennies douloureuses est souvent vu par des yeux d'enfants, symbole d'une innocence opprimée, comme ceux du petit héros de *Kamchatka*, de l'Argentin Marcelo Pineyro, que ses parents entraînent dans leur fuite lorsque le coup d'État de 1976 amène les militaires au pouvoir. Fuite inutile, au demeurant, car l'étau va inexorablement les broyer. Ce n'est pas un hasard si le Chilien Andrés Wood évoque la chute d'Allende en 1973 et l'arrivée de Pinochet à travers un regard d'enfant, dans un film, *Mon ami Machuca*, qui reprend ostensiblement le canevas du film de Louis Malle, *Au revoir les enfants*, assimilant ainsi de façon implicite le régime de Pinochet à l'occupation nazie. Un poids de nostalgie révolutionnaire se fait du coup sentir lorsque l'Argentin Walter Salles raconte, dans ses *Carnets de voyage*, l'odyssée, en 1952, du jeune Ernesto Guevara, pas encore devenu le Che, qui découvre sa voie en traversant le continent sud-américain, des pampas argentines aux hauteurs enneigées des Andes et aux rives de l'Amazone : devant la brutalité d'un système politique et économique maintenant le peuple dans la misère au profit des gros propriétaires terriens et des grandes compagnies, le jeune révolutionnaire décide de tout abandonner pour rendre aux pauvres ce qui leur est dû.

Droits de l'homme et balkanisation du monde

Si le contexte historique du film de Walter Salles est celui des années 1950 et de la foi dans la lutte des classes, l'intérêt porté aux gens du peuple renvoie désormais à un autre système légitimant, qui a remplacé depuis les méga-idéologies eschatologiques et qui se présente comme l'évangile des temps hypermodernes : les droits de l'homme. La nouvelle donne politico-idéologique de notre époque n'est autre en effet que le nouveau statut des droits de l'homme dans des sociétés réconciliées, depuis peu, avec leurs principes fondateurs. C'est ainsi que nous vivons au moment où les droits de l'homme apparaissent comme le référentiel ou le foyer de sens suprême, le principe organisateur de la conscience et des combats hypermodernes, la norme régulatrice de l'action étatique. C'est au nom de l'individu, et non plus du prolétariat ou de la marche triomphale de l'Histoire, que sont lancées les flèches contre l'« horreur économique ».

Le cinéma enregistre et traduit frontalement ce remaniement idéologique profond dans des films qui dénoncent la torture (*Le Violon* du Mexicain Francisco Vargas), la soumission des femmes (*La Saison des hommes* de la Tunisienne Moufida Tlatli), les traumatismes infligés aux enfants (*La Pomme* de l'Iranienne Samira Makhmalbaf), la traite infamante et sauvage des femmes (*Terre promise* de l'Israélien Amos Gitaï), la misère des enfants des rues livrés à la violence et à la prostitution (*Salaam Bombay*, de l'Indienne Mira Nair, *Ali Zaoua, prince de la rue*, du Marocain Nabil Ayouch). Les multiples violations du principe de respect dû à l'individu fournissent au cinéma contemporain une thématique inépuisable.

C'est pourquoi, dans ce contexte, la justice s'impose comme un nouvel acteur central de la vie publique. Alors même que l'époque est marquée par l'effacement des idéologies héroïques, la justice apparaît comme l'instance par excellence capable de garantir, face au politique « faible » et à la surpuissance de l'argent, le bien commun, le primat de la loi, les principes généraux de la vie en société. Parallèlement à la dynamique d'individualisation s'affirme une demande de société, une exigence de réaffirmation des fondements mêmes de la vie en commun que la justice peut incarner[1]. La multiplication des films de prétoire, les thrillers judiciaires façon *Le Droit de tuer ?*, l'intérêt porté aux grandes causes à défendre – le Noir injustement accusé par un système raciste (*Au nom de la liberté*), la jeune femme attaquant une puissante société qui distribue de l'eau contaminée (*Erin Brockovich*) – et même aux moindres causes privées – le père dépossédé de la garde de ses enfants (*Evelyn*), voire les locataires mis en demeure de quitter les lieux (*Le Grand Appartement*) : nombre et nombre de films disent ce besoin accru de justice.

Sacre des droits de l'homme, qui n'empêche nullement, on l'a vu, une réactivation des « racines » ainsi que des affirmations ethno-religieuses génératrices de nouvelles formes de racisme et de xénophobie, de séparatismes identitaires, de multiples fragmentations conflictuelles. Comme dans le Los Angeles de *Collision* – titre explicite – où se rencontrent et se heurtent Chinois, Latinos, Noirs, Blancs, serrurier mexicain et épicier iranien. Autant d'oppositions irréductibles, alimentées par les ravages du racisme et les oppositions entre communautés : Noirs de Brooklyn contre Italiens dans *Do the Right Thing*, Indiens contre Sikhs dans *Khamosh Pani*, Pakistanais émigrés contre Écossais natifs dans *Just a Kiss*, Israéliens juifs contre Palestiniens musulmans, et ce, comme le montre *Kedma*, depuis la naissance

1. Lucien Karpik, « L'avancée politique de la justice », *Le Débat*, n° 97, 1997.

même de l'État d'Israël. Les démocraties réconciliées avec leurs principes fondateurs humanistes ne sont pas devenues miraculeusement des sociétés pacifiées : les voici livrées à de nouvelles divisions, déchirées par de nouveaux conflits ethno-identitaires plus ou moins émiettés. Avec la dépolitisation hypermoderne se développent des démocraties éclatées en proie aux conflits identitaires.

À l'échelle internationale, c'est à un tout autre degré que se déchaînent les affrontements ethniques ou ethnonationalistes. Le triomphe de la globalisation néolibérale, le recul de l'État et la disparition de l'empire communiste ont entraîné la multiplication des déchirements nationaux, l'essor des fanatismes identitaires, religieux et terroristes, de nouveaux génocides et de nouvelles guerres civiles, des tribalismes totalitaires violant en grand et en masse les principes des droits de l'homme. La rétraction sur les identités ethnoreligieuses a ouvert la voie à la balkanisation des conflits, à une multitude de fragmentations convulsives. Aux promesses de démocraties heureuses nourries par l'éclatement de l'URSS ont fait suite l'anarchie sanglante des identités nationales, les guerres de redéfinition des frontières, les « nettoyages ethniques », une mêlée confuse et meurtrière où s'entretuent, sur les ruines de l'ancienne Yougoslavie, Serbes, Bosniaques, Croates. Un côté patchwork, agité et baroque, un monde à la Kusturica, amours et haines mêlées, passions et pulsions confondues, l'*Underground* d'un bordel ambiant, où *La vie est un miracle*. Avec, adjacente, la montée du fondamentalisme religieux : le jeune Bangladi, héros de *L'Oiseau d'argile*, aime la vie, les rires, les jeux et la beauté ; puis, tombant sous la coupe d'un enseignement extrémiste, il apprend un islam intégriste, où l'intolérance est érigée en principe et le jihad en perspective unique. Il devient dès lors l'un de ces intraitables gardiens de l'ordre religieux prêts à tout sacrifier pour leur foi. Y compris leur vie, comme les deux kamikazes de *Paradise Now*, candidats à un attentat suicide, dont le réalisateur Hany Abu-Assad, d'origine palestinienne et de nationalité israélienne, essaie de comprendre les motivations, ainsi que la mécanique qui les amène au terrorisme et au sacrifice.

C'est dans ce contexte chaotique qu'est organisé depuis 2003 à Genève le festival international du film sur les droits humains. Le phénomène illustre la consécration du prisme des droits de l'homme s'appliquant à des questions extrêmement diverses. Le programme de 2007 en fournit la preuve, qui évoque aussi bien la violence contre les femmes prostituées au Cambodge (*Le papier ne peut pas envelopper la braise*, de Rithy Panh) ou la liberté menacée en Tchéchénie (*Itchkeri Kenti*, de Florent Marcie) que la fragilité de la démocratie américaine (*When the Levees Broke*, de Spike Lee, sur La Nouvelle-Orléans détruite). Organisé en parallèle avec la réunion du Conseil de l'ONU chargé de ces questions, il se présente comme une sorte de réplique militante face à l'organisme officiel jugé trop timoré, institutionnalisant ainsi une démarche où se rejoignent l'humanisme, le politique et le cinéma.

CinéMoi

On le voit, le cinéma contemporain est celui qui investit largement les questions surgissant de l'hypermodernité mondialisée définie par le déchaînement technoscientifique, la surpuissance du marché, le sacre démocratique des droits de l'homme. Toutefois, cette radiographie n'est pas complète. Au vrai, aucun référentiel ne suscite autant de films que l'individu lui-même, l'individu dans ses rapports avec soi et avec les autres. Sans doute n'est-ce pas nouveau. Mais l'époque hypermoderne, sous-tendue par le choc de la « seconde révolution individualiste », l'a plus que jamais propulsé sur le devant de la scène.

L'individualisme est entré, en effet, dans une nouvelle phase de son aventure historique, son moment hypermoderne, caractérisé par quelques traits fondamentaux : le culte du corps, le culte psy ou relationnel, le culte hédoniste-consumériste, le culte de l'autonomie subjective accompagnant la disparition de la foi dans les grandes idéologies historicistes (Nation, Révolution, Progrès). Cette immense métamorphose s'accompagne de tout un ensemble de paradoxes. Le néo-individualisme signifie libération de la vie privée mais aussi fragilisation du Moi (anxiété, dépression, suicides…). Il coïncide avec la souveraineté triomphale du sujet, mais aussi avec la déstructuration anomique des liens sociaux et familiaux. Il est synonyme de massification, mais aussi de personnalisation des comportements, des apparences, du rapport au temps (la vie à la carte). Il brise la famille traditionnelle au nom de la libre disposition de soi, mais l'amour reste plus que jamais le fondement du couple. Et plus le bonheur s'impose comme un idéal inlassablement exalté, plus il semble nous échapper. Plus nous sommes soucieux de l'avenir planétaire et plus se déploient les passions consuméristes. Plus il y a de psys et moins on se comprend. Plus se déploient les aspirations hédonistiques et plus s'affirment les anxiétés sanitaires, esthétiques et existentielles. Autant de thématiques et de tensions paradoxales qu'explore inlassablement et à sa manière l'hypercinéma.

L'empire des sens

Depuis un demi-siècle, la question du plaisir et de la jouissance des sens n'a pas cessé de s'exprimer sur les écrans du cinéma. Le film d'Oshima, *L'Empire des sens*, dont le retentissement en Occident coïncidait avec l'appétit de jouissance né des années post-68, était prémonitoire d'un hédonisme qui, depuis, s'est déployé non seulement sous la forme plus ou moins hard du sexe libéré, lié de façon très sensuelle dans *Le Parfum* à une exaltation de l'univers olfactif, mais aussi sous le signe d'un sensualisme bien tempéré, appliqué aux petits plaisirs de la vie. Le jeune réalisateur canadien Jeremy Podeswa, dans une note d'intention relative à son film *Les Cinq Sens*, donne la mesure de la nouvelle importance accordée à la vie des sens : les hommes, dit-il, « sont contraints de redécouvrir leur humanité en acceptant la vérité des sens ».

À *La Grande Bouffe* symboliquement mortifère qui, dans le film de Ferreri, stigmatisait une société creusant sa tombe avec ses dents de consommation frénétique, ont succédé les plaisirs moins frénétiques, mais plus facilement appréciables, de la cuisine naturelle du *Bonheur est dans le pré*, des raffinements gastronomiques d'*Une affaire de goût*, des plaisirs très sensuels de *Crustacés et coquillages*, des bons vins de *Sideways* – comme autant de réponses à la mal bouffe de *Super Size me*. Ironie de l'hypercinéma : l'époque de l'image-excès n'exalte plus guère l'excès des plaisirs[1]. On n'est plus dans l'extase de la transgression : ce qui gagne, c'est l'esthétisation de la consommation individuelle et des petits plaisirs du quotidien. Et même lorsque, dans *Le Festin de Babette*, le plaisir des mets succulents et des grands vins a la vertu d'harmoniser la chair et l'esprit et les êtres entre eux, ce n'est pas un hédonisme dionysiaque qui s'exprime, mais un hymne aux jouissances de qualité, savourées dans la paix et la dégustation de l'instant fragile réconcilié avec lui-même.

Mais lorsque tel de ces plaisirs se trouve rattrapé et condamné par d'autres exigences érigées en valeurs, comme celle de la santé, l'affaire est suffisamment

1. Gilles Lipovetsky, *Le Bonheur paradoxal*, *op. cit.*, p. 188-236.

d'importance pour que le cinéma s'en fasse aussitôt l'écho. Le cholestérol, la mauvaise graisse, la sédentarité, l'obésité, le tabac, la drogue deviennent sujets de films : *Le Journal de Bridget Jones* comme *Thank you for Smoking* disent les nouveaux interdits et les conflits qui naissent non plus entre morale et sensualisme, mais entre principe de santé et principe de plaisir, exigences esthétiques et attentes sensitives au quotidien.

Même tension à propos des voyages et du tourisme comme emblèmes du bonheur. L'affiche lumineuse vantant l'exotisme édénique d'une île répondant au doux nom de Paradis et qui, au dernier plan du film, était l'ultime vision d'Al Pacino, le héros foudroyé de *L'Impasse*, brille maintenant dans les voyages pour tous. Clubs de vacances où les *resorts* de luxe des *Bronzés 3* ont remplacé les bungalows du Club Med des années 1970 ; randos et aventures entre potes des *Randonneurs* ; voyages de groupe où, comme dans *Restons groupés*, on traverse l'Ouest américain en minibus ; exotisme des îles lointaines, où l'on va chercher *Toute la beauté du monde* – la liste est longue des destinations où l'on s'embarque aujourd'hui pour Cythère. Mais, en même temps, à nouveau tourisme, nouveaux risques : on n'est jamais à l'abri dans son village de vacances d'une guerre éclatant à l'improviste, comme dans *Casque bleu*, ou du surgissement d'une autre réalité sociale, celle par exemple de l'émigration – ainsi ce bateau chargé de tous les réfugiés du quart monde qui croise en Méditerranée la route du yacht de luxe des nantis en croisière dans *Une fois que tu es né*. Voilà la thématique de l'insécurité qui s'immisce jusque dans la problématique des plaisirs, comme s'il devenait impossible d'en jouir dans la paix sereine du *carpe diem*[1], certes toujours promis, mais toujours menacé par l'ordre chaotique du monde.

1. Sur le recul du *carpe diem*, Gilles Lipovetsky, *Le Bonheur paradoxal*, *op. cit.*, p. 216-220.

Bonheur de voyager et de goûter des sensations nouvelles, mais aussi plaisir de se voir et de se montrer. Corps de liane, grain de la peau, beauté des formes, fièvre du look : jamais le cinéma n'a autant investi dans la sensualité, cultivé l'érotisme, souligné l'importance croissante prise par l'image du corps. Dans le débat entre ce qui est bon pour la ligne et ce qui l'est pour la santé, la ligne de crête passe par le souci accordé à son corps, par la préoccupation obsessive de l'apparence, par les soins esthétiques que dispensent tous les *Vénus Beauté (Institut)*, garanties de forme physique, de look et de beauté. Le sport, érigé en religion de soi, engendre tous les *Marathon Man* courant leur vie à perdre haleine et tous les *Brice de Nice* surfant sur la vague du *fun*. La mode et le luxe sont l'horizon désormais ouvert à tous ceux que *Prêt-à-porter* ou *Place Vendôme* ont fait pénétrer dans les coulisses d'un monde sophistiqué. Et pas seulement du côté féminin : le corps des hommes, lui aussi et de plus en plus, apparaît dans l'ordre de l'esthétisation de soi : torses musclés, tatouages virils, piercings corsaires et chevelures sauvages à la *Mad Max* ou à la *Pirates des Caraïbes*. À coup sûr, à travers le culte de l'apparence sont exprimés les plaisirs narcissiques de l'embellissement de soi, mais aussi, et de plus en plus, l'oppression grandissante des contraintes et la servitude vis-à-vis des marques omniprésentes : *Le diable s'habille en Prada*… Même les plaisirs de la mode s'affichent de manière moins légère, moins ludique, plus réflexive.

Femmes et hommes au bord de la crise de soi

Si la culture hypermoderne stimule sans trêve les plaisirs divers et renouvelés de la consommation, elle place plus encore sur un piédestal les valeurs du bonheur privé et de l'harmonie intime. C'est dans ce contexte que les problèmes ne font que se démultiplier. Alors même qu'il investit dans le bonheur, dans l'amour, dans le rapport à l'autre, l'homme d'aujourd'hui n'en finit pas d'être en proie aux drames sentimentaux, aux désunions, aux déchirements de toute sorte. Les familles, avant de se recomposer, se décomposent : disputes, ruptures, divorces, menue monnaie d'une vie de couple qui ne résiste plus aux usures du temps, et qui le vit mal. Sont ainsi exposées les difficultés de la séparation et la difficulté de refonder sur une autre liaison une nouvelle famille, comme s'y efforcent les deux partenaires divorcés amenant avec eux dans la corbeille conjugale *Les Enfants* de leur premier mariage. Volontiers intimiste, le cinéma français fait de ces affaires de cœur nouveau style son fonds de roulement.

Mais les problèmes sont partout : femmes battues des sociétés machistes, comme dans l'Espagne de *Ne dis rien*, isolement de célibataires ne trouvant plus de femme sur place et allant les chercher dans les pays de l'Est, comme s'y essaie le fermier de *Je vous trouve très beau*, et, bien sûr, engrenage dépressif, propension au suicide, comme le montre sur le mode léger, sur fond menaçant de sida, les personnages confrontés à la solitude, aux peines de cœur, aux angoisses du temps de *J'ai horreur de l'amour*. D'où la tentation d'aller voir du côté des sectes ou de s'en remettre à un gourou, comme le font les personnages de *Fallait pas !...* ou de *Mister G.* C'est de plus en plus l'individu déboussolé, insécurisé, fragilisé que met en scène l'hypercinéma. Fin des certitudes intériorisées : cela fait reculer les grands fanatismes collectifs, mais peut entraîner des comportements individuels extrêmes ; cela peut contribuer à l'usage individuel de la raison, mais est peu propice à l'accord heureux avec soi-même.

Crise de soi et retour sur un soi problématique à ce point banalisés qu'ils en deviennent des thématiques du rire. À travers la mise en scène des référentiels et des dispositifs psy, Woody Allen a illustré exemplairement ce courant, faisant du Moi introspectif et mal dans sa peau un nouvel objet humoristique. Il ne s'agit plus de comique burlesque ni de comique de situation mais d'un rire sur soi névrosé, doutant de son soi fragile, narcissique, psychanalysé à perpétuité.

Le tout sur fond de vie stressée, d'« embourgeoisement » qui guette, de temps qu'on ne voit pas passer et qui donne envie de se retirer du monde, de se payer une vie en escapade buissonnière, comme le héros du *Pressentiment* qui largue les amarres avec son milieu social de riche bourgeois pour aller vivre anonymement dans un quartier populaire où il peut être tout à soi-même. Tout se passe comme si plus on avait de biens à consommer et de possibilités de s'inventer, plus on était déçu, plus on s'ennuyait, plus on cherchait autre chose de plus authentique[1]. Le thème de l'échec – qu'ai-je fait de ma vie ? – resurgit comme un leitmotiv, dans la *mid-life crisis* de *Kennedy et moi*, comme dans le sentiment d'incertitude d'une jeunesse pas vraiment bien dans les baskets du temps, celle qu'évoquent des films aux titres cruellement ironiques, *La Vie rêvée des anges*, *Nos vies heureuses*. Avec, en prime, les nouveaux maux du siècle : l'infarctus qui foudroyait les affairés des années 1970, les *Vincent, François, Paul et les autres*, guette toujours les pères stressés de l'ère familiale recomposée, comme dans *Il a suffi que Maman s'en aille* ; le cancer dont la menace pesait déjà sur *Cléo de 5 à 7* est toujours et plus que jamais là, changeant la perspective même des choses et amenant l'héroïne de *Ma meilleure ennemie* à s'occuper des enfants de l'ex-femme de son compagnon, condamnée par la maladie. La vieillesse voit se profiler l'ombre menaçante du sinistre

1. Sur le sujet, Gilles Lipovetsky, *La Société de déception*, Paris, Textuel, 2006.

Alzheimer, qui peut même, terriblement précoce, frapper des êtres jeunes, comme l'héroïne de *Se souvenir des belles choses*. Et le sida des *Nuits fauves* s'est installé, emportant l'amoureux de *Jeanne et le garçon formidable* et le jeune homo des *Témoins*, dans lequel Téchiné, vingt ans après, revient, comme pour un travail de deuil, sur le surgissement de la maladie au début des années 1980. La mort, la mort, toujours recommencée, dont l'omniprésence est d'autant plus forte qu'elle apparaît comme scandaleuse dans une société surmédicalisée, ne disposant plus de système de sens pour accepter et affronter l'ultime disparition.

Deux grands paradoxes accompagnent ainsi le cinéma hypermoderne. Plus s'exacerbent les sollicitations hédonistiques, moins les films expriment la joie de vivre insouciante et optimiste, celle qui animait jadis les rythmes de Ray Ventura et de Charles Trenet, de *Nous irons à Paris* et de *La Route enchantée*. L'image-excès n'est pas celle de l'explosion du bonheur, lequel est en fait cherché dans le pré rassurant du rétro, du retour aux valeurs de la terre et du confit d'oie, ou dans la simplicité de l'innocence que traduit *Le Fabuleux Destin d'Amélie Poulain*. Avec l'individualisation extrême du monde s'accentuent la distance vis-à-vis de soi ainsi qu'une quête de bonheur inquiète de ne pas parvenir à ses fins. Certes, les *happy ends*, propres à rassurer, font toujours partie du décor, mais, lorsqu'elles interviennent sans nuance, telle une exigence du genre, elles sont désormais ressenties comme des clichés, codifiés et peu crédibles. C'est pourquoi les fins qui n'en sont pas, les absences de dénouement, les pointillés, les incertitudes de destin se multiplient. *J'attends quelqu'un*, dit en 2007 le titre d'un joli petit film sur la vie simple des gens simples, qui attendent tous quelque chose dans leur vie un peu grise, et les histoires croisées qu'il raconte laissent pour finir cette attente en suspens… Au demeurant, la traditionnelle mention disant que c'était fini et que les lumières allaient se rallumer – « Fin », « The End » – a pratiquement disparu.

Le second paradoxe à souligner n'est pas moins significatif. On l'a vu, ce cinéma enregistre plus que jamais ce qui constitue le présent social avec ses tendances et ses modes, ses ambivalences, ses conflits. C'est pourquoi les personnages filmés sont de plus en plus ancrés sociologiquement. Mais, en même temps, jamais l'existence individuelle, avec tout ce qu'elle comporte de doutes, d'aléas, de déraillements, n'a été autant mise en scène : *J'ai horreur de l'amour*, *Je t'aime quand même*, *Je n'en ferai pas un drame*, *J'ai faim*, *Je vais craquer*, *Je veux tout*, *Je déteste les enfants des autres* : les titres mêmes n'en finissent pas de dérouler la litanie problématique du je. Au cours des phases précédentes, c'était un questionnement politique, voire philosophique, qui conduisait à la réalisation de films sociaux. Nous assistons à l'essor d'un modèle inverse : c'est parce qu'il est de plus en plus attentif au présent social que le cinéma soulève les questions les plus fondamentales de l'existence. D'un certain « sociologisme spontané » est né un cinéma tendanciellement philosophique, même s'il peut, non sans raison, récuser cette dénomination. Qu'est ce que vivre et vieillir ? Qu'est-ce qu'être jeune ? Peut-on communiquer ? Qu'est-ce que je désire ? Pourquoi ne suis-je pas heureux ? Par où CinéMoi et Cinépolis forment système. Art de divertissement, l'hypercinéma n'en est pas moins porteur d'une réflexivité accrue sur lui-même, sur le monde, sur l'individu.

Troisième partie

TOUS LES ÉCRANS DU MONDE

Chapitre VIII

Du grand au petit écran

Le fabuleux destin du petit écran

Au cours de la deuxième moitié du XXe siècle s'est ouvert un nouveau chapitre de l'histoire des images, de l'écran et, partant, du cinéma. La télévision est le premier grand vecteur de cette transformation de fond.

La technique de la télévision est mise au point entre 1925 et 1930, mais ce n'est qu'après les années 1950 qu'elle s'impose comme un bien domestique et un phénomène social de masse. Sa progression est foudroyante : le parc français passe de 24 000 postes en 1953 à 3,5 millions en 1963 et à 14 millions en 1974. Dès 1978, plus de neuf foyers sur dix possèdent un récepteur, très vite considéré comme un équipement de base du confort moderne. Cette démocratisation s'est poursuivie avec le pluri-équipement des ménages et, dorénavant, avec l'arrivée des programmes télévisés sur tous les écrans : téléviseurs traditionnels, nouveaux écrans plats, ordinateurs personnels, téléphones mobiles et même consoles de jeux. Le temps du bon vieux téléviseur familial est en fin de course : avec le numérique et l'ADSL, la télévision va de plus en plus envahir tous les écrans, petits et grands.

En même temps, la généralisation sociale de l'écran télé s'est doublée d'un allongement de la durée d'écoute : en 1984, un téléspectateur regardait la télévision en moyenne, chaque jour, 2 heures 20 ; vingt ans plus tard, cette durée s'élevait à 3 heures 24[1]. C'est à présent la télévision qui occupe, et de loin, la majeure partie du temps de loisir. Un loisir de plus en plus absorbé par la consommation de spectacles sur écran cathodique : la fiction est le genre préféré des téléspectateurs, avec 239 heures d'écoute en 2004, à quoi s'ajoutent plus de 80 heures consacrées à regarder les films de cinéma.

Écran de télévision qui opère une rupture profonde avec le cinéma pour autant que la réception des images s'effectue à domicile. Alors que le cinéma s'est construit à partir d'un lieu collectif et public (la salle obscure), la télévision offre un spectacle d'images chez soi. Elle apparaît comme un « cinéma à domicile ». Le loisir fourni par l'écran est devenu massivement privé. D'abord familiale, l'écoute télé s'est engagée de plus en plus dans la voie de l'individualisation, rendue possible par la multiplication des chaînes, par les supports tels que la cassette ou le DVD et, aujourd'hui, la VOD.

Cette privatisation de l'écran ne va pas sans une expérience très particulière du rapport aux images. Ici encore, l'écart avec le cinéma est immense. Du fait de la projection dans une salle obscure, l'écran du cinéma a le pouvoir d'arracher le spectateur à la banalité des jours : en accaparant toute l'attention du public, il opère une coupure nette entre le spectacle et le réel. Il n'en va pas ainsi avec le petit écran, lequel se regarde chez soi, dans la lumière et la

1. Les Français vont ainsi regarder près de 100 000 heures de programmes audiovisuels au cours de leur existence, soit l'équivalent de onze ans devant le petit écran.

familiarité du décor quotidien[1]. Alors que le cinéma suscite le silence, la télévision donne lieu à des propos, à des conversations, à toute une série de remarques et d'échanges. Ne faisant pas contraste avec ce qui l'entoure, la télévision ne permet pas à l'*Homo telespectator* de « décrocher », d'être transporté dans un autre monde. L'écoute est fréquemment distraite, flottante, plus ou moins indifférente. En lieu et place de l'envoûtement exercé par l'image-cinéma se déploient le zapping et le « demi-dépaysement[2] » caractéristique de l'expérience télévisuelle. Radicalisant cette opposition et la chargeant d'un jugement à la fois moral et esthétique, Jean-Luc Godard, dans une intervention célèbre à la cérémonie – télévisée – des Césars a trouvé une image-choc pour la définir : face au grand écran, le spectateur lève les yeux ; devant la télévision, il les baisse…

D'autre part, alors que le monde reproduit par le cinéma ne l'est qu'en différé, les images télé fonctionnent en temps réel, en direct. En juin 1954 est réalisée la première transmission en Eurovision et, en 1962, le satellite Telstar transmet la première image en mondiovision. Sept ans plus tard, 600 millions de personnes assistent en direct aux premiers pas sur la lune de l'équipe d'*Apollo XI*. Avec la transmission électrique des images à distance, le monde extérieur et lointain est perçu immédiatement et en même temps par des millions de personnes. Immédiateté, ubiquité, simultanéité : le petit écran a mis les hommes et les femmes au contact du grand monde devenu sans frontières et, selon l'expression fameuse de McLuhan, « village global ».

1. La télévision est à ce point intégrée à la vie quotidienne qu'un Français sur deux l'allume au moins de temps en temps en rentrant chez lui sans connaître le programme. Voir Olivier Donnat, *Les Pratiques culturelles des Français*, Paris, La Documentation française, 1998, p. 121.

2. Jean Cazeneuve, *L'Homme téléspectateur*, Paris, Denoël, « Médiations », 1974, p. 105.

La télévision n'a pas seulement fait sauter le dispositif spatial public du cinéma, elle est aussi le média qui s'est émancipé des contraintes temporelles du spectacle « classique ». La durée d'une séance au cinéma est limitée ; les programmes télé, eux, déversent un flot croissant et quasi permanent d'images – un « robinet à images ». Cette dynamique n'a cessé de s'amplifier. La multiplication de chaînes et l'accroissement du temps d'antenne de chacune d'entre elles ont augmenté massivement l'offre de programmes de stock et de flux. En 1974, la télévision offrait 7 400 heures de programmes, mais déjà près de 11 000 heures en 1983 et 35 000 heures en 1993. Depuis 1995, le volume horaire diffusé a été multiplié par quatre. En quelques décennies, à travers l'essor d'une logique de marché, on est passé d'une télévision de rareté à une télévision de profusion[1] et d'une télévision de l'offre à une télévision de la demande.

Afin de remplir ces horaires, la fiction est largement mobilisée. Elle est passée de 18,7 % du temps d'antenne en 1983 à 28,4 % en 1993. La diffusion des films à la télévision enregistre également une progression remarquable. Lorsque la télévision française ne connaissait qu'une seule chaîne, celle-ci diffusait environ une centaine de films par an. Avec l'arrivée de la deuxième chaîne, ce nombre passe à 350. Entre 1965 et 1995, le nombre de films diffusés par les chaînes hertziennes a été multiplié par 10, et par 15 si on y adjoint la programmation de Canal +. Depuis le milieu des années 1990, ces chaînes diffusent environ 1 500 films par an, auxquels s'ajoutent ceux fournis par le câble et le satellite[2]. Au total, ce sont quelque 5 000 films que les télé-

1. Laurent Creton, « Filière cinématographique, secteur télévisuel et industries de la communication : les enjeux de la convergence », in Laurent Creton (dir.), *Le Cinéma à l'épreuve du système télévisuel*, Paris, CNRS Éditions, 2002, p. 10. Voir également Jean-Louis Missika, *La Fin de la télévision*, *op. cit.*, p. 11.

2. Laurent Creton, « Filière cinématographique, secteur télévisuel et industries de la communication : les enjeux de la convergence », *op. cit.*, p. 11.

spectateurs peuvent voir chaque année. L'époque hypermoderne est contemporaine de l'explosion du nombre de films proposés au public non seulement en salles, mais aussi sur le petit écran[1].

GÉNÉRATIONS TÉLÉ

Lorsque le petit écran s'est imposé dans les foyers domestiques, il est très vite apparu comme un danger pesant sur la fréquentation du cinéma. Hollywood n'est pas resté inerte. Pour ramener le public dans les salles, les grands studios répliquent en lui proposant ce que le petit écran ne peut lui offrir : des écrans de plus en plus larges, des films de plus en plus colorés et spectaculaires. Cependant, ce n'est pas là l'incidence la plus importante de la télévision sur le cinéma. Plus fondamentalement, la télévision a formé de nouvelles générations de cinéastes, favorisé le développement d'une nouvelle esthétique et, plus récemment, mis en crise l'identité générique et symbolique du septième art[2].

Dès les années 1950, les grands studios ont investi dans la production de programmes télévisés : en 1955, Warner Bros produit une série « téléwestern » ayant pour titre *Cheyennes*. En Europe, l'attrait pour le nouveau média amène vers lui des cinéastes majeurs : Rossellini, Bergman,

1. Au milieu des années 1990, les chaînes hertziennes allemandes et espagnoles diffusaient respectivement 12 000 et 11 000 films par an (Joël Augros, « Cinéma et télévision : une perspective internationale », in Laurent Creton (dir.), *Le Cinéma à l'épreuve du système télévisuel*, *op. cit.*, p. 90.

2. Sur les interactions stylistiques et économiques entre cinéma et télévision, voir l'anthologie de textes parus dans les *Cahiers du cinéma* de 1951 à 2007 : Thierry Jousse (dir.), *Le Goût de la télévision*, INA/Les Cahiers du cinéma, 2007.

Fassbinder réalisent des dramatiques. Plus tard, aux États-Unis, Sydney Pollack, John Frankenheimer, Arthur Penn tournent des séries télévisées et Spielberg réalise *Duel* pour la télévision, avant que le film, projeté sur grand écran, n'y lance sa carrière. Au fil des années, la télévision devient même le refuge de cinéastes ne trouvant plus les budgets appropriés pour tourner les films qu'ils ambitionnent : ainsi Yves Boisset, qui abandonne pratiquement le cinéma pour poursuivre sa carrière à travers de grands films de télévision évoquant l'affaire Dreyfus ou l'affaire Seznec.

En même temps, la télévision a contribué à développer une nouvelle rhétorique des images. L'esthétique de la Nouvelle Vague s'en nourrit déjà et, même s'ils en dénoncent l'usage, les jeunes cinéastes d'alors sont marqués par le langage de la télévision, qui leur apporte le tournage en direct, la juxtaposition des images, le style saccadé et haché, le collage visuel pratiqué par un Jean-Christophe Averty. De nos jours, nombre de réalisateurs ne viennent au cinéma qu'après avoir commencé à la télévision. C'est même souvent la voie quasi institutionnelle pour faire ses preuves, avant de se voir confier des budgets de cinéma plus importants : Gabriele Muccino réalise 25 épisodes d'une série télévisée pour la RAI avant de réaliser *Ecco fatto*, son premier long-métrage ; Michael Mann, l'un des plus brillants cinéastes actuels d'Hollywood, débute à la télévision, où il crée, produit et tourne plusieurs séries à succès, avant de réaliser un premier téléfilm, *Comme un homme libre*, et de passer enfin, en 1981, à son premier film de cinéma, *Le Solitaire*. Le phénomène ne cesse de s'amplifier, l'expérience de la série ou du téléfilm se doublant de plus en plus de celle des vidéoclips et des spots publicitaires réalisés pour la diffusion télé, comme c'est le cas avec les jeunes réalisateurs des années

2000, Michel Gondry, Spike Jonze, Jan Kounen, Alejandro González Inárritu.

À coup sûr, les différences de budget, de casting et de temps de tournage séparent nettement le film de cinéma des fictions télévisées[1]. Néanmoins, l'on voit aujourd'hui se brouiller les anciennes définitions de territoire : des films produits pour le petit écran connaissent une distribution en salles et, inversement, des films tournés pour le cinéma se donnent d'abord à voir à la télévision – en 2006, Steven Soderbergh tourne *Bubble* en vidéo, en 18 jours, pour un budget réduit de 1,6 million de dollars, et choisit de sortir le film simultanément en salles, en DVD et en VOD. En 2007, pour la première fois en France, un réalisateur, Ra'up McGee, choisit pour son film, *Automne*, non la sortie en salles mais le téléchargement, gratuit pour les vingt premières minutes et payant pour le reste du film. Le phénomène est certes minoritaire ; il n'en existe pas moins. Tantôt certains films diffusés d'abord à la télévision le sont ensuite au cinéma (*L'Âge des possibles* de Pascale Ferran) ; d'autres sont d'emblée reclassés en œuvres cinématographiques (*Marius et Jeannette* de Robert Guédiguian). D'autres encore sont réalisés dans des versions diffé-

1. La durée habituelle de tournage est à la télévision de 21 jours pour une fiction de 90 minutes (contre 8 à 10 semaines pour un film équivalent de cinéma) et de 11 jours pour une fiction de 26 minutes. Une série de 90 minutes diffusée à 20 h 50 sur TF1 peut coûter 2,3 millions d'euros l'épisode, alors qu'elle coûtera 1,6 million d'euros sur France 3. Voir Benoît Danard, Rémy Le Champion, *Les Programmes audiovisuels*, Paris, La Découverte, 2005, p. 68. En 2005 le coût moyen horaire d'une fiction était de 740 000 euros (source : CNC, cité par Nadine Toussaint-Desmoulins, *L'Économie des médias*, Paris, PUF, 2006, p. 63). Aujourd'hui, certains films d'auteur ont des budgets inférieurs à celui des téléfilms : *Changement d'adresse* d'Emmanuel Mouret, qui a enregistré 150 000 entrées en salles, a été tourné avec 600 000 euros. Le coût moyen d'un long-métrage s'élevait, en 2002, à 4,4 millions d'euros en France, 2 millions en Italie, 9 millions en Grande-Bretagne. Si, cette même année, 14 films français ont coûté plus de 10 millions d'euros, 41 films ont coûté moins de 1 million (Observatoire européen de l'audiovisuel, 2002).

rentes : *Les Meilleures Intentions* – Palme d'or à Cannes en 1992 – du Danois Bille August est la version grand écran d'une série de télévision ; *Le Chêne et le Roseau* d'André Téchiné, d'abord tourné dans sa version de 57 minutes pour un cycle de télévision sur Arte, devient *Les Roseaux sauvages* en version de 110 minutes pour le cinéma ; Jacques Rivette a produit une version longue de *La Belle Noiseuse* pour le cinéma et une version courte pour la télévision. Et des ciné-téléfilms de Chantal Akerman, de Cédric Klapisch et de Laurent Cantet ont connu une carrière sur grand écran[1].

De surcroît, certains téléfilms de prestige sont réalisés avec des budgets et des mises en scène équivalents à ceux des longs-métrages : 40 millions d'euros ont été investis dans la production de *Napoléon*. Tourné simultanément en français et en anglais, recourant à des effets numériques, ce téléfilm met en scène 150 personnages et 20 000 figurants. Les plus grandes stars jouent désormais des rôles dans des œuvres réalisées pour le petit écran : Alain Delon dans *Fabio Montale*, Gérard Depardieu et Ornella Muti dans *Le Comte de Monte-Cristo*. Aux États-Unis, HBO se spécialise dans la production de films faisant appel à des réalisateurs et à des vedettes du cinéma, mais non destinés à une exploitation en salles et réservés uniquement au passage sur la chaîne payante puis à la diffusion par DVD. Autant d'aspects qui déstabilisent l'ancienne division entre film et téléfilm. Longtemps, les rapports entre les deux écrans ont été pensés selon un schéma hiérarchique opposant légitimité et illégitimité, haut et bas culturels. Le cinéma occupait le sommet et la télévision le bas : à l'un la création de l'art, à l'autre la banalité du commercial. En raison des coopérations et des croisements qui se font jour, cette hiérarchie s'est peu ou prou affaiblie.

1. Kristian Feigelson, « Le cinéma cathodique », in Laurent Creton (dir.), *Le Cinéma à l'épreuve du système télévisuel*, *op. cit.*, p. 139-140.

Tandis que nombre de films ressemblent à des téléfilms, Hollywood puise désormais de plus en plus dans des séries télé : *Mission impossible*, *X Files*, *Miami Vice* ; et le cinéma français emboîte le pas – *Belphégor*, *Les Chevaliers du Ciel*, *Les Brigades du Tigre*, *Jacquou le croquant*. L'engouement pour lesdites séries va d'ailleurs croissant, égalant, voire dépassant celui que suscitent les films, et amenant de plus en plus, comme pour ceux-ci, la vente en DVD. À l'heure du tout écran, les séries cultes, prenant la suite des anciens feuilletons, développent leur succession d'épisodes et se multiplient avec leurs fans et leur public mondial ; des sites leur sont consacrés sur le Net, avec les classements des plus grands *hits*. Et les films qui s'en emparent peuvent eux aussi – voir *Mission impossible* – engendrer leur propre série d'épisodes, sur grand écran cette fois-ci.

À l'évidence, les anciennes frontières rigides érigées par la cinéphilie classique sont devenues poreuses. Où commence le cinéma, où s'arrête-t-il ? Comment continuer à séparer radicalement télévision et cinéma quand celui-ci ne peut plus exister sans diffusion et, dans le cas français, sans financement télévisuels ? Lorsque les stars du cinéma jouent les premiers rôles dans les téléfilms, lorsque les mêmes réalisateurs passent d'un genre à l'autre, lorsque les œuvres télévisuelles suscitent des passions vidéophages, il est nécessaire de relativiser le grand partage entre cinéma noble et télévision vulgaire. La vérité est que l'on s'oriente de plus en plus vers un cinéma pluriel, à géométrie variable, qui se décline en différents formats et quel que soit le vecteur mobilisé. Le festival de Cannes entérine cette idée en ne parlant plus de « téléfilms » mais de « films de télévision »[1], afin de requalifier ceux-ci par le haut. Même

1. À leur création, *Les Cahiers du cinéma* intègrent déjà la question de la télévision : ils s'intitulent en 1951 *Revue du cinéma et du télécinéma.*

dans les relations entre cinéma et télévision est à l'œuvre ce qu'on a appelé la dérégulation multiplexe. Celle-ci ne renvoie pas seulement à la nouvelle composition des films : elle désigne le rapport inédit du public aux fictions présentées à la télévision, le brouillage des hiérarchies de la légitimité culturelle, l'hybridation du grand et du petit écran.

La série contre-attaque

Si l'aura du cinéma n'est nullement menacée, force est d'observer néanmoins que celui-ci se trouve de plus en plus souvent détrôné, dans les programmes télévisés, par les téléfictions. Cette situation est nouvelle. Jusqu'aux années 1980, les films de cinéma, parce que rares sur le petit écran, suscitaient les plus grandes attentes du public. Cela change : le film de cinéma, à présent, n'est plus nécessairement vecteur d'audiences maximales, il a cessé de constituer le joyau absolu des programmes. Ainsi voit-on reculer l'audience moyenne des films sur les chaînes en clair. Jusqu'au début des années 1990, les 10 premiers films se trouvaient systématiquement parmi les 20 meilleures audiences. Ce n'est plus le cas. Parmi les 15 meilleures audiences de chaque chaîne réalisées en 2001, on ne trouve que 2 films de cinéma pour TF1 et 4 films pour France 2. En 2003, seuls 17 films figuraient parmi les 100 meilleures audiences de l'année. Et sur la liste des 20 meilleures audiences de 2005 ne figurent plus que 3 films.

Voici venu le moment où le film de cinéma est supplanté par d'autres programmes, notamment par les téléfilms et les séries. Parmi les 100 meilleures audiences de 2004 figurent 51 fictions. En 2005, dans la liste des

50 meilleures audiences de l'année, on trouvait 8 films mais 30 fictions télévisuelles. En 2006, un épisode de *Prison Break* a réalisé la meilleure audience de M6 depuis deux ans et la quatrième meilleure audience de la chaîne depuis sa création, en 1987. En période hypermoderne, le film de cinéma n'est plus le spectacle préféré des téléspectateurs, lesquels se tournent fréquemment vers les œuvres de fiction télévisuelles. C'est pourquoi l'offre de films en *prime time* tend à diminuer : ainsi, TF1 a décidé en septembre 2006 de suspendre provisoirement la sacro-sainte diffusion du film du dimanche soir. Coup de tonnerre dans le paysage audiovisuel français ? Sans doute : reste qu'un Français sur deux n'a pas désapprouvé ce changement réalisé au profit de la série américaine *Les Experts*.

Deux grands phénomènes sont au principe de ce renversement de tendance. Le premier n'est autre que la multiplication de l'offre de films grâce aux diverses chaînes, aux lecteurs DVD, au satellite, au câble, à la TNT, à la VOD. Profusion qui banalise la diffusion des films et disperse le public. À quoi s'ajoutent, en second lieu, les innombrables rediffusions des mêmes films. Un tiers seulement des films diffusés chaque année sur les chaînes en clair est constitué d'inédits et plus de 10 % de titres ont déjà été diffusés au moins 6 fois sur une chaîne[1]. Même les grands succès « classiques » multirediffusés font moins recette : ils s'estompent au profit des inédits, comme on peut s'y attendre dans un âge d'hyperconsommation assoiffé de nouveautés permanentes. Il n'est guère étonnant, dans ces conditions, qu'on assiste à l'érosion de l'audience des films à la télévision. Une désaffection qui, au demeurant, touche davantage les films français qu'américains : sur les

1. Claude Forest, « La fréquentation des films en salles et leur audience à la télévision », in Laurent Creton (dir.), *Le Cinéma à l'épreuve du système télévisuel*, *op. cit.*, p. 182 et 190.

10 films les plus regardés à la télévision, 7 étaient français en 1990 ; ils n'étaient plus que 3 de 1996 à 2001. En tendance, le succès des films français à la télévision recule, tandis que, sur certaines chaînes, celui des films américains progresse[1].

Si importants soient-ils, ces facteurs n'expliquent pas tout. Notons que, dans le domaine de la fiction, la série s'impose comme le modèle largement dominant[2]. Le volume des téléfilms unitaires tend à se réduire progressivement alors que la série représente depuis 1998 les deux tiers de l'offre de fictions françaises inédites en première partie de soirée[3]. L'une des raisons de ce triomphe de la série est qu'elle repose sur des personnages récurrents, incarnés par les mêmes acteurs populaires, en scène dans chaque nouvel épisode. Les téléspectateurs sont pris de curiosité et désireux de connaître les rebondissements et la suite des sagas, ils aiment retrouver les « héros » auxquels ils sont accoutumés, avec leurs traits et leurs environnements spécifiques. Une sorte de rendez-vous régulier s'effectue, qui fidélise le public. À mesure que l'on voit ces « héros », ils deviennent des « familiers », on s'y attache, on prend plaisir à les retrouver, exactement comme on va au cinéma pour voir les stars que l'on apprécie. Au travers des séries, la télévision crée de nouvelles vedettes, les téléstars, celles qui, au fil des années et des épisodes, se sont attachées hier aux noms de Colombo, de Derrick, de Julie Lescaut, de Navarro, de *L'Instit*, aujourd'hui aux copines de *Friends* ou de *Desperate Housewives*. Et des séries, de *Dallas* à *Urgences*, de *Dynastie* à *Sex and the City*, sont devenues

1. *Ibid.*, p. 188-189.

2. Moins onéreuses que les 90 minutes et permettant plus de coupures publicitaires, les fictions de 52 minutes sont devenus le format le plus demandé par les chaînes de télévision.

3. Benoît Danard, Rémy Le Champion, *Les Programmes audiovisuels*, *op. cit.*, p. 66-67.

cultes, comme les films. Si bien que le ressort du succès des séries est finalement le même que celui du cinéma : le processus de dramatisation et de starisation.

Ne nous y trompons pas : ce n'est pas à la décadence du cinéma que l'on assiste, mais à l'extension hors de son champ originel de la logique même qu'il a créée – le *star-system*. « Nous avons construit l'industrie du cinéma sur le *star-system* », déclarait Adolph Zukor[1] : le petit écran ne fait que prendre le relais en accélérant le lancement de télécélébrités, en démultipliant des équivalents de stars, fussent-elles infiniment moins mythiques ou rayonnantes que celles du grand écran des temps glorieux. L'époque de l'hypercinéma ne signifie pas seulement une nouvelle esthétique ; elle coïncide avec le moment où le système du vedettariat médiatique envahit d'autres territoires, d'autres médias, d'autres images : nous sommes à l'heure de la dilatation du principe cinéma, de la contamination du petit écran par l'esprit cinéma.

Esprit cinéma et téléréalité

Le film de cinéma n'est pas seulement concurrencé par les fictions télévisuelles, il l'est également par certains programmes de flux et, notamment, depuis 2001, par les émissions dites de téléréalité. *Loft Story* a connu un succès phénoménal et des épisodes de *La Ferme célébrité*, de *Star Ac* ou de *Koh Lanta* ont pu atteindre des pics d'audience.

1. Jean-Loup Bourget, « Naissance, évolution et décadence du star-system américain », in Gian Luca Farinelli et Jean-Loup Passek, *Stars au féminin. Naissance, apogée et décadence du star-system*, Paris, Centre Pompidou, 2000, p. 197-208.

À première vue, tout oppose ces programmes aux films de cinéma. Les participants sont des anonymes, non des acteurs professionnels. Les jeux de téléréalité se positionnent sur le créneau de l'authenticité, de l'intimité et du direct en lieu et place du « grand spectacle » et de la fiction cinématographique. Non plus une « mise en fiction » mais de « vraies gens qui vivent de vraies histoires ». Le quotidien remplace le glamour des grandes stars, l'immédiateté l'écriture du scénario, la compétition entre les candidats la composition de rôle. La téléréalité est minimaliste et « réaliste », le cinéma est art du spectacle. À travers les réalités-shows et leurs prolongements, la télévision semble de plus en plus s'affranchir de l'esprit du cinéma.

Force est d'observer, pourtant, qu'ici encore le cinéma est loin d'avoir dit son dernier mot. Certes, les participants à ces nouveaux jeux ne sont pas des acteurs professionnels[1]. Pourtant, ils sont loin d'être choisis au hasard. Dans le cas de *Loft Story*, 7 psychologues ont opéré une sélection parmi 45 000 candidats : point de téléréalité sans préscénarisation de l'ensemble et sans casting draconien. S'il est vrai que l'on sort du genre fictionnel, il n'en demeure pas moins que les protagonistes de la real-TV sont placés dans des situations scénarisées et, de fait, extrêmement artificielles : rester enfermés dans un loft en étant filmés nuit et jour pendant douze semaines ; vivre sur une île avec les moyens du bord (*Koh Lanta*) ; choisir une élue parmi les femmes du « harem » constitué par la production (*Greg le Millionnaire*). Les candidats à la « télénotoriété » ne jouent pas un rôle écrit à l'avance, mais ils n'en jouent pas moins un rôle, celui que prescrivent les règles du jeu, le contexte médiatique, la place que leur

1. Encore que la limite tende là aussi à s'effacer : dans *Mon incroyable fiancé*, le personnage du fiancé en question était tenu, sans que sa partenaire le sache, par un comédien professionnel encore inconnu.

personnalité leur assigne et pour laquelle ils ont été sélectionnés : les participants doivent être médiagéniques et désinhibés, chacun d'eux est choisi pour « représenter » un type psychologique, social ou culturel déterminé à l'avance, comme dans un film. Et ce afin de gagner la guerre des audiences.

C'est dans ce cadre que chacun devient pour ainsi dire l'interprète de lui-même. La fiction ne remplace plus le réel, c'est la réalité elle-même qui se fictionnalise à travers un dispositif scénique qui n'est « ni vrai ni faux[1] », qui pousse d'un cran la fiction en y intégrant le « réel » des personnages, qui crée une espèce d'incertitude quant à la réalité, doublée d'hyperréalité médiatique. Non plus la fiction de la fiction, mais une réalité qui joue à se surreprésenter, avec tout ce que cela peut comporter d'ambiguïté, ainsi que de projection et d'imaginaire[2]. L'essentiel ou l'enjeu n'est pas de donner à voir le réel, il est de *le faire ressembler à un film*, à un film avec ses drames et son suspense, ses larmes et son *happy end*. Et non sans montage, discours seconds, flash-back et gros plans – les techniques mêmes du cinéma. Rapprocher le réel du cinéma et la télévision de l'image émotionnelle du cinéma, faire de la télé une sorte d'hypercinéma : telle est l'opération de la téléréalité. S'il est vrai que celle-ci prolonge la néotélévision du quotidien, il est tout aussi vrai qu'elle poursuit l'ambition cinématographique d'offrir un spectacle superlatif qui tient en haleine le public. Enfant de la télévision, la téléréalité est aussi l'une des grandes héritières de l'esprit cinéma.

1. Daniel Boorstin, *L'Image*, Paris, UGE, 1971, p. 313-315.

2. Invitant à observer la téléréalité du point de vue de son rapport avec l'art contemporain, Éric Troncy note que « l'art et la téléréalité partagent une chose fondamentale, un espace de vérité, qui n'est ni celui de la réalité, ni celui de la fiction, mais un espace intermédiaire », « Manifeste du réalitisme », *Le Monde*, 13 octobre 2005.

D'autant plus qu'ici encore le *star-system* se trouve remis en selle. Que visent les réalisateurs de ces jeux, sinon à stariser leur émission en starisant leurs protagonistes ? Que recherchent les participants, si ce n'est acquérir une célébrité médiatique, devenir la vedette du moment, parvenir au fameux « quart d'heure de célébrité » annoncé par Warhol ? La *Star Academy* dit la vérité de ce qui est en jeu : produire des stars, ou comment passer de l'anonymat à la célébrité médiatique. Le cinéma était le lieu par excellence où se fabriquaient les stars : c'est maintenant la télé qui, démocratisant le processus, y parvient à son tour en consacrant des célébrités d'un nouveau genre : les stars *people*, les stars qui nous ressemblent et ne sont rien d'autre que ce qu'elles sont, les vedettes amateurs et éphémères. Très vite, la presse s'en fait écho, elles apparaissent sur les couvertures des magazines, on parle d'elles dans les conversations : le *star-system* joue et gagne une fois encore. Sous les signes emphatiques du réel et de l'authenticité, la télévision ne rompt pas avec l'esprit cinéma : elle travaille non sans succès à son irrésistible expansion.

De plus en plus, la télévision apparaît comme une rampe de lancement, un vecteur primordial de la starification et de l'extension du domaine des VIP. La télévision est devenue machine à propulser ou à accentuer tout un ensemble d'idoles. Du sport à la chanson, de la cuisine à la philosophie, de l'information à la littérature, de l'architecture aux mannequins, de la mode aux cours royales, plus aucune sphère n'échappe au travail de starisation. *Via* la télévision, le *star-system* inauguré par Hollywood se généralise, réinventant sans cesse des êtres célébroïdes comme autant de nouveaux biens de consommation de masse. Par où se trouve relancé l'enchantement magique de l'univers du cinéma. « N'est-ce pas aussi un rêve que le cinéma ? », disait Valéry. En dépit de ses images qui miment le réel, la télévision n'a pas rompu absolument avec l'onirisme et le merveilleux de l'âme cinématographique[1], et ce en raison notamment de la présence des stars en tout genre et de toutes hauteurs. D'où le double processus de désenchantement et de réenchantement qui habite le petit écran[2]. Ici, l'écran télé ruine la magie du cinéma ; là, il en recompose le rêve et les mythes à travers un défilé permanent de figures « connues ».

Mais le rêve est également réactivé par de nouveaux programmes de jeux. François Jost a eu raison de souligner qu'il y a problème à utiliser l'étiquette de « téléréalité » dans des émissions où les participants doivent jouer à être sincères et s'y reprennent à plusieurs fois pour mieux être à la hauteur du rôle : parler de « télévision de jeux de rôles », à cet égard, est à coup sûr plus adéquat[3]. Cependant, des programmes d'un genre nouveau voient le jour qui, désormais, échappent à cette formule. Une pléthore d'émissions ne se contentent plus de présenter des « fictions réelles interactives » ; elles s'emploient franchement à transformer le réel, la vie, l'environnement domestique, les corps. Des chirurgiens refont le visage des candidats (*Extreme Make Over*) ; dans d'autres émissions, des experts donnent des conseils pour maigrir (*Big Diet*), mieux manger (*Besser essen*) et s'embellir (*SOS Beauté*, *The Swann*) ; d'autres encore aident à revoir l'éducation des enfants (*Super Nanny*), préparent à devenir une femme au foyer modèle (*Make me a Perfect Life*), à perfectionner la vie sexuelle (*The Sex Inspectors*), à réaménager sa maison, à se libérer de ses addictions. Nous assistons à la montée de la télé-coach, d'une télé transformatrice et réparatrice.

1. Sur ce point, Edgar Morin, *Le Cinéma ou l'homme imaginaire*, Paris, Minuit, 1958.

2. Jean-Louis Missika, Dominique Wolton, *La Folle du logis. La télévision dans les sociétés démocratiques,* Paris, Gallimard, 1983, p. 166-168.

3. François Jost, *La Télévision du quotidien*, Bruxelles, De Boeck, 2003, p. 212-216.

Fini, donc, le merveilleux du cinéma ? En aucune manière. Longtemps, le cinéma a pu être associé à l'effet Pygmalion par sa puissance de fabrication et de transfiguration esthétique des stars. C'est précisément cette logique cinéma de refabrication du réel que la télévision s'emploie à mettre en œuvre en l'étendant aux individus quelconques. Aux États-Unis, le dernier avatar de ces programmes, *I Want a Famous Face*, propose à ses concurrents de se faire refaire le visage à la ressemblance d'une star de cinéma. Les deux premiers concurrents, des jumeaux, se sont ainsi fait la tête de Brad Pitt !

De même qu'Hollywood a appris aux stars à parler, à marcher, à se maquiller, à s'habiller, de même la télévision hypermoderne s'attache à remodeler tant l'apparence que la vie des individus ordinaires. Ce n'est plus seulement la machine des studios qui fabrique des personnalités et des beautés mais la télévision elle-même, à présent engagée dans le courant du « pygmalionisme industriel[1] » propre au *star-system*. Certes sans objectif de divinisation et de surpersonnalisation idéale, mais en vue d'un même succès médiatique – ici l'audimat. À ceci près que, à la différence d'Hollywood, la télévision ne cache pas ses opérations interventionnistes ; bien au contraire, elle les exhibe, les commente, comme autant d'instruments de captation du public. C'est que les temps ont changé : non plus la magie des stars sublimes, mais les rêves métamorphiques de chacun et les désirs de mieux vivre intériorisés par tous. Sur l'écran télé, Pygmalion s'est mis en phase avec l'obsession et les pannes du bonheur dans les démocraties hyperconsuméristes.

Au moment du cinéma muet, Paramount avait pour slogan : « Un spectacle sans rival. » Cette époque est dépassée, la téléréalité rivalisant aujourd'hui avec le cinéma dans l'ordre même de l'hyperbolisme. *Extreme Make Over*,

1. Edgar Morin, *Les Stars*, Seuil, « Points », Paris, 1972, p. 51.

toujours plus de relooking, toujours plus d'intimité et de voyeurisme, toujours plus de sensationnalisme, toujours plus de performance et de visée transformatrice : il en va à la télévision comme au cinéma ; c'est partout la dissolution des anciennes limites, la montée aux extrêmes, les défis superlatifs qui réorientent le contenu des écrans. À la pornographie du sexe s'ajoute celle de l'âme ; à l'escalade des effets spéciaux s'ajoute celle qui cherche à « changer la vie » des gens. Parallèlement à l'hypercinéma s'affirme l'hyperTV, qui va toujours plus loin dans la fuite en avant, dans l'excès des images cathodiques.

Le télé-show sportif

Mais c'est probablement par le sport que l'écran télé trouve sa plus complète consécration. Ce n'est plus le cinéma qui présente le plus grand spectacle du monde, c'est la télévision lors des grandes retransmissions sportives, lesquelles soulèvent un enthousiasme et une fièvre collective sans pareils. Plus de 300 chaînes dans 220 pays ont permis à 3,9 milliards de personnes de suivre les Jeux olympiques de 2004. La finale de la Coupe du monde de football de 2002 a été suivie par 1,1 milliard d'individus[1]. Ferveur des masses qui traduit la passion hypermoderne du sport et de la compétition, mais qu'on ne peut en même temps dissocier d'un processus global

1. Un film le montre de façon amusée mais édifiante : *La Grande Finale* (Gerardo Olivares, 2006) raconte comment un campement de chasseurs dans les steppes glacées de Mongolie, un village d'Indiens dans la forêt amazonienne et une caravane de Touaregs dans le désert du Ténéré réussissent, par des moyens de fortune, à capter l'événement sur leurs postes bricolés, mettant leur vie traditionnelle et leurs coutumes ancestrales entre parenthèses le temps de voir le Brésil battre l'Allemagne en finale en Corée…

d'hypermédiatisation. La télévision, sur ce plan, est en toute première ligne : pour le Mondial de football, les écrans sont partout, ils envahissent les trottoirs et les bars ; chacun est scotché au petit écran qui, au demeurant, s'agrandit pour devenir écran collectif dans des gymnases, sur des places, et même dans des salles de cinéma où l'on retransmet l'événement. Le public communie et vibre devant l'écran télé comme autrefois dans les salles de quartier. Surprésence télévisuelle qui s'impose jusque dans les stades, où les compétitions sont télévisées et retransmises dans l'enceinte, alors qu'elles se déroulent sur la pelouse ou sur la piste. Dédoublées sur grand écran, elles ne sont pas sans modifier la perception de l'événement sportif, transformé de ce fait en hyperspectacle.

Les nouvelles technologies et la culture du divertissement ont produit une mutation du spectacle sportif à la télévision. De plus en plus s'affirme une esthétique de la retransmission fondée sur les logiques de spectacularisation, de dramatisation et de starisation, afin de susciter l'émotion et de toucher le plus vaste public. La télévision a ainsi créé une mise en images spécifique du sport, une réécriture de l'espace-temps des compétitions de haut niveau. Spectacularisation du sport qui repose tout à la fois sur le direct et sur la reconstruction médiatique du temps même de la compétition : suppression des temps morts de la retransmission, insertions de séquences préenregistrées, interviews en direct, focalisation sur les athlètes vedettes, retour sur les images décisives, ralentis multiples et différenciés selon plusieurs plans, incrustations et vignettes pendant le déroulement de la compétition. Désormais, il s'agit de mettre en spectacle et en récit (commentaires à plusieurs voix, tableau de statistiques), de dramatiser (gros plans et indicateurs de vitesse), de personnaliser l'événement. Dans ce cadre, c'est jusqu'au direct qui fait l'objet d'un montage. Au cinéma, celui-ci vient après le tournage ; à la télévision, il s'effectue en même temps que les prises de vue et que le déroulement de la compétition. L'événement sportif est continu, mais sa retransmission est, elle, continue et discontinue, linéaire et fragmentée ; elle conjugue temps réel et temps passé, temps de la vitesse et temps au ralenti. Par quoi le sport télévisualisé se construit comme une superproduction et se regarde comme un mégashow.

Grâce à la multiplication des emplacements des caméras, le téléspectateur voit l'événement sportif sous tous les angles, de près et de loin, du ciel ou selon des plans latéraux, à distance et en gros plan. Qui plus est, les retours sur images et toutes les cadences de ralentis réussissent à conférer une puissance esthétique et sensitive en même temps qu'hyperréelle à l'image sportive. Finies les retransmissions uniformes : dorénavant, il faut une couverture polymorphe et un style « rythmé ». Il s'agit, à l'instar du cinéma contemporain, non seulement de montrer des images mais de faire vibrer le regardeur, de s'adresser plus directement à son système sensoriel. C'est ainsi qu'avec la télé hypermoderne le réel sportif se métamorphose en show superlatif, en film à grand spectacle, mondialisé.

La télévision, la magie du direct, le sport, tout cela a indéniablement fait perdre au cinéma son exclusivité et sa position prééminente. Mais ce recul est aussi bien son couronnement, tant le show sportif lui a emprunté ses techniques de caméra, son esthétique-choc et émotionnelle, son esprit de starisation[1] et de scénarisation totale. Si la télévision a provoqué une transformation des images du

1. Zidane, Beckham, Ronaldo : le monde hypermoderne consacre les dieux du stade comme ses nouvelles stars. Cette starification est même portée au carré lorsque le cinéma, dans un film consacré à Zidane (*Zidane, un portrait du XXIe siècle*), braque tout au long d'un match ses caméras uniquement sur lui, transformant le football en une sorte de ballet et la partie en un film-opéra. Ce n'est plus, ici, le sport qui compte, mais l'esthétique filmique, plus le joueur, mais la star, perçue comme telle par l'œil d'un public formé par le regard cinéma.

cinéma, celui-ci n'a pas cessé d'être le modèle du rêve représenté et de la mise en scène spectaculaire. Tout ne doit pas être attribué aux avancées de l'esthétique de la télévision ; par-delà ses innovations propres, le cinéma a été la matrice du sport-show en lui fournissant les outils et l'imaginaire de son esthétisation généralisée.

Quoi qu'il en soit, nous voici à l'heure du sport comme marché et comme cinéma. Et ce processus est toujours plus dominant, quasi omniprésent. Moins le spectateur fréquente les salles et plus l'esprit cinéma s'immisce dans le média télévision. C'est toute l'information qui se construit désormais en vue du divertissement et de la mobilisation des affects du public. Journaux télévisés, mise en scène de l'actualité, reportages : de plus en plus le média télé organise ses programmes comme une *mise en film généralisée* centrée sur l'« humain » et l'intime, l'émotion et la compassion. Si la vidéophilie a détrôné la cinéphilie, c'est au bénéfice de la recherche de l'émotion-cinéma sur tous les autres écrans. L'individu hypermoderne est celui qui attend et cherche du cinéma là où le cinéma n'est pas. Le cinéma n'est pas en voie de régression : la vérité est qu'il a phagocyté peu ou prou toutes les images, il remodèle les goûts et les pratiques vers toujours davantage d'effets-choc et de grand spectacle. Une cinémania est née, qui, à travers la télévision, et au-delà à travers les autres écrans, inaugure une nouveau style ainsi qu'un nouveau regard : la cinévision. Le rêve n'est plus seulement attendu dans la fiction cinéma mais dans un réel audiovisuel, filmé et scénarisé[1]. Après le rêve d'autres mondes, nous voulons le rêve et les sensations sur tous les écrans du monde.

1. S'il est vrai qu'à présent les télespectateurs sont de plus en plus demandeurs de « réel », d'expression personnelle, d'intervention des « gens », il n'en reste pas moins que l'attente la plus massive est celle qui concerne la spectacularisation des images comme moyen d'évasion et de détente.

CHAPITRE IX

L'Écran pub

PUBLICINÉMA

Le grand écran n'est pas seulement associé de plus en plus à la télé, il l'est également à un autre média de masse : la publicité. Ce lien n'a rien de périphérique, le septième art étant le premier art dont l'existence et le développement dépendent d'aussi près de la communication publicitaire. Il faut concevoir la publicité non pas comme une pièce extérieure, mais comme l'une des conditions de l'industrie cinématographique.

Le mariage du cinéma et de la publicité n'est pas nouveau. De fait, la publicité animée apparaît avec l'invention du cinéma lui-même. Les frères Lumière réalisent, dès 1897, les premiers spots publicitaires pour le savon Sunlight et les établissements Moët & Chandon, et Méliès tourne de nombreux films, notamment pour le compte de la moutarde Bornibus, de l'apéritif Picon, des chocolats Poulain et Menier. Très vite, la publicité a compris tout le bénéfice qu'elle pouvait tirer de l'image en mouvement du cinéma, sous ses différentes formes : les premiers films publicitaires sous forme de dessins animés voient le jour au début des années 1920, et, dès 1931, plus de 50 % des salles de cinéma américaines diffusent des programmes publicitaires. Au demeurant, la publicité n'a pas seulement utilisé les techniques du cinéma, mais aussi ses figures les plus emblématiques, les plus mythiques : les stars. À partir des années 1930, le savon Lux a centré sa communication sur elles : « Neuf stars sur dix utilisent Lux. » Et de nombreuses stars ont commencé leur carrière en tournant dans des films publicitaires. À partir des années 1950, elles sont de plus en plus nombreuses à apparaître sur les affiches qui vantent le charme des marques : B.B. pour Max Factor, Françoise Arnoul pour l'Aronde Simca, Liz Taylor pour Dior.

Mais si la publicité a exploité le cinéma et ses techniques, la réciproque n'est pas moins vraie. Les magazines de cinéma, avec leurs potins et leurs photos, ont fonctionné comme autant d'outils de promotion des stars et des films. Plus largement, il faut considérer le *star-system* lui-même comme une véritable technique publicitaire au service de la commercialisation des films. À cet égard, tout invite à considérer la superstar comme la plus éblouissante image publicitaire, le produit marketing le plus magique jamais réalisé, tant sa séduction « dirige » le public et dicte les comportements, quels que soient le film ou l'article proposés aux désirs des consommateurs. Jacques Séguéla le note justement : « La star est la seule marchandise absolue. La seule multivendable. Son jeu, son image, sa voix et jusqu'à sa mémoire sont argent comptant. Et cette gigantesque machine à sous est inépuisable… La star est le plus grand cas de marketing de l'histoire[1]. » Publicité universelle, la star est cette marque qui fait vendre la production cinéma en même temps que d'autres marques. « Les marques et les stars sont devenues une seule et même chose », dit Michael J. Wolf[2]. Certes, mais le phé-

1. Jacques Séguéla, *Hollywood lave plus blanc*, Paris, Flammarion, 1982.
2. Cité par Naomi Klein, *No Logo*, Arles, Actes Sud, 2001, p. 77.

nomène n'a rien de nouveau. C'est consubstantiellement que la star est une marque marchande hyperpersonnalisée. Avant même les créatifs de Madison Avenue, Hollywood a inventé, *via* ses divas, la marque affectuelle ou émotionnelle, la communication enchantée et sentimentale : ce qu'on appelle aujourd'hui la « love marque » (Kevin Roberts).

Tout indique cependant, au vu de la formidable expansion de la logique marketing, que l'imbrication du cinéma et de la publicité a franchi une nouvelle étape : la machine marketing s'est emballée, acquérant des dimensions et une importance sans précédent dans l'économie du cinéma. En témoigne l'escalade des budgets de promotion. La démultiplication du nombre de films proposés chaque semaine ainsi que la réduction de leur durée d'exploitation en salles – en moyenne 3 semaines – ont entraîné une fuite en avant des investissements publicitaires. Ceux-ci, en France, ont progressé de 187,2 % entre 2000 et 2005[1]. Et cette dynamique excroissante est loin d'avoir trouvé ses limites, ces investissements étant en moyenne, dans l'Hexagone, deux fois inférieurs à ceux d'un film américain. Notons également que l'investissement publicitaire moyen pour un film d'animation s'élevait en 2005 à 1,1 million d'euros, soit plus du double du budget moyen des autres films.

À cet égard, le cinéma participe de plain-pied à la nouvelle économie postindustrielle, celle dans laquelle les dépenses de promotion des produits sont parfois aussi élevées que celles de leur fabrication, comme c'est le cas avec Nike. Le cinéma a anticipé cette dynamique : il a été, plus tôt que d'autres branches, une industrie engagée dans la fuite en avant des investissements promotionnels et de communication. Loin d'être un secteur « archaïque », le cinéma représente ainsi un avant-poste, l'un des grands

1. CNC, « La promotion des films », mars 2006. Les budgets publicitaires atteignaient 223,5 millions d'euros en 2004.

modèles de la nouvelle économie dominée non plus par la production mais par le marketing, le *branding*, la communication. Quel autre secteur d'activité économique représentant une part aussi faible du PIB (0,3 % aux États-Unis) peut se vanter d'assurer sa promotion de manière aussi efficace et d'offrir une image de marque aussi forte à travers le monde entier ? En termes de rayonnement d'image, le premier publicitaire mondial, le champion absolu de l'autopromotion et du marketing, c'est bien le cinéma.

Ces dépenses se concentrent pour l'essentiel sur l'affichage, qui représentait en 2002 environ 60 % des dépenses. Celles relatives à la presse et à la radio atteignaient 15 % de l'ensemble. Mais des changements sont apparus dans les ventilations des dépenses et les manières de promouvoir le cinéma. Les bandes-annonces des films en salles – autrefois gratuites – drainent 8 % des dépenses. Internet et la téléphonie mobile deviennent des vecteurs de plus en plus importants : déjà, 10 % des budgets leur sont consacrés. Un chiffre moyen qui peut être très largement dépassé, voire doublé, comme dans le cas de *Borat*. En même temps, les magazines gratuits dans les salles, les tracts sur les campus, le *street marketing*, avec distribution de *flyers* et d'objets promotionnels dans les lieux fréquentés par les jeunes, se développent. De nouvelles techniques publicitaires viennent démoder les anciennes photos qui, punaisées dans le hall des salles d'autrefois, faisaient rêver le jeune Antoine Doinel au point de le pousser à les voler dans *Les Quatre Cents Coups*. Désormais, la photo et le titre du film sur affiche ne suffisent plus : il s'y ajoute une phrase d'accroche, la *catchline*, servant de slogan publicitaire à celui-ci. Le film mobilise la puissance et les jeux de la rhétorique, il s'annonce par message carrément publicitaire, bref et efficace. Publicité dans la publicité, le cinéma s'est mis à l'heure du slogan de marque, du redoublement des campagnes d'annonce. Les plus réussies de ces *catch-*

lines deviennent des sortes de formules cultes : la phrase « Que la force soit avec toi » est aussi célèbre que *Star Wars*, et *Putain de film !* l'est nettement plus encore que *Tenue de soirée*, dont elle est l'accroche [1].

Naturellement, tous ces moyens sont concentrés pour optimiser le lancement du film. La sortie d'*Arthur et les Minimoys*, en 2006, s'est accompagnée de 600 produits dérivés et d'un déluge d'affichage ; les vitrines des agences BNP ont été habillées aux couleurs du film ; Orange a proposé des « mobiséances », 21 extraits du film de 2 minutes chacun sur téléphone mobile. Mégamarketing qui, en fait, a commencé, quatre ans avant la sortie du film, par la mise en vente en librairie du premier tome des aventures du héros. Grâce à Internet et aux bandes-annonces accessibles sur certains sites, il arrive désormais que les films soient « lancés » longtemps avant leur sortie en salles. Et, pour entretenir le désir de voir le film à venir, les studios produisent parfois plusieurs bandes-annonces pour un même film. Comme d'autres industries, le cinéma met dorénavant en œuvre la stratégie de la « chronoconcurrence » en annonçant à l'avance la commercialisation des nouveaux produits [2].

Ce ne sont plus seulement les stars qui servent à promouvoir le cinéma, mais les *making-off*, les produits dérivés, les jeux vidéo et même les données chiffrées relatives aux films. C'est ainsi que les coûts de fabrication faramineux deviennent des arguments commerciaux au même titre que les résultats du box-office ou que les records du nombre

1. Jean-François Camilleri, qui propose une anthologie de ces *catchlines*, note que cette technique publicitaire est maintenant utilisée une fois sur deux pour les films français et européens et deux fois sur trois pour les films américains (*Putain de film !*, Paris, Balland, 2006, p. 10).

2. Delphine Manceau, « L'annonce préalable de nouveaux produits : préparer le marché ou gêner les concurrents », in Alain Bloch et Delphine Manceau (dir.), *De l'idée au marché*, Paris, Vuibert, 2000.

d'entrées le premier jour, le premier week-end ou la première semaine. Dans le cas des films à gros budget, tout est mobilisé pour que les médias, simultanément, parlent du film, et ce afin d'obtenir le plus grand succès dans le laps de temps le plus court[1]. Il ne s'agit plus d'informer le public de la sortie d'un film mais de l'élever au rang d'*événement*, de spectacle incontournable dont tout le monde parle et qu'« il faut voir ». Désormais, on fait du cinéma avant, après, à côté, même, du cinéma : la communication du cinéma est d'abord cinéma de la communication. Non pas cinéma dans le cinéma, mais cinéma événementiel et global.

CINÉ-MARQUE : L'EMPIRE DU LOGO

Si le cinéma fait de plus en plus de publicité pour ses films, celle-ci, symétriquement, utilise de façon croissante le cinéma comme véhicule de communication. Tandis que les campagnes de lancement des films s'accompagnent de budgets marketing grandissants, il en va de même des dépenses en « placement de produits » ou en « placement de marques » dans les films. Le *product placement*, qui assure l'insertion publicitaire au sein du monde du spectacle, l'intégration d'un produit ou d'une marque dans un film, une série télé, une chanson, un roman, un jeu vidéo, est en pleine expansion : aux États-Unis, les investissements en matière de placements de marques sont passés de 190 millions de dollars en 1974 à 512 millions en 1984 et

1. C'est ainsi que, en France, un effort tout particulier est fait vis-à-vis de la presse de province, afin d'irriguer le pays tout entier, et non pas seulement le public parisien, ce que traduisent aussi les avant-premières organisées, en présence du réalisateur ou des vedettes du film, un peu partout en région dans les semaines précédant la sortie.

à 3,4 milliards en 2004 ; plus de 90 % de ces dépenses sont destinées à la télévision et au cinéma[1]. Ce qui, jusqu'alors, était rare tend à se banaliser : dorénavant, les produits les plus divers, les marques de consommation de masse comme les marques de luxe figurent dans un nombre toujours plus grand de films. La série des James Bond s'est illustrée dans cette technique, mais *Minority Report* a poussé encore plus loin le procédé, 17 marques étant présentes dans le film. Même si la pratique est moins développée en France qu'aux États-Unis, plus de 70 % des longs-métrages feraient l'objet, selon certaines études portant sur l'Hexagone, de placement de produits avec cinq ou six marques par films.

De surcroît, le placement de produits ne cesse d'investir de nouveaux espaces. Non seulement le film, mais aussi les génériques de début (Moët & Chandon dans *Star Trek Générations* ; Audemars Piguet dans *Terminator 3*) et les génériques de fin (Nokia dans *Cellular*) font l'objet de placement. À quoi s'ajoutent les bandes-annonces des films accessibles sur Internet qui, elles aussi, peuvent servir de vitrine promotionnelle aux marques. Celles-ci envahissent non pas seulement les écrans, mais également les affiches destinées à lancer les films (Adidas pour *Goal* ; BMW pour *Le Transporteur*). Des contrats permettent également à un annonceur de faire référence dans ses publicités au film dans lequel sa marque est éventuellement placée : « *Bollinger : The Champagne of James Bond.* » D'où des opérations de promotion croisées, par exemple entre Chrysler et *Firewall*, Dr Pepper et *Spiderman 2*. On est aux antipodes de la publicité subliminale : l'heure est au marketing ostentatoire et tous azimuts, à la pub omniprésente jusque dans

1. Jean-Marc Lehu, *La publicité est dans le film*, Paris, Éditions d'organisation, 2006, p. 45. Nombre des données qui figurent ici sont empruntées à cet ouvrage.

les produits culturels. À l'âge hypermoderne, le cinéma s'impose de plus en plus comme un écran-vitrine mettant en scène les marques.

Ce que les annonceurs visent dans ces cas n'est guère mystérieux. Il s'agit pour l'essentiel d'augmenter la notoriété de la marque, d'améliorer et de valoriser son image, parfois de redynamiser la marque[1]. Du point de vue de ces objectifs, cette technique publicitaire ne manque pas d'atouts. Car le public manifeste peu de réaction antipub, peu d'hostilité envers l'apparition des marques dans les films dès lors que celle-ci est justifiée par la trame ou par le contenu de l'histoire : 80 % des Américains déclarent apprécier cette forme de publicité. À la différence du spot, qui interrompt le plaisir du téléspectateur, le placement de produit s'intègre au film, rend plus crédible l'histoire, donne une impression de réalité supplémentaire. C'est notamment ce qui a conduit Spielberg à insérer une kyrielle de marques dans *Minority Report*.

Le placement de marques est violemment stigmatisé par les courants publiphobes en tant qu'illustration de l'expansionnisme du logo, figure de la toute-puissance du *branding* envahissant tous les espaces et tous les supports, colonisant jusqu'à la culture et l'espace mental. Transformé en « extension de marque » et en « média de marque », le cinéma tendrait à devenir une agence publicitaire des marques. Dans un contexte où les frontières se brouillent, le risque grandirait de voir l'existence psychique complètement absorbée par l'imaginaire marchand et la création totalement assujettie aux impératifs commerciaux des marques[2].

1. L'efficacité de cette pratique promotionnelle est parfois immédiate. Dans la foulée de *E.T.*, les bonbons Reese's Pieces ont progressé de 65 % ; Omega aurait enregistré un bond de ses ventes de 40 % à la suite de *Goldeneye* ; les ventes de Pinot noir ont augmenté, en Amérique, de 22 % au cours des mois qui ont suivi la sortie de *Sideways*.

2. Cette problématique trouve sa pleine expression chez Naomi Klein, *No Logo*, *op. cit.*

Est-ce une réelle menace ou joue-t-on à se faire peur ? Où cette collusion entre cinéma et *branding* va-t-elle mener ? Au moins pour un avenir prévisible, les dangers qui sont pointés paraissent très exagérés. Car, pour être efficace, le placement de marque doit être « fondé », toléré et accepté par le public, ce qui implique que le film ne doit pas apparaître comme une publicité tapageuse – faute de quoi le bénéfice spécifique du procédé se trouve annulé. Des dérives, des excès sont prévisibles, mais ils connaîtront d'inévitables crans d'arrêt. Parce que la présence des marques dans les films ne pourra pas dépasser un certain seuil, elle ne les tuera pas plus qu'elle n'a détruit la presse libre.

Au demeurant, rien n'interdit de penser que le *branded entertainment* pourrait favoriser la réalisation d'une nouvelle famille de cinéma publicitaire, de qualité qui plus est. En 2001, BMW a commandé huit minifilms de huit minutes chacun, dédiés à la marque et réalisés par de grands réalisateurs hollywoodiens : Tony Scott, Ang Lee, John Frankenheimer, Wong Kar-wai, John Woo, Alejandro González Inárritu, Guy Ritchie, Joe Carnahan. Même si ces films étaient chaque fois centrés sur l'un des modèles de la marque, il ne s'agissait nullement d'un clip publicitaire mais d'un scénario original racontant une histoire. Diffusés sur un site Internet, ces minifilms ont rencontré un large succès d'estime : 50 millions de téléchargements ont eu lieu, avant un DVD collector de la série complète. De son côté, American Express a mis en scène Superman : durant les 10 premiers jours, le microsite a été visité près d'un million de fois. Dans la foulée, les demandes de carte de crédit ont enregistré une augmentation de 25 %. Ford, Jeep, Chevrolet, Unilever, Pirelli, Starbucks, PepsiCo, Trajan, Reebok se sont engagés dans la même voie en produisant des *webisodes* (courts-métrages à visionner sur Internet) avec des moyens sans commune mesure avec ceux d'un clip publicitaire. On peut imaginer à l'avenir le développement de ce type de films sous les auspices des grandes marques, comme moyen de diversification de la publicité et alternative aux formats actuels.

La publicité moderne a inventé l'affiche, puis le spot et maintenant les courts-métrages de création diffusés sur la Toile. Rien n'autorise à penser que l'inflationnisme du *branding* sonne le glas de la qualité, de l'impertinence et de la liberté de création. Est-il besoin de rappeler que, dans un contexte historique fort différent, les commandes détaillées des princes du Quattrocento, en vue de leur renom, n'ont nullement empêché les peintres de réaliser des chefs-d'œuvre ; et que, faisant de la commande que lui avait adressée Louis XIV le sujet même de sa comédie, Molière a joliment troussé un *Impromptu de Versailles*. L'existence d'un contrat et d'un commanditaire « intéressé » n'équivaut pas à une disparition de la création artistique. Le paradigme est plutôt ici celui de l'écriture à contraintes, qui a toujours été un stimulant plus qu'un tombeau de la création. Non pas asphyxie du cinéma par le marketing tentaculaire, mais plutôt poursuite, par d'autres voies, de sa multiplexification, afin d'échapper aux standards de la publicité télévisée et des contenus commerciaux, à une époque où certaines catégories de consommateurs passent plus de temps sur Internet que devant la télévision.

Publiphilie

Rien n'est plus banal que d'opposer cinéma et publicité. L'un est le septième art, l'autre une communication marketing au service de la notoriété et de la commercialisation des marques. Leurs temporalités et leur mode de production sont profondément différents : 30 secondes pour un spot, contre 1 h 30 à 3 h pour un long-métrage. Généralement, le tournage d'un spot dure 1 à 3 jours : il faut 8 à 10 semaines, voire plus, pour un film. Au rythme extrêmement rapide des plans pub s'oppose celui, beaucoup plus diversifié, des films. À quoi s'ajoute le fait que le nom des réalisateurs de films publicitaires est rarement connu. Enfin, le cinéma suscite l'admiration et la passion du public quand la pub provoque le zapping et parfois l'exaspération des téléspectateurs. Ces deux écrans s'affrontent, celui de la pub apparaissant par ses coupures comme une agression contre les films et le public.

Mais ces profondes différences ne doivent pas cacher les transformations qui ont entraîné un nouveau rapport social à la publicité et, plus précisément, une dynamique de légitimation culturelle de celle-ci. Le mouvement est en marche depuis les années 1970-1980. Le musée de la publicité a ouvert ses portes en France en 1978. La « nuit des Publivores » rencontre un large succès dans de nombreux pays. Des émissions de télévision sont consacrées à la pub. Les musées organisent des rétrospectives de films publicitaires. Jean-Paul Goude est consacré et exposé au musée.

Il n'y a pas seulement une dynamique d'anoblissement culturel de la pub. On voit également de plus en plus de réalisateurs prestigieux de cinéma signer des films publicitaires : hier Robert Altman, John Schlesinger, Roman Polanski, Claude Chabrol, Jean-Luc Godard même (qui signe en 1992 un spot de 30 secondes pour Nike) ; aujourd'hui Patrice Leconte, Luc Besson, David Lynch, Baz Luhrmann, John Woo, Tony Scott, Alejandro González Inárritu, Guy Ritchie. Bien sûr, dans le passé, certains metteurs en scène ont fait de la publicité (Tati, Lautner, Molinaro), mais c'est à une tout autre échelle que se déploie désormais le phénomène, tant il s'est généralisé. Ce qui était l'exception est devenu pour ainsi dire la règle et ce qui était passé sous silence est devenu source de fierté, de reconnaissance et d'intérêt esthétique et filmique propre. Plus aucun réalisateur de cinéma, plus aucune star ne rougit de tourner pour des marques marchandes : le film publicitaire a gagné ses lettres de noblesse à l'intérieur même du monde du cinéma. Les temps ont changé : rares sont les réalisateurs qui refusent de faire un film publicitaire. La nouvelle génération a cessé de partager les réticences ou la honte de ses aînés ; la pub va de soi, elle s'impose comme une évidence.

Dans notre galaxie hypermédiatique, ce n'est plus seulement occasionnellement que les stars prêtent leur visage pour des produits de beauté : elles signent, secondées par des avocats, des contrats qui portent sur plusieurs années et qui précisent le nombre de jours de représentation, le détail des prestations et, naturellement, le montant du cachet – 3,6 millions de dollars à Nicole Kidman pour les cinq jours de tournage du spot Chanel. L'autre phénomène nouveau est que les grandes vedettes peuvent figurer dans des spots pour les produits les plus divers : des pâtes (Gérard Depardieu), des banques (Catherine Deneuve), des machines à café (George Clooney), des sauces (Jean Reno). Loin de dégrader l'image des grandes idoles, la pub tend à présent, au contraire, à la rehausser. Si les stars associent plus facilement qu'autrefois leur image aux marques, celles-ci, de leur côté, font de plus en plus appel aux stars pour accroître leur notoriété et ajouter du glamour à leurs produits. Edgar Morin évoquait naguère la décadence du *star-system* : « Le *star-system* comme système auto-régulateur non seulement économique mais mythologique n'est plus [1]. » À bien des égards, c'est l'inverse qui se produit. Tandis que le *star-system* colonise de plus en plus de domaines, le

1. Edgar Morin, *Les Stars*, *op. cit.*, p. 162.

lien entre stars et luxe, *star-system* et business, égéries et publicité n'a jamais été aussi ostentatoire, aussi triomphant[1]. Désormais, il semble que le passé glorieux des marques de luxe ne suffise plus : leur image passe, en partie, par celle des stars du cinéma.

Il est difficile de séparer l'attitude positive des nouveaux réalisateurs envers la publicité des conditions financières avantageuses que leur offre celle-ci. Cependant, cette motivation n'explique pas tout. De fait, la réalisation de films publicitaires est aussi perçue comme un moyen d'expérimentation, un instrument de recherche et d'apprentissage : ainsi que le dit Georges Lautner, « grâce à la pub, j'ai testé du nouveau matériel, appris certains trucages... La pub est pour moi à la fois un banc d'essai, un apprentissage et un vivier extraordinaire pour mes longs-métrages[2] ». Un autre point est tout aussi primordial : il tient à un nouveau rapport à l'écran télé et publicitaire. À l'ancien mépris succède l'intérêt pour tout ce qui touche à l'image sur écran, celle-ci ayant acquis une sorte de valeur en soi méritant qu'on s'y intéresse, qu'on y travaille, qu'on y déploie de la créativité. Désormais, la publicité filmée apparaît comme une forme d'expression dans laquelle peut s'exercer le jeu, l'humour, l'imagination débridée ; elle est l'une des manifestations de l'écranophilie hypermoderne, une traduction forte et sensible de l'expansion du modèle cinéma : « La publicité est le domaine le plus créatif, le plus osé. Ouvrez le poste. En trois secondes, vous savez où vous êtes. Un film, on sent qu'il y a quelque chose

1. De fait, la logique du *star-system* s'est considérablement propagée, devenant le modèle dominant du fonctionnement d'un nombre croissant d'activités et de secteurs économiques : avocats, architectes, mannequins, créateurs de mode, musées, artistes, écrivains, musiciens, sportifs. Sur ces points, Françoise Benhamou, *L'Économie du star-system*, *op. cit.*

2. Cité par Jacques Guyot, *L'Écran publicitaire*, Paris, L'Harmattan, 1992, p. 94.

avant ou après. Un téléfilm ? L'enfer, avec des lumières à chier et un son dégueulasse. Nase. La pub ? Le règne de l'ellipse, du télescopage. La recherche à l'état pur[1]. » L'important est désormais moins le contenu que le fait de trouver des solutions à un problème écranique en tant que tel.

Où l'on rejoint la célèbre formule : « Le message, c'est le médium. » À l'évidence, elle trouve un autre point d'application dans une culture écranique traversée par l'esprit cinéma : fabriquer de l'image sur écran, jouer avec les images, relever le défi de tous les écrans – voilà ce qui attire les réalisateurs, quels que soient le contenu véhiculé et la visée commerciale des spots.

Si un mouvement porte des cinéastes confirmés à filmer pour l'industrie publicitaire, un autre mouvement voit de jeunes futurs réalisateurs de cinéma commencer leur carrière dans le monde de la publicité. Ce qui n'a pas été sans effet sur l'esthétique du cinéma. C'est le cas de Jean-Jacques Annaud, de Jean-Jacques Beineix, de Bob Swain ou d'Étienne Chatiliez. Sous l'influence de la publicité, l'image-cinéma a franchi une étape supplémentaire sur la voie du visuel triomphant, de l'effet, de la brièveté des plans, du rythme, des ruptures de montage, de l'insertion de plans inattendus : on a souvent souligné ce que l'esthétique glacée de *Diva* devait à celle du clip publicitaire. Cette tendance s'amorce dans les années 1980 : Ridley Scott ou Adrian Lyne importent dans leurs longs-métrages l'esthétique du clip, ses saccades et ses éclairages et même, pour le dernier nommé, l'érotisme chic en vogue dans les magazines de luxe et sur les affiches. Elle s'est prolongée avec des auteurs comme David Fincher ou Michael Bay.

1. Étienne Chatiliez, « Les dessous de la pub à la TV », *Le Nouvel Observateur*, 15 juillet 1983.

Mais la cinémania appliquée à la publicité exerce maintenant ses effets bien au-delà des cercles professionnels. Sur Internet, les sites ont ouvert la voie aux publicités réalisées par les amateurs eux-mêmes. Sur Current TV, les auteurs perçoivent un cachet si leur création est retenue et celui-ci atteint 50 000 dollars si elle est diffusée sur le Web. Déjà Sony, L'Oréal, Converse, American Express, Chevrolet jouent cette carte. Le premier film publicitaire réalisé par un amateur et consacré à la PlayStation Sony a été diffusé sur Current TV. L'heure est à la dimension interactive et participative, au *do it yourself advertising*, aux contenus et visuels générés par les utilisateurs. Qu'on ne s'y trompe pas : la démocratisation et la numérisation des techniques n'expliquent pas tout. Ce phénomène, aussi bien, illustre la formidable expansion sociale du désir de cinéma investissant chaque écran, chaque expression filmique, bien au-delà des limites de son ancienne forme canonique.

Plus généralement, un nombre grandissant de marques s'emploient à associer de diverses manières les consommateurs aux dispositifs de leur communication publicitaire. Un lâcher de ballons dans les rues de San Francisco devait servir de scénario pour un spot Sony : prévenus à l'avance du moment de la prise de vues, les habitants du quartier se sont empressés de filmer l'événement et de le diffuser aussitôt sur Internet, avant même que le spot ne soit retransmis à la télévision. Pub virale, buzz, cocréation avec les consommateurs, certes, mais aussi cinémania d'un public de plus en plus avide de filmer et de partager ses vidéos, de faire et de voir des images sur écran. C'est l'esprit cinéma qui se répand, fût-ce à travers des formes vidéo amateur, immédiates, non travaillées.

HYPERPUBLICITÉ

Depuis les années 1980, le rapport entre création publicitaire et création cinéma est lui aussi entré dans le temps de la seconde modernité. Jusqu'alors la publicité avait pour objectif de mettre en valeur les mérites objectifs et psychologiques des produits, tout l'écran pub étant au service de la mémorisation mécaniciste ou « dirigiste » de la marque. C'est contre cette primauté de l'objet (la *copy strategy*) que s'est déployée la *star strategy* chère à Séguéla et, plus largement, la publicité dénommée créative. Aux yeux de celle-ci, il s'agit désormais moins de marteler un message vantant les bénéfices du produit que de distraire, établir une relation de connivence, trouver une « idée » de vente ou de marque, valoriser un mode de vie ou un imaginaire, rajeunir l'image. Innover, surprendre, amuser, faire rêver, émouvoir, créer un mythe, transformer la marque en star : qu'est-ce à dire sinon que la publicité a pris Hollywood pour modèle, bien loin de la bonne vieille réclame behavioriste ? Voilà la pub réorientée, remodelée en partie par l'esprit cinéma lui-même.

Cela veut dire, structurellement, la reconfiguration de la publicité par les trois grandes logiques qui définissent l'hypercinéma. Les frontières et les divisions demeurent, mais, dorénavant, dans sa pointe avancée, la publicité obéit aux mêmes principes que ceux qui régissent l'hypercinéma. On peut ainsi définir l'hyperpublicité par l'importation des logiques du cinéma hypermoderne dans l'ordre de la communication marchande[1].

1. Un exemple emblématique en est le film, signé Ridley Scott, lançant le Macintosh en 1984 et élu meilleur film publicitaire du siècle par la presse américaine. On y voit des hommes réduits à l'état de robots, comme dans *Metropolis*,

L'excès tranquille

La première logique que la publicité a réussi à incorporer est celle de l'image-excès – aggiornamento d'autant plus remarquable que la pub entretient de longue date des liens très étroits avec la catégorie d'excès. Le slogan lui-même a partie liée avec celle-ci, cherchant à faire valoir le produit par des promesses extrêmes (beauté, saveur, santé, jeunesse, vitalité, plaisir) et par une rhétorique de l'exagération superlative. La tendance organisatrice, ici, c'est l'hyperbole, d'autant plus forte qu'elle doit s'exprimer dans un temps très court et sous une forme ramassée. « Persil lave plus blanc » : l'hyperbolique du plus, mis en valeur par la litote de la formulation. La nouveauté est que cet excès premier passe de l'exagération à l'extrême : la lessive en vient à laver plus blanc que blanc[1]. Le besoin d'innover et de se démarquer, l'impératif de frapper les esprits et, dans les pays où elle est autorisée, l'introduction des publicités comparatives poussent à l'affirmation

écoutant sur un écran géant le discours totalitaire d'un Big Brother ; soudain apparaît une femme qui, jetant un projectile sur l'écran, le fait voler en éclats, tandis que le *packshot* vient livrer le nom de la marque et faire de l'ordinateur individuel le libérateur permettant aux esclaves de devenir des hommes. Jean-Marie Dru, évoquant ce film, dit bien qu'« il ressemblait à un long-métrage… un long-métrage de soixante secondes ». Tandis que l'époque voit s'effacer les frontières entre publicité commerciale et divertissement, s'ouvre l'ère créative, qualitative, émotionnelle du film publicitaire (Jean-Marie Dru, *La Publicité autrement*, Paris, Gallimard, 2007, p. 31).

1. Le cas est bien connu et traduit cette logique de la surenchère sensible dès l'entrée dans l'époque de la société de consommation de masse : le premier slogan (« Ah ! Cette blancheur Persil ») date de 1951 ; deux ans plus tard, en 1953, le degré supérieur intervient – « Persil lave plus blanc » ; six ans après, en 1959, le Super Persil prenant le relais, la surenchère fait qu'il lave « encore plus blanc » que Persil. En 1979, Coluche fait un sort à cette escalade : « Le nouvel Omo, c'est celui qui lave encore plus blanc que blanc. » Gilles Lugrin, « Quand Coluche lave plus blanc, le packaging contre-attaque », *Com.in*, février 2003.

emphatique du « toujours plus, toujours mieux ». « Absolut vodka » : plus vodka que vodka…

Une logique d'excès qui dépasse de beaucoup les seuls contenus : elle s'exprime maintenant dans le tempo et jusque dans la syntaxe des spots. Les premiers films publicitaires pouvaient atteindre parfois une durée de 1 ou 2 minutes[1] : en 1975 encore, Renault a fait réaliser, pour la R16, un film d'1 minute 56 secondes. Mais, depuis les années 1980, les spots se raccourcissent en même temps que leur rythme s'accélère[2]. Ils fonctionnent de plus en plus dans l'ordre de l'hypercourt (de 30 secondes à 8, et même, depuis peu, à 1 seconde) et de l'hyperrapide (plans successifs de 1 seconde chacun) : « Chaque instant est tout aussitôt remplacé par un instant tout neuf. Le temps du film publicitaire serait ainsi celui d'une naissance perpétuellement entretenue[3]. » La tendance est à la rétraction extrême de l'image dans le temps, à un déluge d'images précipitées, aux surenchères de l'esthétique clip. La rapidité extrême des plans qui en viennent quasiment au flash, la recherche constante du rythme, le montage serré heurtant les plans : tout est utilisé pour frapper vite et fort.

Avide d'effets-choc, la publicité est une utilisatrice forcenée de toutes les techniques nouvelles qui lui offrent les artifices et les effets spéciaux recherchés. Dès le début des années 1980, l'image assistée par ordinateur a ouvert la possibilité d'un jeu avec les images jusque-là impossible : la GTI Citroën qui décolle du porte-avions *Clemenceau*, c'est l'univers de *Star Wars* qui investit le monde publicitaire. Les technologies se développant, en quinze ans on est passé des balbutiements aux effets high-tech : Citroën, dans *The Dancer*, transforme, par un assemblage numé-

1. Le format dominant des années 1950 était de 60 secondes.
2. Jacques Guyot, *L'Écran publicitaire*, *op. cit.*, p. 129-131 et 135-136.
3. Florence de Mèredieu, *Le Film publicitaire*, Paris, Veyrier, 1985, p. 96.

rique, les éléments de la voiture en un impressionnant robot de métal, lequel, prenant forme comme dans un univers fantastique, vit, danse, glisse au sein d'un monde devenu virtuel[1]. Tous les procédés sont sollicités : déformations d'images, anamorphoses synthétiques, insertion d'images numérisées, création de personnages virtuels. Le plus technologique entraîne un plus de la profusion des effets, de l'escalade des images et, partant, de l'explosion des budgets qui, vu le coût du numérique et les frais entraînés par des tournages de type hollywoodien, s'envolent. Du spectacle à l'hyperspectacle : le spot ressemble à un film, il raconte une histoire, il développe une esthétique du choc ou de la magie visuelle. Ce n'est plus le bonimenteur mais l'homme du cinéma-spectacle, Méliès, qui triomphe dorénavant sur l'écran publicitaire[2].

Même le domaine esthétique enregistre la dynamique de l'excès. Celle-ci se traduit par une sophistication hyperréelle, par un aspect léché à l'extrême, notamment dans les publicités qui magnifient l'univers du luxe, de la beauté, de la mode. Le maniérisme y déploie toute sa séduction artificielle : sur l'écran publicitaire, Carole Bouquet, Nicole Kidman ou Charlize Theron sont plus stars que stars, plus glamour que jamais, plus belles encore que sur grand écran. Ici, tout est luxe, tentation et féminité absolue, « femme en or » (Dior), perfection de la perfection. Si les stars deviennent au cinéma plus « humaines », elles

1. La pub précède ici le cinéma. En 2007, *Transformers*, de Michael Bay, développe la même idée. « À quelques nuances près (des millions de dollars et deux heures vingt de plus), *Transformers* n'apporte rien de plus à cette publicité », *Le Monde*, 25 juillet 2007.

2. La pub-spectacle a fait l'objet de nombreuses critiques en raison de la gratuité de ses films, d'une tendance à dire « n'importe quoi », sans lien cohérent avec le produit. Mais si, indéniablement, cette dérive existe, elle ne lui est nullement consubstantielle, l'hyperpublicité ayant réussi à réaliser de vrais petits chefs-d'œuvre de finesse, d'audace, d'imagination qui, loin de desservir le produit et l'identité de marque, en sont des vecteurs de promotion sans pareil.

apparaissent avec de plus en plus d'irréalité et de sensualité sublime dans les publicités. Ce qui se joue n'est autre qu'un hymne hyperbolique à la beauté féminine, une mise en scène renouvelée de la femme olympienne et des déesses souveraines, inaccessibles, de la grande époque du *star-system*. Les stars idéales ne sont plus les modèles d'autrefois, mais elles sont devenues des modèles pour les créatifs et les directeurs artistiques des grandes maisons de luxe. Moins la vamp hollywoodienne habite le grand écran, plus son style inspire l'écran publicitaire. Loin de s'étioler, la beauté hyperspectaculaire inventée par le *star-system* ne cesse d'être réanimée par la publicité comme un remake en l'honneur du cinéma. Toujours davantage d'artificialité, de show esthétique et extatique : l'écran publicitaire emprunte son style à Hollywood, il fascine et est fasciné par l'image envoûtante du cinéma, par la scène de la féminité par excès. Avec la pub-spectacle s'effectue l'alliance de la qualité artistique et de la surenchère, de la norme et de la beauté-choc, de la perfection et de l'hypertrophie des moyens, de la grâce et de la démesure surmédiatisée. Une beauté blockbusterisée au service de la marque et de la star.

Cette sublimation passe par une esthétisation des formes, par un formalisme sophistiqué et léché, qui ne saurait étonner lorsque l'on sait que nombre de ces publicités sont le fait d'esthètes venus de la photographie, du clip, du cinéma. La virtuosité des cadrages, le sens du graphisme, les effets d'éclairage, le jeu sur les couleurs, la recherche d'une expression stylistique qui impose son évidence en quelques plans, quelques secondes : le spot devient quasi-œuvre d'art. Surtout s'il est vu sur le grand écran du cinéma qui, montrant l'image dans toute son ampleur, en traduit pleinement les intentions formelles. Plus que sur l'écran télé, c'est au cinéma que la publicité exprime sa dimension esthétique. Jean-Jacques Beineix, homme de pub et de cinéma tout à la fois, avait, novateur en la matière, montré la voie. *La Lune dans le caniveau*, le degré le plus abouti sans doute de ses recherches visuelles[1], se termine de façon symptomatique sur un plan éblouissant : celui d'une affiche publicitaire présentant une bouteille d'alcool qui porte, comme une référence à Rossellini, la marque Stromboli. Bouteille à la mer, dans une lumière bleue glacée, plan sidérant qui attire les yeux dans la nuit et qui déploie un slogan en forme de philosophie de l'existence : « *Try another world.* » Une pub, un film, une pub dans un film, le tout avec la même exigence et la même réussite formelles.

Pour autant, cette spirale de l'excès publicitaire ne va pas jusqu'au bout d'elle-même. Cela parce qu'elle est soumise à l'impératif de séduire pour vendre et qu'elle se doit, du coup, de proscrire tout ce qui est susceptible de susciter rejet, répulsion, horreur, dégoût. À la différence du cinéma, tout, dans la publicité filmée, n'est pas permis : nulle trace de laideur, de violence, de sang, de sexe hard ; on reste dans la suggestion et l'érotisation soft. Ce que le cinéma propose, dans les films mais aussi dans la publicité qu'il en fait – par les affiches, les bandes annonces –, la publicité est contrainte de se l'interdire. Elle reste ainsi une espèce de formation de compromis, bien en deçà des audaces du cinéma. Contrairement à ce qui est parfois avancé[2], ce n'est pas la publicité qui est le prototype de l'expression cinématographique contemporaine, c'est le cinéma qui reste moteur. Lui seul se permet, et jusque dans ses propres publicités – voir l'affiche de *Larry Flint*, avec

1. Travail formel sensible, par exemple, dans la recherche qu'il fait d'un rouge idéal, pour traduire et harmoniser à l'écran le rouge de la Ferrari et le rouge de la robe portée par Nastassja Kinski.

2. « La publicité est devenue le cœur de la culture populaire et même son véritable prototype », écrit par exemple Armand Mattelart, *L'Internationale publicitaire*, Paris, La Découverte, 1989, p. 34.

son homme vêtu d'un seul slip à bannière étoilée crucifié en position christique sur le sexe d'une femme nue –, toutes les audaces excessives. Les rares incursions de la publicité dans ces zones de l'interdit – le cas Benetton en est l'exemple le plus frappant – se sont soldées par un retrait. La publicité reste dans la logique de la séduction, du rêve, du désir. Elle n'en pratique pas moins, à l'intérieur des limites qui sont les siennes, l'image-excès dont le cinéma hypermoderne lui fournit le modèle.

Un zeste de multiplexité

Une règle d'airain commande la publicité : l'impératif de simplicité et d'univocité. Exprimer une idée et une seule. Simplifier, simplifier toujours plus, faire en sorte que tout converge vers la communication d'une seule idée exprimée sans ambiguïté aucune. Ce qui se communique bien s'énonce clairement et simplement. Une seule idée par spot et la dire simplement : *less is more*[1]. Unité, simplicité, limpidité : l'ennemi numéro un de la pub est la complexité.

Et pourtant, la publicité est entrée, à son tour et à sa manière, dans l'ère de la multiplexité. Sans rien perdre de son inévitable logique simplex, la communication marchande, paradoxalement, se complexifie ou, plus exactement, elle se « culturalise », elle se diversifie et s'hétérogénéise dans la façon de « parler » du produit et de la marque. Autrefois, les spots n'avaient qu'un seul ressort : la mise en valeur du produit, dont il s'agissait de faire apparaître les bénéfices objectifs *via* des scénarios élémentaires et linéaires. Cela tend à changer : le rapport avec le produit ne saute plus toujours aux yeux, la linéarité éclate, les récits

1. Jean-Marie Dru, *Le Saut créatif*, Paris, JC Lattès, 1984, p. 167-180.

se font puzzle, ils jouent sur des associations d'idées, des références, des clins d'œil, des émotions, des surprises variées[1]. Il y a plus : les voici qui proposent même du sens et des valeurs – *Think different* (Apple), *Impossible is nothing* (Adidas), *Be yourself* (Calvin Klein). Souvent, l'histoire racontée va jusqu'à ne rien dire du produit et elle brille parfois même par la pure absence de celui-ci. De grands espaces à l'américaine, une musique de *road movie*, des paysages, la route à l'infini, et rien d'autre : seul le carton final, au moment du *packshot*, signale qu'il s'agit d'une publicité pour la Golf de Wolkswagen, sans que ladite voiture ait été vue une seule fois. C'est ici un esprit qu'on vend, une atmosphère, un désir.

Pour accompagner et traduire cette diversification du mode narratif, la publicité filmée s'appuie sur la complexification des procédés techniques. *Split screen* découpant l'écran et racontant, en images parallèles, deux histoires à la fois ; déformations d'images ; utilisation du noir et blanc ou des taches de couleur ; jeux de filtres et de lumière ; images de synthèse faisant voler les voyageurs du TGV ou bâtissant une pyramide humaine pour former les arches d'un viaduc afin d'illustrer le message final, « les vraies réussites sont celles que l'on partage » (groupe Vinci). C'est parce que l'œil du spectateur est formé par le cinéma, qui l'a habitué à la logique multiplexe, qu'il reçoit sans problème ce type d'images. La publicité, là encore, a adopté l'esprit cinéma.

On ne s'étonnera donc pas davantage de voir s'opérer sur l'écran publicitaire d'autres formes de diversification, par exemple concernant les personnages. On sait comment le fameux singe Omo a introduit les animaux dans les spots lessive. De petits monstres mi-débonnaires mi-inquiétants

1. Claude Degoutte, « Les films publicitaires ont la vie dure », in *Art & Pub*, Paris, Centre Pompidou, 1990, p. 535.

sortis des films fantastiques et des dessins animés viennent maintenant incarner la saleté que tel produit désodorisant, tel gel WC ou tel produit débouchant élimine d'une simple pression de flacon. Dans cet univers anthropomorphisé, l'image même de l'homme se déstandardise. Les rôles se brouillent : c'est l'homme qui fait la vaisselle, et c'est le gamin de dix ans qui apprend à sa mère que l'usage abusif des antibiotiques est une hérésie thérapeutique et à son père que le lait a une valeur nutritionnelle. Les âges de la vie, de la même manière qu'au cinéma, viennent diversifier l'image longtemps exclusive d'êtres jeunes et beaux ou de ménagères de moins de cinquante ans. Les bébés ne sont plus mis en scène, comme à l'ère de Cadum, pour les seuls produits qui les concernent, mais ils deviennent, pour vanter l'eau d'Évian, bébés nageurs et danseurs, par les grâces du numérique et de la référence cinéphilique aux chorégraphies nautiques de Busby Berkeley faisant évoluer Esther Williams, entourée de girls transformées en naïades, dans *La Première Sirène* de Mervyn LeRoy. Comme tous les âges sont désormais conviés, le film suivant célèbre le même produit à partir d'une autre chorégraphie nautique, mettant cette fois-ci en scène de fringants vieillards qui se régénèrent dans cette eau de jouvence : c'est *Cocoon*. Le troisième âge, au même titre que le premier, n'est plus désormais interdit de séjour : Jane Fonda, superbe, vient dire, pour prouver l'efficacité de L'Oréal, qu'elle a soixante-neuf ans. Et qu'elle le vaut bien.

Comme le valent bien toutes les catégories longtemps exclues d'une publicité ayant longtemps refusé de lever les tabous sexuels. La femme entrant par surprise dans la cuisine y découvre son mari penché sur l'évier et agité d'un mouvement de va-et-vient manuel qui lui fait penser, horrifiée, que son homme se livre au péché d'Onan (alors qu'il ne s'agit que d'un produit qu'il est en train d'agiter). Les couples gays et lesbiens font désormais partie du paysage. Jouant avec la transgression et la transsexualité, Levi's filme une magnifique Noire qui, dans un taxi, se refait en hâte une beauté, avant de sortir un rasoir électrique qui jette sur son sexe une tout autre image. De même, impulsés par le multiculturalisme et le marketing identitaire, les Blacks[1], les Beurs, toutes les communautés font maintenant leur apparition dans des campagnes publicitaires à la gloire de la différence. Par quoi il apparaît que la logique multiplexe, devenue le langage même du cinéma hypermoderne, investit, fût-ce de façon limitée, l'espace-temps de l'hyperpublicité.

Ce n'est pas tout. Car c'est le système même de la communication des marques qui se multiplexifie. En témoigne d'abord le fait que les entreprises donnent de plus en plus leur préférence au « hors-médias », diversifiant leurs modes de communication en marketing direct, foires et salons, relations publiques, publicité sur les lieux de vente, lobbying, mécénat, sponsoring, marketing événementiel et viral. Ensuite, la pub elle-même se trouve recyclée par les logiques de diversification et de renouvellement accélérée typique de la société-mode d'hyperconsommation. En un temps où les marchés sont de plus en plus segmentés, où les consommateurs sont « blasés » et sursaturés de messages, la pub tend à morceler ses campagnes, elle se fragmente en multiples exécutions et styles variés : on compte 500 annonces Absolut Vodka combinant unité et différences. Une logique qui n'épargne pas l'écran publicitaire : à présent, les films publicitaires doivent être renouvelés tous les six ou huit mois. Coca-Cola a fait tourner 17 films en 1997, contre un seul en 1986. Depuis 1995, Levi's a lancé 2 à 3 films par an. À un moment donné, Miller Lite est allé

1. Première comédienne de couleur à obtenir l'Oscar de la meilleure actrice dans un premier rôle, en 2001, Halle Berry, qui promeut l'image de Revlon, explique son engagement pour la marque par le fait que lorsqu'elle a commencé, au début des années 1990, aucune Noire ne figurait dans les publicités pour des produits de beauté (entretien avec Jean Serroy).

jusqu'à lancer un nouveau film tous les 3 jours [1]. La variété et la diversité sont devenues les nouveaux impératifs de communication des hypermarques.

La distance, passionnément

Mais c'est plus encore par *l'image-distance* que la publicité se trouve particulièrement en phase avec le style de l'hypercinéma. Elle rompt ainsi radicalement avec son fonctionnement inaugural, moderne, mécaniciste. Si le rire, notamment, y avait sa place, c'était un rire bon enfant, bonhomme, quasi enfantin, à l'image des jeux de mots naïfs, des refrains et comptines, sur lesquels étaient construits les messages des premières réclames, jusqu'à celles des années 1950 : « Du beau, du bon, Dubonnet » ; « Dop, Dop, Dop, tout le monde adopte Dop »... La publicité était répétitive et persuasive, afin d'inculquer la consommation moderne à un public qui en découvrait la nouveauté, non sans un émerveillement enfantin. Ces temps sont loin, la pub s'adressant désormais à un public né et formé au sein du consumérisme. D'où l'introduction et la diffusion de cette logique si caractéristique de l'époque hypermoderne : la distance ironique, le clin d'œil, l'humour décalé.

C'est qu'il ne s'agit plus tant de faire mémoriser que de divertir, de surprendre et de séduire un consommateur gavé, en le rendant complice des messages proposés. Un rapport de connivence est recherché, qui doit permettre au public d'avoir le sentiment qu'il n'est pas plus dupe de ce que la publicité lui présente qu'elle-même ne l'est dans la façon de le lui présenter. Le registre est alors celui de l'humour et de toutes les distances qu'autorise le second

1. Nicolas Riou, *Pub Fiction. Société postmoderne et nouvelles tendances publicitaires*, Paris, Éditions d'organisation, 1999.

degré. Vaste territoire dont, à l'instar de l'hypercinéma, l'hyperpublicité n'en finit pas de repousser les limites. Cela passe par les références à une culture-image éclectique qui, constituée à partir du cinéma, de ses stars et de ses mythes, s'étend au monde de la BD, de la musique, des séries télévisées, du sport, des *people*, de la publicité elle-même. Nike puise dans cet imaginaire nouveau pour faire disputer un match virtuel qui voit un enfant pauvre des favelas conduire une équipe où figurent les stars du football mondial. Rêve fou, mis à la portée de tous – *Just do it* –, mais qui ne va pas sans clin d'œil : c'est le gamin qui fait la moue devant telle reprise de volée de l'un de ses prestigieux équipiers, qu'il juge bien molle. Ferrero, de la même façon, va, lui, chercher du côté des riches et des puissants, mais en les présentant de façon si kitsch que les réceptions de l'ambassadeur, où sont servis ses chocolats, font évidemment moins saliver que sourire. Tout le monde comprend, personne n'est dupe : on est dans la pub, rien que la pub, laquelle vient d'ailleurs enrichir à son tour cette nouvelle culture référentielle dont elle est l'un des constituants essentiels.

Ce qui explique le va-et-vient des citations entre cinéma et publicité. Le plus souvent, c'est la publicité qui puise abondamment dans le cinéma pour en parodier les genres, les films classiques ou à succès. *King Kong*, *Le Facteur*, *La Mort aux trousses* sont mis à contribution respectivement pour La Samaritaine, le fromage Saint Moret, Pioneer. Les assurances UAP piratent une scène célèbre du *Corniaud*. Jean-Jacques Annaud fait un clin d'œil aux *Oiseaux* d'Hitchcock pour Hertz. Les *Rencontres du troisième type* et *Le Grand Bleu* servent de référentiels aux spots de Skip et de Calberson[1]. Pepsi-Cola détourne une scène du *Cercle des poètes disparus*. After Eight parodie

1. Jacques Guyot, *L'Écran publicitaire*, *op. cit.*, p. 147-149.

The Full Monty. Twix devient un gadget à la James Bond. Le porteur de Levi's abat son concurrent gesticulant avec le flegme d'Indiana Jones. Le monde d'Orangina Rouge est explicitement celui d'un film d'horreur. Carte noire sponsorise le passage télé des films avec un spot intitulé « Un café nommé désir ». Et l'on peut soupçonner le publicitaire qui invente la tornade ravageuse de Crunch, dont le souffle balaie une tribune officielle, d'avoir vu l'une des séquences finales de *Zéro de conduite*, où le vent de la subversion envoie voler cul par-dessus tête tous les notables pareillement alignés sur l'estrade.

Mais c'est aussi le cinéma qui exploite la publicité pour en faire la parodie : *Le Voleur de savonnettes*, dont le titre, remplaçant la bicyclette originelle, dit suffisamment qu'il renvoie de façon humoristique au film mythique de De Sica, met en scène un cinéaste dont le film passe à la télévision. La projection est interrompue en permanence par des spots qui font en fait partie du film et qui, tournés par le réalisateur, Maurizio Nichetti, sont eux-mêmes de faux écrans publicitaires, parodiant les vrais[1]. Des spécialistes du détournement, comme Alain Chabat – le créateur du fameux Toniglandyl, resté finalement plus célèbre que son référent Tonigencyl –, n'hésitent pas même à jouer de l'anachronisme, en faisant intervenir la pub dès l'Antiquité (*Mission Cléopâtre*) et même dès la préhistoire (*RRRrrrr ! ! !*).

Cet univers est celui du pastiche, de la citation, de la référence détournée, qui atteint son degré superlatif lorsque la publicité en vient à se moquer d'elle-même en s'autoparodiant. Daim lance son bonbon chocolaté en pastichant le spot *Mon chéri* de Ferrero ; les singes Omo tournent en dérision les pubs lessivières ; une agence anglaise reprend la célèbre pub conçue par Jean-Paul Goude pour la CX2 de Citroën, toujours avec Grace Jones (elle-même

1. Jean Serroy, *Entre deux siècles*, *op. cit.*, p. 576.

venue tout droit du James Bond de *Dangereusement vôtre*) : mais, cette fois-ci, la voiture de type français qui sort de sa bouche est totalement avachie et poussive, alors que, par-derrière, en une éjection pétaradante, en sort une autre de type anglais, racée et nerveuse... Par ce jeu avec elle-même, la pub se met dans la pub, selon le procédé gigogne qui voit les spots de Neuf mettre en scène des publicitaires discutant de la façon de faire le spot qui est précisément celui qui est en train de passer à l'écran[1].

Cette autodérision va même parfois jusqu'à porter sur la marque elle-même. Diesel s'est imposé sur le marché du jean grâce à un spot célèbre[2] : une parodie de *Il était une fois dans l'Ouest* où deux cow-boys se livrent un duel dans la poussière. L'un, beau, brave, héroïque, qui porte un jean marqué Diesel, face à un autre, laid, sale, mal fringué, parfait bad boy. Et, contre toute attente, c'est ce dernier qui étend raide mort le héros, avec cette épitaphe ironique en guise d'oraison funèbre : « *Diesel, for successful living.* » Façon de s'adresser au consommateur non pas en faisant l'apologie du produit mais en installant une relation de complicité, en partageant des références communes – ici le western spaghetti –, l'esprit de dérision et l'humour du discours de la marque.

Point d'énigme dans la floraison de cette pub-distance qui témoigne de la poussée des valeurs hédonistes et ludiques accompagnant la société consumériste. Il n'y a pas non plus à s'étonner de la place qu'occupent le cinéma et les médias dans ce dispositif, car, avec la citation, est

1. Notons du reste que, dans l'un de ces spots, la référence de la pub au cinéma est explicitement soulignée, le patron reprochant à son créatif de lui proposer un spot qui « ne fait pas assez cinéma », où il n'y a pas assez d'action, de spectacle. À quoi le créatif, pour faire la preuve du contraire, réplique en lui balançant un rayon laser emprunté aux meilleurs effets spéciaux hollywoodiens, qui miniaturise son interlocuteur illico.

2. Nicolas Riou, *Pub fiction*, *op. cit.*, p. 1-2.

donné au public socialisé par la culture médiatique le plaisir de la reconnaissance du connu, du jeu avec le déjà-vu. L'humour publicitaire vient en réponse aux attentes de distraction, de nouveauté, d'originalité de l'hyperconsommateur émotionnel qui apprécie l'effet de surprise, la « trouvaille » *fun*, le jeu référentiel avec sa propre culture médiatique ainsi réaffirmée, relégitimée. Qui apprécie aussi qu'on s'adresse à lui comme à un individu « majeur », capable de comprendre une allusion au second degré. Par le plaisir qu'elle offre, la parodie capte l'intérêt en donnant une espèce de réassurance, de brevet en culture média, désormais dominante. L'image-distance en publicité ne repose pas seulement sur le rapport avec le cinéma, avec la culture médiatique en général : elle permet de faire le lien avec les autres, car on en parle, on commente, on fait des remarques, on en rit ensemble, on transforme le plan ou le slogan en image ou en phrase culte, qu'on se renvoie entre initiés. Le clin d'œil au cinéma fait référence, donne la satisfaction de faire partie d'un monde que l'on connaît et dans lequel on a des repères communs partagés. Par quoi le phénomène illustre la persistance du référentiel cinéma, son prestige, sa puissance de modèle toujours recommencée.

CHAPITRE X

L'Écran-monde

UNE CONSTELLATION NOMMÉE ÉCRAN

L'époque hypermoderne est contemporaine d'une véritable inflation écranique. Jamais l'homme n'a disposé d'autant d'écrans non seulement pour regarder le monde mais pour vivre sa propre vie. Et tout montre que le phénomène, porté par les prouesses des technologies high-tech, va s'étendre et s'accélérer encore.

Qu'est-ce qui échappe ou échappera à l'excroissance écranique ? Car l'on assiste à une prolifération d'écrans, prodigieux univers en expansion qui repousse toujours plus loin ses limites. Les écrans qui sont déjà là, les écrans qui s'interconnectent, les écrans qui arrivent tout juste, les écrans à venir. Tous les écrans du monde viennent démultiplier celui qui était originel, la toile blanche du cinéma. Lire le journal sur un écran portatif et tactile offrant un accès direct au Web n'est plus une utopie : l'encre électronique débouche déjà sur un écran souple, dont l'épaisseur dépasse à peine celle d'une feuille de papier. L'entreprise consistant à numériser des millions de livres à consulter sur écran est en marche, et le livre électronique en tant que tel, le Sony Reader, a été lancé au Japon en 2004, avant de l'être aux États-Unis en 2006. La télévision elle-même n'en est plus à un écran près : écrans de poche des appareils portables, écrans plats et de plus en plus grands du *home cinema*, écrans géants des retransmissions publiques. Expansion à son tour démultipliée par tout le domaine, lui-même en expansion, de cette nébuleuse qu'est la vidéo : de la vidéo-cassette au DVD, du DVD au DVD HD, des chaînes payantes à la VOD. Avec, connectés ou non à la télévision elle-même, tous ces nouveaux domaines que sont la visioconférence, la vidéosurveillance, le vidéo-clip, les jeux vidéo, et que prolongent ces autres outils d'enregistrement des images que sont le caméscope, la webcam, la caméra DV, l'appareil photo numérique. Lesquels viennent s'interconnecter à cette hydre énorme, tentaculaire, qu'est, *via* l'écran de l'ordinateur, le réseau immense et infini de la Toile[1], voie ouverte au téléchargement d'images, au monde virtuel de la « *second life* », aux logiciels évolutifs de l'« *open source* ». Le tout se miniaturisant de plus en plus, et faisant à terme – le processus est engagé – du téléphone mobile et même, à la limite, du cadran de la montre l'écran récepteur de toutes les possibilités : Internet, photo, télévision, cinéma. Et voilà que s'annoncent déjà « Surface », l'ordinateur tactile de Bill Gates, et les écrans à diodes (Oled) qui transformeront n'importe quelle vitre en écran.

L'homme d'aujourd'hui et de demain, relié en permanence par son mobile et par son ordinateur à l'ensemble des écrans, est au cœur d'un réseau dont l'extension marque les actes de sa vie quotidienne. Écrans domotiques réglant le fonctionnement d'une maison de plus en plus informatisée ; imagerie médicale, scanner, échographie, caméras miniaturisées à usage intracorporel faisant apparaître à l'écran l'intérieur du corps dans ses zones les plus

1. En juin 2006, on comptait 694 millions d'internautes dans le monde, avec une progression de plus de 40 % par an dans les pays occidentaux et en Asie.

secrètes ; écrans plasma équipant les sièges-auto pour bébé ; panneaux d'affichage numériques ; GPS indiquant sur l'écran de bord de la voiture la direction à prendre ; écrans tactiles et bornes diverses permettant de retirer de l'argent, de payer, de choisir, de réserver, de consulter ; et même casques-écran et lunettes écraniques donnant la possibilité, par exemple dans les parcs d'attraction, d'évoluer dans un monde virtuel. Avec, simultanément à cette miniaturisation qui multiplie les écrans individuels, l'énormité, l'immensité des écrans géants : ceux qui se déploient dans les stades, dans les réunions politiques, dans les concerts, et jusque dans les églises pour permettre au public de masse de suivre ce qui se passe sur le terrain, sur l'estrade, sur la scène, devant l'autel. Monde dédoublé où l'événement devient spectacle. Et où le cinéma, lui-même pris dans cette logique écranique, montre la voie avec les immenses écrans développés par les procédés Imax et Omnimax. C'est dire que de l'écran timbre-poste au méga-écran géant, un flot d'images circule en permanence, transformant l'homme hypermoderne en *Homo ecranis* et instaurant une *écranocratie*, dont certains, déjà, redoutent les pouvoirs. Un écran-monde qui, à l'évidence, n'est plus celui du cinéma, mais qui, on le verra, apparaît, par nombre d'aspects, comme un ciné-monde.

L'explosion écranique est telle qu'en dix ans – l'âge d'Internet – c'est à une véritable révolution copernicienne que l'on assiste, qui renverse la façon même d'être au monde. Du coup, l'idée, développée à partir des années 1960, lorsque la télévision étendait son empire, selon laquelle l'écran ferait écran, serait une barrière entre l'homme et lui-même – écran de séparation, d'illusion, de mensonge, de propagande : écran de fumée –, soulève de plus en plus d'objections. Peut-on encore parler de dépossession subjective lorsque l'écran s'impose comme une interface généralisée qui ouvre sur le monde, délivre en continu des informations, donne l'opportunité de s'exprimer et de dialoguer, de jouer et de travailler, d'acheter et vendre, d'ajouter de l'interactivité aux images, aux sons et aux textes[1] ? Le réseau écranique a transformé nos modes de vie, notre relation à l'information, à l'espace-temps, aux voyages et à la consommation[2] : il est devenu un outil de communication et d'information, un intermédiaire quasi inévitable dans notre rapport au monde et aux autres. Être, c'est, de manière croissante, être branché sur écran et interconnecté sur les réseaux.

D'où la nécessité de s'interroger sur ce qui, tout en faisant de plus en plus partie de l'espace vital des hommes d'aujourd'hui, ne manque pourtant pas de susciter des débats, d'engendrer des interrogations, de semer le doute, voire la peur. Prenant le relais de la méfiance que suscitait la seule télévision, les jeux vidéo, la navigation sur le Web, l'utilisation élargie du téléphone mobile sont ressentis comme problématiques, dangereux pour l'esprit, susceptibles de créer, notamment chez les jeunes qui en sont des consommateurs effrénés, de véritables addictions. Dès 1992, Michael Haneke, l'un des tout premiers, montrait, dans *Benny's Video*, les dérives possibles, à travers un adolescent qui, entouré d'écrans et gorgé d'images, passait du monde virtuel à la réalité de l'acte en tuant une fille de son âge. À l'autre bout de l'interrogation, la médiatisation croissante de la vie politique ainsi que le nouveau rôle d'Internet amènent à questionner le pouvoir des écrans dans les nouvelles démocraties électroniques. Selon les

1. Un blog est créé chaque seconde dans le monde, et, en France, on compte 6 millions d'espaces personnels visités chaque jour par 8 millions d'internautes, soit plus que l'ensemble des lecteurs des 50 premiers titres de la presse nationale et régionale.

2. En mars 2007, les acheteurs en ligne ont progressé en France de plus de 30 % en un an : désormais, plus de 6 internautes sur 10 sont des cyberconsommateurs.

théoriciens, et selon le crédit que chacun leur accorde, les voici converties en e-government, en cyberdémocratie, télécratie, vidéopolitique, État spectacle, État séducteur[1]...

L'ÉCRAN INFORMATIONNEL

La première vague d'invasion des écrans a nourri, conjointement à l'essor de la consommation de masse, l'idée de « société du spectacle » chère à Debord. Mais qu'en est-il à l'heure du tout-écran ? Qu'advient-il lorsque toute une série d'écrans relève, précisément, de la catégorie du non-spectacle et de l'interactivité, de l'information choisie et personnalisée ? L'imagerie médicale donne l'information sur un cas individuel, l'individualisant jusqu'au fœtus. Le GPS indique la route à suivre à celui, unique, qui lui fixe le point de départ et le point d'arrivée ; l'assistant personnel joue le rôle d'agenda, de livre de bord, de messagerie personnels ; sur Google, l'information passe par l'action de chercher dans une masse de contenus fournis selon une arborescence qui s'étend quasiment à l'infini et de cliquer pour tracer la voie de sa propre information. On tend à

1. Régis Debray, *L'État séducteur*, Paris, Gallimard, 1993. Sur la question, on peut retenir, au milieu d'une abondante littérature, Roger-Gérard Schwarzenberg, *L'État spectacle*, Paris, Flammarion, 1977 ; François-Henri de Virieu, *La Médiacratie*, Paris, Flammarion, 1990 ; Régis Debray, *Vie et mort de l'image. Une histoire du regard en Occident*, Paris, Gallimard, 1992 ; Karl Popper, *La Télévision : un danger pour la démocratie*, Paris, Anatolia, 1994 ; Paul Virilio, *Cybermonde, la politique du pire*, Paris, Textuel, 1996 ; Cass Sunstein, *Republic.com*, Princeton, Princeton University Press, 2001 ; Bernard Stiegler, *La Télécratie contre la Démocratie*, Paris, Flammarion, 2006. Sur la démocratie électronique, numéro spécial de la revue *Hermès*, n° 26-27, 2000, et, de manière plus générale, les travaux de Dominique Wolton, notamment *Internet, et après ? Une théorie critique des nouveaux médias*, Paris, Flammarion, 2000, et *Sauver la communication*, Paris, Flammarion, 2005.

sortir des médias de masse où un même message est diffusé simultanément à plusieurs millions de spectateurs considérés comme un public homogène. Désormais, l'accès aux contenus informationnels sur écran mobilise un utilisateur actif qui surfe sur les sites, garde ceci et élimine cela, va à la chasse aux renseignements, commente les données institutionnelles, compare les prix, devient photographe et reporter amateur. Instituant une « communication essentiellement unilatérale » au service de la marchandise, le spectacle est « le soleil qui ne se couche jamais sur l'empire de la passivité moderne », écrivait Debord[1]. Avec la prolifération de l'offre médiatique et l'essor de la communication informatisée, ceci change : de plus en plus d'individus ont accès aux médias de manière hyperindividualiste, selon leurs goûts, leurs humeurs et leurs temporalités propres : « *Prime time is my time.* » Bien sûr, la logique du spectacle se poursuit et même s'amplifie, mais elle n'a plus du tout la signification que lui donnait Debord. L'époque des mass médias fondés sur la communication pyramidale à sens unique, qui a nourri la théorie du spectacle, fait de plus en plus place à un sujet interactif, à une communication individualisée, autoproduite et hors échange marchand. L'écran global s'impose comme un instrument adapté aux besoins particuliers de chacun : après le mode de communication du *un vers tous*, celui du *tous vers tous* ; après les médias de masse, l'avènement du *self-média*.

Individualisation n'est pas claustration. La Toile est ce qui permet d'être connecté à d'autres écrans et mis en relation immédiate avec tous les individus ayant accès à ce média. L'heure est à la communication ouverte et souple, à l'échange interpersonnel *via* les forums et les chats, à la création d'informations sur les blogs individuels. Et même au partage des connaissances ou à l'apport collectif d'infor-

1. Guy Debord, *La Société du spectacle*, Paris, Champ libre, 1971, p. 13.

mations, pratiqué par exemple sur Wikipédia. Le modèle vertical de la communication médiatique glisse vers un modèle horizontal non centralisé, dans lequel un grand nombre d'informations sont produites et diffusées hors du contrôle des professionnels de l'écran, du marché et de la politique. Les avancées technologiques et les aspirations individualistes à l'expression ont entraîné l'avènement d'un nouveau type de communication décentralisée, axée sur l'interopérativité et l'utilisation en réseau. Non plus la dépossession de soi par l'écran-spectacle, mais une volonté de réappropriation, par les sujets, des écrans et des instruments de communication.

Face au déferlement des écrans, deux attitudes se font face, sous-tendues par des visions diamétralement opposées du cybermonde.

La première s'exprime dans l'enthousiasme des zélateurs de l'immédiateté, de la vitesse, de l'interactivité rendues possibles par la communication hypertechnologique. Permettant à tous de disposer d'information à l'infini, de rétroagir, de prendre la parole, le cyberespace est présenté comme un instrument qui contribue à rénover et à approfondir l'espace démocratique, à redonner du pouvoir à la société civile, à rendre les citoyens plus ouverts, plus critiques, plus libres. De cette intervention plus directe des citoyens, d'aucuns en concluent à l'avènement d'une « télédémocratie » réalisant l'idéal rousseauiste de démocratie directe fondée sur la participation immédiate du peuple aux décisions publiques[1]. Même s'ils se montrent plus prudents, nombre d'observateurs soulignent, non sans raison, la manière dont Internet rend possible le jugement porté en permanence sur les gouvernants, la dénonciation et le contrôle de leurs actions, sans la médiation des

1. Benjamin R. Barber, *Strong Democracy : Participatory Politics for a New Age*, Berkeley, University of California Press, 1984.

représentants[1]. Transparence, participation du plus grand nombre, égal accès de tous à tout le savoir : le Web apparaît au service de la liberté, de l'égalité, de la démocratie en voie de transformation profonde.

À cette approche s'opposent les doutes, les inquiétudes, parfois l'effroi que peut susciter l'univers du virtuel. Nombre d'observateurs soulignent, non sans raison, que l'information pléthorique n'est pas synonyme de savoir, celui-ci exigeant une culture préalable, une formation intellectuelle, des concepts organisés, lesquels permettent de faire le tri, de poser correctement les questions, d'interpréter les contenus disponibles à satiété. Privé de formation initiale et de cadres intellectuels, le rapport à l'abondance informationnelle ne fait que créer la confusion, le zapping du tourisme intellectuel. Les menaces sur l'esprit critique ne sont-elles pas réelles, lorsque les utilisateurs, grâce aux nouvelles technologies de l'information (technologie *push*) pourront ne plus recevoir que les contenus personnalisés répondant à leurs besoins spécifiques ? Et faut-il vraiment se réjouir de voir, avec le Web 2.0, se développer de manière croissante des « médias sans journalistes » et, plus largement, sans intermédiaires ni mécanismes de contrôle et de filtre ? Quel espace public de discussion et de délibération se prépare lorsqu'une pente forte conduit les internautes à préférer échanger des informations avec ceux qui pensent comme eux plutôt que de participer à des débats contradictoires[2] ? Autant d'aspects qui montrent, à l'évi-

1. Pierre Rosanvallon parle ainsi de « contre-politique », d'une démocratie de surveillance, d'intervention et d'expression, s'affermissant sur fond d'érosion de la démocratie d'élection : *La Contre-démocratie. La politique à l'âge de la défiance*, Paris, Seuil, 2006. Dans le même esprit, Jacques Julliard relève que « la démocratie gouvernée s'ouvre à des formes nouvelles de démocratie gouvernante », *Le Débat*, n° 143, « Nous, le peuple. Crise de la représentation », janv.-fév. 2007, p. 15.

2. Azi Lev-On et Bernard Manin, « Internet : la main invisible de la délibération », *Esprit*, mai 2006.

dence, que le progrès dans l'usage de la raison individuelle ne se fera pas automatiquement par les « miracles » du Réseau. Quel que soit son formidable apport, la communication électronique ne suffira pas, à elle seule, à émanciper l'esprit humain. L'écran hypermoderne ne livrera toutes ses potentialités qu'accompagné de l'indépassable action des maîtres et des boussoles de sens que représente la culture du livre et des humanités classiques. La téléprésence des écrans appelle l'encadrement et la présence bien réelle des parents et des enseignants. Il faut promouvoir non seulement l'écran informationnel et convivial, mais aussi *l'écran assisté*.

Par ailleurs, d'autres auteurs affirment que le culte d'Internet représente une menace pour le lien social, dans la mesure où, avec le cyberespace, les individus communiquent en permanence mais ne se rencontrent plus. Dans la société des réseaux informatisés, les individus passent leur temps devant les écrans au lieu de se rencontrer et de vivre des expériences ensemble. On ne communique plus qu'en messages numérisés au lieu de parler directement aux autres. Avec la dépendance au cybersexe, les gens ne font plus l'amour mais s'adonnent à une sorte d'onanisation virtuelle de la sexualité. En un mot est dénoncée la montée d'une existence abstraite, digitalisée, sans lien humain et tactile. Tandis que le corps cesse d'être l'ancrage réel de la vie, l'horizon qui se profile serait celui d'un univers spectral, d'un univers décorporéisé et désensualisé. L'univers hypermoderne de l'écran ou le monde sensible en voie de déréalisation avancée.

Allons-nous vraiment vers un tel monde désocialisé et dominé par la désincarnation des plaisirs ? Mythe ou réalité ? Film d'épouvante ou tendance lourde de notre temps ?

En premier lieu, nombreux sont les faits qui viennent contredire la thèse du « confinement interactif généralisé » telle que l'exprime, par exemple, Paul Virilio. À mesure que triomphent la téléprésence et le cybermonde, de nouvelles formes de sociabilité apparaissent. Alors même que se développent les jeux vidéo et les communications virtuelles, et à l'exception des accros purs et durs, notamment les jeunes, pour qui l'écran est devenu une drogue, les individus ont de plus en plus le goût de sortir de chez eux, ils se rendent chez leurs amis, ils vont aux restaurants et au cinéma ensemble, ils multiplient les sorties du soir, ils participent à des chorales, des festivals et des fêtes, en quête d'« ambiance » et de relationnel. Parfois, même, l'écran électronique devient vecteur de sociabilité, comme en témoigne le succès du karaoké où se mêlent le plaisir de chanter, d'être écouté, de se réunir, d'écouter les autres. Nombre de personnes utilisent les chats pour connaître du monde, se rencontrer, ouvrir leur cercle de relations, trouver un partenaire : ils combinent, ce faisant, deux modes de vie relationnelle, en ligne et hors réseau. Si les anciennes sociabilités de proximité se dissolvent, c'est au bénéfice de liens choisis et temporaires conformes à une culture d'individus se reconnaissant comme libres. Si les écrans nous « séparent » des autres, ils ouvrent la voie, en même temps, à une plus grande proximité humaine, à une empathie de masse envers les plus déshérités se concrétisant dans des élans de solidarité et de générosité planétaires sans précédent (dons records à l'occasion du tsunami et autres cataclysmes), fussent-ils, il est vrai, très occasionnels. Il est inexact d'assimiler l'individualisme au *cocooning*, à la rétraction sur soi. Plus il y a d'outils de communication virtuelle, de high-tech et d'écrans électroniques, et plus les individus sont sensibles aux misères humaines téléprésentées, cherchent à se rencontrer, à voir du monde, à nouer des contacts avec les autres, à se sentir utiles à travers le bénévolat ou la vie associative[1].

En second lieu, la quête du bien-être, tel qu'il est recherché dans la société hypermoderne, infirme frontalement ces visions d'apocalypse. De fait, le virtuel n'est pas plus une machine de guerre contre le lien social que contre l'expérience sensible. Le confort de la phase antérieure de la société de consommation était quantitatif et fonctionnel. Aujourd'hui, il est sensitif, sensible, émotionnel, alors même que l'univers du virtuel se développe. Les deux phénomènes ne s'excluent pas : ils vont de pair. Dans la nouvelle culture du bien-être, les individus ne recherchent plus seulement un minimum confortable ; ils veulent un espace de bien-être senti, personnalisé et esthétisé. Notre époque enregistre une véritable passion pour la décoration de la maison ; les gens consacrent de plus en plus de temps, d'argent, d'amour à l'embellissement de leur appartement, pour vivre dans un environnement chaleureux et harmonieux : la maison devient un espace d'expression individuelle et de création familiale chargé d'attentes esthétiques et sensitives. En même temps s'affirme un design contemporain aux formes rondes et fluides, maternelles et protectrices, aux antipodes du design froid, agressif, unidimensionnel des années 1950 : un design expressif et global qui, investissant les rapports sensibles (*soft touch*) et le mieux-être sensoriel, est le contraire d'un « adieu au corps », d'une culture abstraite désincarnée.

Tout un ensemble de pratiques, comme les sports de glisse, les massages et bains californiens, le yoga et les

1. Ce qui n'empêche nullement – est-il besoin de le préciser ? – la déferlante de l'individualisme autocentré, le recul de certaines formes d'entraide entre les personnes, le déchaînement de l'argent-roi et du « chacun pour soi ». Sur les voies antagonistes de l'individualisme en rapport avec les valeurs éthiques, Gilles Lipovetsky, *Le Crépuscule du devoir. L'éthique indolore des nouveaux temps démocratiques*, Paris, Gallimard, 1992.

techniques de méditation, l'amour de la nature et des paysages, le jardinage, la passion du patrimoine et des beaux objets, les pratiques artistiques (peinture sur soie, céramique, poterie, danse), le goût du risque et des activités physiques, vont dans le même sens. La quête hédonistique-sensitive est tout sauf à bout de souffle : nous assistons à la psychologisation et à la sensualisation du bien-être qui apparaît comme un cran d'arrêt ou un contrepoids à une culture dématérialisée et décorporéisée. S'annoncent de nouvelles formes diversifiées de sensorialité, de sensualité et de tactilité. La désensualisation ou la désincarnation du monde est un mythe : la vérité est que le bien-être devient de plus en plus sensitif et polysensoriel, alors même qu'il dépend de plus en plus des circuits électroniques et informatiques. Le nouvel âge du bien-être coïncide avec une demande qualitative et émotionnelle de paysage, de patrimoine, d'environnement harmonieux, de nature et de culture : tout sauf la disparition des référentiels hédonistes, esthétiques et sensualistes. L'époque de l'hyperconsommation est paradoxale. Paradoxale parce qu'elle combine sensorialité et hygiénisme, hédonisme et anxiété, dématérialisation et sensualisme, écran et tactilité [1].

Ironie de notre époque. Plus notre monde devient immatériel et virtuel et plus on assiste à la montée d'une culture qui valorise la sensualisation, l'érotisation, l'hédonisation de l'existence. L'âge hypermoderne enregistre l'expansion sociale des passions du luxe, le goût pour les voyages, l'amour de la musique, le succès des bonnes adresses de restaurants, des livres de cuisine et des grands vins. Le mouvement *slow food* est à la mode. Et voici que le rapport à l'écran est lui-même, à présent, associé aux jouissances des sens, la Toile s'ouvrant aux passionnés de cuisine : d'ores

1. Sur tous ces points, Gilles Lipovetsky, *Le Bonheur paradoxal*, *op. cit.*, p. 197-212 et 257-261.

et déjà, on compte quelque 500 blogs culinaires francophones consacrés aux plaisirs de la table et aux recettes. La culture écranique s'affirme en même temps que l'artialisation des styles de vie et l'hédonisation de la consommation. Si une part importante de la vie se passe devant les écrans numérisés, une autre, non moins importante, investit la dimension contraire, chargée d'attentes de plaisirs sensoriels. *Homo ecranis* n'est pas le fossoyeur d'*Homo aestheticus.*

L'ÉTAT DE VIDÉOSURVEILLANCE

Mais si les goûts de la sociabilité et les désirs sensuels ne sont pas véritablement menacés, en va-t-il de même des libertés privées et publiques, au moment où les caméras de vidéosurveillance gagnent partout du terrain dans les rues, dans les transports en commun, les centres commerciaux, les banques, les musées, les résidences privées, les appartements ? Un rapport publié en 2006 en Grande-Bretagne sonne l'alarme en évoquant l'avènement d'une « société sous surveillance ». Le réseau national était estimé à quelque 1,5 million de caméras en 2001 ; il s'élève dorénavant à 4,2 millions. La Grande-Bretagne, qui possède 10 % des caméras de surveillance installées dans le monde, est le pays le plus télésurveillé de la planète : un Londonien peut être filmé jusqu'à 300 fois par jour et, pour l'ensemble du pays, on compte une caméra pour 15 habitants. Mieux : pour réprimer les petites incivilités publiques, un système de caméras parlantes va être installé dans une quinzaine de villes afin de rappeler à l'ordre le contrevenant qui jette un papier par terre ! Désormais, des voitures de police dépistent les automobilistes sans assurance et sans vignette, grâce à des caméras fixées sous le rétroviseur et branchées sur ordinateur. Aux États-Unis, les barrières, les gardiens de sécurité et les caméras de surveillance constituent le nouvel équipement des *gated communities*. On prévoit d'installer sous peu des appareils photo minuscules à reconnaissance faciale incorporés dans les réverbères ; des drones voleront dans le ciel pour surveiller les manifestations ; les nouvelles caméras ne laisseront aucun angle mort et pourront suivre une personne en particulier grâce à un contrôle informatisé. Elles seront même capables de détecter et de filmer les mouvements « suspects ».

Jusqu'où ira ce processus ? Tout porte à croire qu'il n'en est qu'à ses débuts[1] tant l'univers hypermoderne coïncide avec un état d'instabilité et de chaos producteur de turbulences et d'insécurités croissantes. La disparition du grand clivage Est-Ouest comme la dynamique d'individualisation extrême de nos sociétés ont pulvérisé les anciens repères et encadrements collectifs. Le résultat en est un terrorisme planétaire chronique ainsi que des individus fragilisés, désinstitutionnalisés, déboussolés, en quête de réassurance et de recommunautarisation ethno-identitaire. C'est la porte ouverte à une criminalité grandissante ainsi qu'aux sectes, aux intégrismes, aux mouvements terroristes violents. Tout laisse à penser que ces phénomènes, créant des paniques collectives et une terreur au quotidien, vont entraîner un renforcement des mesures de sécurité peut-être semblables à celles qui sont actuellement appliquées dans les aéroports. Ce qui s'annonce est une surveillance de plus

1. Déjà, on s'apprête à mettre en place, dans les maternités, un système de surveillance des bébés dans leur berceau, par le biais d'un bracelet électronique. Une firme américaine commercialise en 2007 des chaussures de basket renfermant dans leur talon un système GPS qui permet de suivre sur écran le parcours de celui qui les porte : l'écran comme un nouveau fil à la patte… Et l'on vient de commercialiser un système GPS destiné à localiser les déplacements de l'enfant dans la ville.

en plus obsessionnelle, des écrans omniprésents au nom de la sécurité érigée en valeur première. Qu'est-ce qui sera en mesure d'arrêter ce mouvement ? Les mouvements de défense des droits de l'homme pourront dénoncer un Big Brother électronique et les commissions chargées de la protection des libertés pourront exiger des contrôles, la destruction des enregistrements dans un délai relativement court, le droit d'accès aux données pour les personnes filmées : cela n'arrêtera pas la prolifération des caméras de télésurveillance dans une société où l'exigence de prévention et de sécurité est devenue irrésistible.

À l'évidence, le temps des démocraties libérationnistes est derrière nous. Nous voyons s'affirmer chaque jour un peu plus des *démocraties sécuritaires* : moins de réglementations économiques, mais plus de contrôles des mouvements privés dans les espaces publics. Est-on si loin de Big Brother, d'une émission de téléréalité sous l'œil permanent de la caméra et du « vous êtes surveillé » d'une société policière ? C'est ce que pensent certains courants dénonçant la montée d'un univers orwellien où les télécrans sont capables d'épier les moindres faits et gestes des citoyens dans la ville. D'autant que des logiciels nouveaux permettent non seulement de déceler les comportements apparaissant « suspects », mais aussi, au-delà même de l'aspect sécuritaire, d'interpréter à des fins de marketing les hésitations des consommateurs devant un rayon et de déterminer, à partir de là, des éléments supplémentaires d'information capables de générer l'acte d'achat. Dérives liberticides ? Atteintes à la vie privée ? Sans encadrement législatif et sans limitations précises, nul doute que ces risques soient réels. Reste que ces mesures ne peuvent être systématiquement vouées aux gémonies dans une démocratie qui doit assurer la sécurité publique, en cherchant en permanence un difficile compromis entre liberté et sécurité. C'est ainsi que certains de ces dispositifs de technosécurité ont déjà fait la preuve de leur efficacité. Les images livrées par les caméras de vidéosurveillance ont permis à la police britannique d'identifier très rapidement les auteurs des attentats commis dans les transports en commun londonien. En fonctionnement depuis 1996 aux États-Unis et depuis 2003 au Canada, le plan « Alerte enlèvement » a été utilisé pour la première fois en France en 2007, et sa réussite, dans ce premier cas, passe par la conjonction de deux écrans : celui de la télévision, d'abord, où sont diffusés un message d'alerte et une photo de la ravisseuse présumée, celui ensuite de la vidéosurveillance d'un autobus, où la personne est repérée et où des captures d'écran sont envoyées à la police pour diffusion à la télévision.

La même ambiguïté se manifeste dans les images volées au moyen des caméscopes et, de plus en plus, des téléphones mobiles. Aspect positif, lorsqu'un vidéaste amateur réussit à filmer une bavure policière, comme celle de Los Angeles, au cours de laquelle un Noir est proprement tabassé par les agents des forces de l'ordre : la surveillance devient ici un moyen de contrôle de la démocratie et un témoin de ses dérives. En revanche, comment évaluer le cas des propos tenus en situation privée ou non officielle, lorsqu'ils sont filmés à l'insu de l'intéressé puis livrés aux écrans collectifs d'Internet et de la télévision ? On comprend qu'Alain Duhamel, ainsi « piégé », lors d'une conférence à Sciences Po, sur ses intentions de vote à l'élection présidentielle de 2007, puisse parler d'un « petit côté néo-Stasi », où « il y a toujours quelqu'un qui vous enregistre depuis le grenier ». Big Brother s'est transistorisé, numérisé, individualisé, risquant de reconduire la guerre de chacun contre tous, chacun devenant l'espion de l'autre. Non plus l'Un panoptique du pouvoir suprême, mais les têtes multiples et micro-individuelles de l'hydre des réseaux. Par là, la société de néosurveillance peut conduire de fait à une société d'autosurveillance, où chacun en viendrait à « se surveiller », compte tenu des répercussions écraniques et médiatiques du moindre propos filmé et répercuté. Le risque est ici que l'écran se fasse l'instrument d'un politiquement correct généralisé, de plus en plus prononcé. Le « salope » de l'affaire Devedjian n'y a pas sa place.

Le cinéma contemporain met en scène, à sa manière, cet âge de télésurveillance[1].

Michael Haneke, dont le cinéma est tout entier traversé par ces questions, instille le trouble dès le premier plan de *Caché*, en faisant sentir qu'une maison, au bout d'une rue, se trouve surveillée, épiée, filmée. Par qui ? Les cassettes vidéo que son occupant va recevoir vont faire resurgir de son passé une culpabilité enfouie ; mais le mystère demeure sur celui qui est l'œil de la caméra, comme si l'acte de surveiller, émanation du système, était collectif et anonyme. Les dérives possibles sont ici pointées, qui sont celles, inquisitoriales et obsessionnelles, de la surveillance permanente et du viol de la sphère privée. Sujet que le cinéma aborde désormais dans nombre de films[2]. Le personnage d'*Inside Job*, vigile dans un central de surveillance, scrute ainsi désespérément jour et nuit les bandes vidéo enregistrées par les caméras de la galerie marchande où sa femme a été assassinée, persuadé qu'il y trouvera l'image de l'assassin, son obsession l'amenant à faire de chaque passant à peine entrevu un coupable possible.

L'information, pour neutre et non spectaculaire qu'elle puisse ici paraître – des gens qui passent, des rues, la

1. L'art vidéo, depuis les années 1970, s'en est également emparé, certaines installations, comme celles de Bruce Nauman ou de Dieter Froese, relevant de ce qu'on appelle précisément « surveillance-art ». Voir Michael Rush, *Les Nouveaux Médias dans l'art*, Paris, Thames & Hudson, 2005, p. 125-135.

2. Voir des exemples dans Marie-Thérèse Journot, « Journal filmé et caméra de surveillance : les emplois paradoxaux de la vidéo dans le cinéma des années 90 », in Odile Bächler, Claude Murcia, Francis Vanoye (dir.), *Cinéma et audiovisuel. Nouvelles images, approches nouvelles*, *op. cit.*, p. 75-80.

banalité du quotidien –, n'échappe du coup pas totalement au spectacle. Sur l'écran se raconte une histoire, à laquelle se laissent prendre ceux qui y sont accros, attendant sans jamais quitter l'écran des yeux qu'il s'y passe quelque chose. L'absence de spectacle devient spectacle : l'écran vidéo donne à voir des images que celui qui les regarde interprète comme un film, qui, parfois, ne raconte rien, mais qui, parfois, se met à raconter, lorsque le spectacle s'anime ou lorsque le spectateur se fait, à partir de ce qu'il voit, son propre cinéma. Quitte même à en devenir comme le metteur en scène : dans *Sliver*, un maniaque installe clandestinement des caméras dans les appartements de la tour où il habite, dont il regarde les images sur une cinquantaine d'écrans vidéo regroupés dans une salle de contrôle où il se construit son propre film, zappant d'un écran à l'autre et choisissant, comme dans une opération de montage, ses propres images. La dérive voyeuriste fait ici l'objet d'un thriller. Mais, au-delà même du genre choisi, ce qui est pointé dépasse la seule surveillance : celle-ci s'efface au profit d'autre chose, qui relève du régime ludique.

L'ÉCRAN LUDIQUE

On rejoint là toute une catégorie d'écrans dont la finalité affichée est celle du divertissement, du jeu, du spectacle, et dont le rapport au cinéma se pose par conséquent de façon autrement plus sensible.

Jeux vidéo et fièvre de la Second Life

C'est tout particulièrement le cas avec cet univers du virtuel que représentent les jeux vidéo. Vaste nébuleuse, en continuelle évolution, ceux-ci, apparus commercialement au début des années 1970, ont connu une véritable explosion, d'abord à partir du milieu des années 1980 avec l'apparition de la console Nintendo et de la guerre commerciale avec son concurrent Sega, puis, surtout, à partir du milieu des années 1990, avec l'évolution technique considérable des trois composantes du secteur : l'arcade, la console et le micro-ordinateur. Même si le marché en est très fluctuant, le secteur présente une croissance forte : on estime qu'il est passé en France de 0,2 million de francs en 1980 à 2 500 millions de francs en 1996. En 2005, le chiffre d'affaires a atteint 1 787 millions d'euros. En volume, cela signifie quelque 32,7 millions de logiciels[1]. En évolution continue dans les pays de l'ancien bloc de l'Est et même dans les pays émergents, l'équipement en jeux vidéo touche désormais à peu près un Occidental sur deux et il concurrence fortement – notamment pour le cœur de cible du marché, les garçons de moins de 15 ans – les autres médias, en particulier la télévision, en recul dans cette tranche d'âge. S'il existe évidemment des différences entre les trois grandes catégories de jeux qu'on a coutume de distinguer – de réflexion, d'action, de simulation –, un même principe est à l'œuvre dans chacun d'entre eux : celui de la projection dans un monde virtuel, lequel apparaît comme la forme high-tech de ce que les images de cinéma, avec leurs moyens propres, ont toujours proposé, à savoir l'immersion dans un monde fictif donnant l'illusion de la réalité.

Dans le jeu vidéo, cette projection peut être telle qu'elle en vient à une certaine forme de dédoublement de soi. C'était déjà sensible dans les jeux de rôles et d'aventures, comme *Alter Ego*, au nom symptomatique, qui conviait en 1986 le joueur à refaire sa propre vie « encore et encore, à

1. En 2005, aux États-Unis, le business des jeux vidéo a atteint la somme de 10,5 milliards de dollars, un score comparable à celui du cinéma (10,3 milliards).

chaque fois avec une personnalité différente[1] ». Cela devient une véritable création, une mise en scène d'un autre soi, à travers un avatar virtuel, dans l'univers du jeu en ligne de la Second Life. Succès considérable, qui touche déjà, début 2007, plus de 3 millions d'internautes, dont 300 000 en France, lesquels font vivre leur personnage virtuel à travers un univers lui-même virtuel reproduisant et même, désormais, anticipant la vie réelle. On peut y nouer des amitiés, y vivre des expériences sexuelles inédites, y acheter des vêtements, des immeubles, des piscines et faire fortune en vendant ces biens virtuels, à l'instar de Anshe Chung, la première millionnaire bien réelle d'un business totalement fictif. La vie politique y pénètre : en 2007, la Suède y ouvre la première ambassade virtuelle au monde et, en France, les candidats à la présidentielle s'adressent directement à ces avatars clonés comme à des électeurs potentiels, en envoyant leur propre clone dans le jeu pour y mener une campagne virtuelle. Surtout, le secteur économique, investissant le jeu, lui donne une consistance telle que le monde virtuel se trouve désormais directement branché par le marché sur la réalité. En 2006, l'enseigne American Apparel y installe ainsi son premier magasin virtuel de vêtements, dont les plans sont dessinés par ses propres architectes. En 2007, le groupe hôtelier W Hotel, après plusieurs semaines de travaux virtuels, y ouvre son dernier-né, un hôtel de luxe, l'Aloft, où l'on peut aussitôt réserver virtuellement pour passer des nuits véritablement de rêve, alors qu'il faudra, dans la vraie vie, attendre 2008 pour qu'il existe matériellement. On se retrouve à la pointe ultime : c'est le réel qui entre désormais dans le virtuel. Avec le « virtuel-réel », le jeu en ligne hypermoderne a inventé *l'écran oxymorique* qui, unissant les contraires, le

1. Cité par Alain et Frédéric Le Diberder, *L'Univers des jeux vidéo*, Paris, La Découverte, 1998, p. 53.

faux et le vrai, le fictif et l'authentique, donne naissance à une forme expérientielle inédite.

Quant aux marques, l'investissement dans Second Life représente un moyen inédit pour elles d'augmenter leur notoriété, rajeunir leur image, cibler une clientèle plus jeune. Il s'agit aussi, au moment où les individus se détournent des médias traditionnels et cherchent leur propre espace de liberté, de créer un contact particulier, un lien affectuel avec les consommateurs, le rapport à la marque s'établissant ici sur la base des fantasmes personnels, sur l'expérience du jeu et sur une complicité élective fondée sur le partage d'un univers commun[1].

Mais, il faut le souligner, ces stratégies ne trouvent toute leur efficacité que dans la mesure où ce monde parallèle pousse à un degré hyperbolique ce que le cinéma a d'emblée apporté au spectateur : la possibilité de vivre par procuration. Par les rôles qu'ils adoptent, par les fantasmes qu'ils scénarisent ou par les créations qu'ils réalisent, les joueurs de Second Life projettent une image d'eux-mêmes, selon un modèle fictif et virtuel apparenté au modèle-cinéma. Ils « se la jouent », devenant les scénaristes, les réalisateurs et les acteurs de leur propre vie. Certains cherchent à devenir les stars de ce second monde grâce à leurs réalisations ou animations. Cela relève de la *cinématographisation* croissante de soi et du rapport au monde qui amène les internautes à se filmer et mettre en ligne leur intimité, les vidéastes amateurs à faire leurs films, les auteurs d'actes violents à se filmer au moyen de leur téléphone mobile. D'un côté, le rêve du cinéma, dont la star offrait l'image fantasmatique, se trouve comme banalisé et démocratisé par le virtuel ; de l'autre, celui-ci redonne une nouvelle

1. Les jeux vidéo s'ouvrent de plus en plus à l'interactif et au partage en commun de l'expérience ludique. Combinant jeu vidéo, DVD et téléphone mobile, *Vitatemporis*, un jeu créé en 2005, inclut dans un jeu de piste mené à plusieurs l'envoi de SMS et l'entrée de l'énigme résolue sur DVD.

chance au rêve éternel des hommes – vivre une autre vie. Finie l'utopie politique qui promettait de « changer la vie » : il nous reste, en régime d'hypermodernité, le jeu, le jeu virtuel de vivre « une double vie ».

Bien sûr, l'univers vidéoludique n'est pas similaire à celui du cinéma. Dans le premier, le plaisir tient aux décisions, à la maîtrise, à l'action « efficace », alors que, dans le second, priment le regard et l'attention spectatorielle face à un récit auquel on ne peut rien changer. Il n'en demeure pas moins que différents créateurs de jeux évoquent désormais des séquences de films connus, introduisent des scènes dites « cinématiques » et non jouables, cherchent des effets proprement esthétiques et poétiques, utilisent des cadrages empruntés au cinéma, s'emploient à raconter des histoires afin de faire vivre, en quelque sorte, une expérience totale. Inversement, nombre de films d'action et de *blockbusters* à effets spéciaux précipitent leurs héros dans des courses, des cascades, des poursuites, qui sont traitées formellement comme le déroulement des parcours à obstacles qu'offrent les jeux vidéo. Un exemple en est la série des James Bond, qui évolue, au fil des épisodes, vers une « surenchère pyrotechnique » atteignant son point culminant avec *Meurs un autre jour* (2002), où « la fuite en bolide de 007 sur une mer gelée fondant à grande vitesse sous l'effet d'un laser renvoie plus à l'esthétique du jeu vidéo qu'aux effets cinématographiques[1] ». En dépit de tout ce qui sépare ces deux mondes, les développements les plus récents ne cessent de favoriser l'*hybridation*[2] des jeux vidéo et du cinéma.

1. « Cette débauche d'effets spéciaux a su combler une génération de jeunes spectateurs nourrie à la PlayStation » (Guillaume Fraissard, « Halle Berry, James Bond et la crise de la quarantaine », *Le Monde*, 6 avril 2007).

2. Sur la technologie numérique et l'art des hybridations, Edmond Couchot et Norbert Hillaire, *L'Art numérique. Comment la technologie vient au monde de l'art* (2003), Paris, Flammarion, « Champs », 2005, p. 108-115.

Même s'ils ne peuvent rivaliser, sur le plan formel de l'image, avec la magnificence et la sophistication du spectacle cinéma, les jeux d'arcade, de console ou en ligne font, comme lui, partie des industries du divertissement à impact émotionnel fort. Les échanges croisés entre les deux secteurs sont aussi nombreux que fréquents. Les jeux vidéo empruntent souvent leurs thématiques, leurs personnages, leurs effets au cinéma : ainsi dans les jeux d'action, de combats, d'aventures interstellaires. Mais pas de *blockbuster* hollywoodien qui ne suscite immédiatement comme produit dérivé le jeu vidéo qui le prolonge : James Bond, Indiana Jones, Rambo, Batman sont passés très vite du grand écran aux consoles. Inversement, le cinéma va chercher des sujets, des héros, des scénarios dans les jeux vidéo, depuis les célèbres Mario, Dragon Ball Z ou tortues Ninja engendrant toute une série de films, jusqu'au développement, notamment dans le cinéma asiatique, de films reproduisant l'univers virtuel des *videogames*. En 2001, Hironobu Sakaguchi, concepteur et producteur de plus de 40 millions de logiciels de jeux vidéos, porte à l'écran son jeu le plus vendu dans le monde (plus de 33 millions d'unités), *Final Fantasy*. Allant même jusqu'à proposer dans un film, *Avalon*, qui s'inspire des *videogames*, une image doublement réflexive – de reflet et de réflexion sur ceux-ci –, Mamoru Oshii décrypte la logique sociale des jeux vidéos à travers des images elles-mêmes réalisées par des procédés virtuels et des trucages numérisés[1]. La frontière, ici, devient floue : films conçus comme des jeux vidéo, jeux vidéos conçus comme des films.

Le phénomène, certes, reste limité, mais il traduit sans doute le prolongement d'une ambition difficile à réaliser mais inhérente au cinéma, lequel a « toujours ressenti des fourmis dans ce membre amputé que représente la dimension

1. Jean Serroy, *Entre deux siècles*, *op. cit.*, p. 689 et 590.

interactive du récit[1] ». Ce qu'esquissent des films comme *Smoking/No Smoking* – deux récits différents, selon que le personnage allume ou n'allume pas une cigarette – ou *Pile et face* – le destin d'une jeune femme qui prend des voies divergentes selon qu'elle peut, devant une porte qui se referme, prendre ou non le métro –, le jeu vidéo le réalise et le systématise. Et le vieux thème très américain de la seconde chance, développé à travers tant de films, devient un jeu en ligne qui lui donne un nom : Second Life.

Vidéo-clips, ou l'extase du look musical

Dès l'âge du muet, le cinéma s'est intéressé au son et, bien avant l'apparition du parlant et sa commercialisation par les frères Warner, divers procédés avaient été expérimentés pour ajouter le son à l'image. Une fois breveté « sonore, chantant et parlant », le cinéma a tout naturellement développé, dans ses productions mêmes, la part faite au sonore. Le premier film qui, en 1927, se met à « parler », d'ailleurs avec une chanson, le dit dans son sujet et son titre même : *Le Chanteur de jazz*. Les *musicals* de Broadway vont nourrir les innombrables comédies musicales, depuis les *chorals* de Busby Berkeley jusqu'au *Dreamgirls* de Bill Condon, qui réalise en 2006 la synthèse entre deux chanteuses cultes des années 1970 (Diana Ross, dont le film raconte l'histoire) et 2000 (Beyoncé Knowles, qui l'interprète). Inversement, et très tôt aussi, le monde du showbiz s'est intéressé pareillement au cinéma. En 1940, une société de Chicago invente, pour donner à voir les chansons, les Soundies, courts-métrages musicaux en noir et blanc de deux à trois minutes, visibles dans une machine en bois. Et dans les années 1960 s'ouvre l'ère du Scopi-

1. Alain et Frédéric Le Diberder, *L'Univers des jeux vidéo*, *op. cit.*, p. 170.

tone, petit film, là aussi de deux ou trois minutes, en couleurs, que l'on peut visionner en le choisissant parmi d'autres dans des sortes de juke-box sonores dont Claude Lelouch se fait alors une spécialité.

Tout bascule dans les années 1980, avec l'explosion du clip, nouveau mariage de la musique et de l'image qui utilise les trucages sophistiqués de la vidéo, voire, pour les plus riches, du cinéma. La chaîne MTV, la première, fait en 1981 le pari du clip continu, 24 heures sur 24. En 1983, *Thriller* de Michael Jackson (réalisé par un cinéaste, John Landis) apporte au genre sa caution artistique et cinéphile en s'inspirant ostensiblement de *La Nuit des morts-vivants* et autres films d'épouvante de George Romero. Puis *Beat It*, autre clip de Michael Jackson, s'inspire, lui, directement de *West Side Story*. Madonna est la première à sortir (en 1989) un titre directement en vidéo, *Justify my Love*. S'ensuit la multiplication des chaînes musicales, alimentées par le marché en plein essor du clip, jusqu'à ce que les années 2000, par de nouvelles avancées techniques, ne viennent encore bouleverser la donne. Voici venue l'ère du MP3 et de l'iPod, du téléchargement sur téléphone mobile, des sites de partage d'images et de sons sur le Web.

Le triomphe du vidéo-clip apparaît comme l'une des illustrations de la montée en puissance de la logique marketing dans l'industrie du disque, à l'heure de l'hyperconsommation. Diffuser de la musique et de la chanson filmée ne suffit plus : désormais, il faut que la musique se combine à un visuel fonctionnant comme mode et cinéma, marque et style. Non plus la simple image du chanteur, mais une création visuelle faite de surenchères de « déconstruction », destinées à créer un positionnement distinctif, une « image de marque » pour un public jeune en attente de sensations, de looks et d'originalité affichée. De même que la publicité new look ne se contente plus de présenter platement ses produits, de même la publicité musicale requiert un style créatif « tendance ». Par où le clip n'est autre qu'une création écranique structurée par la forme mode. Pointe ultime du film-mode, le clip apparaît comme la voie obligée du lancement d'un album, l'instrument privilégié pour la promotion de la musique du moment. Son importance dans l'économie du disque est devenue telle que la question se pose de savoir si la musique peut à présent survivre sans être filmée[1]. Quoi qu'il en soit, la société d'hyperconsommation est contemporaine de l'essor d'un mini-écran global qui associe style et marketing, image et son, parole et mode, musique et cinéma.

À l'instar des jeux vidéo, les clips ne sont pas sans liens avec le cinéma. Très vite, dès les années 1980, le clip apporte au cinéma un nouveau regard, une nouvelle façon plus heurtée de montrer et de raconter. La manière très rythmique dont les combats sont chorégraphiés dans la série des *Rocky*, pour atteindre leur paroxysme dans *Rocky 4*, tranche ostensiblement avec la façon réaliste dont le film de boxe traditionnel les filmait jusqu'alors : le ring comme un clip. Par ailleurs, progressivement, on voit, tout comme avec la publicité, nombre de nouveaux venus se former au clip avant de passer au cinéma. Toute une génération de jeunes cinéastes américains – Spike Jonze, Dominic Senna, Patty Jenkins –, mais aussi européens – Guy Ritchie, Olivier Dahan – vient du clip, à l'image de Michel Gondry, Français travaillant aux États-Unis et en France et réalisateur attitré des clips de Björk, qui transpose, par exemple, son univers onirique et stylistique dans un film à la fois hollywoodien et totalement atypique, *Eternal Sunshine of the Spotless Mind*. Ces cinéastes reprennent volontiers l'esthétique du clip, l'« esthétique MTV » (brièveté des plans, effets zapping, images soumises à un rythme compulsif) en

1. Question posée par Véronique Mortaigne et Odile de Plas, « L'image en renfort de la musique », *Le Monde*, 20 janvier 2007.

l'appliquant au cinéma, de la même manière qu'ils sont influencés par les cinéastes qui leur ont ouvert la voie (Scorsese, par exemple, qui a réalisé lui-même un clip pour Michael Jackson).

Mais là n'est pas le plus significatif. Initialement, le vidéo-clip était une simple mise en image d'un air musical. On n'en est plus là, le clip apparaissant comme une expression courte mais exemplaire de la logique hyper. S'y retrouvent en effet les trois grandes logiques caractéristiques de l'hypercinéma. Image-excès d'abord, avec les effets spéciaux, la vitesse de déroulement des images[1], le montage haché destiné à provoquer en permanence de la surprise et des sensations quasiment par voie d'immersion. Image-multiplexe ensuite, dont témoignent les innombrables incrustations, les fragmentations d'images, les démultiplications et éparpillements simultanés des figures : l'esthétique de Jean-Christophe Averty pourrait apparaître, en un sens, comme le modèle prototypique du clip en tant qu'art du montage et du collage. Image-distance enfin, les clips cultivant à profusion l'esthétique loufoque, « déjantée », ironique, si prisée par les jeunes. C'est ainsi la même logique hyper qui emporte le cinéma, la publicité et le clip. À ceci près que celui-ci échappe à la nécessité linéaire du discours-récit, à l'impératif de cohérence dans l'enchaînement des plans. Délesté des contraintes narratives, le clip se donne comme pur bombardement sonore et visuel, déconstruction poussée à l'extrême, succession d'images-flashes, sortes d'éclairs visuels qui, dans les clips techno, en viennent à faire proprement disparaître l'image mimétique. Ironie hypermoderne : le plus commercial a pris en charge ce qu'effectuait naguère le cinéma le plus expérimental.

1. Pour un clip qui dure 3 minutes, on ne compte pas moins, en général, de 50 plans, soit 3 à 4 secondes par plan.

Ce parallélisme ne doit toutefois pas masquer les différences qui séparent le film de cinéma du clip, au regard notamment du lien entre image et musique. Au cinéma, la musique est ressentie par le spectateur comme accompagnant « fidèlement » le récit pour en redoubler la signification : l'accord et l'unité d'« atmosphère » sont entre eux de règle. Rien de tel avec le clip, où le traitement de l'image semble fréquemment sans rapport avec l'esprit du morceau musical. On est dans l'hétérogénéité débridée, le jeu absolument libre affichant le rejet des styles classiques et ordonnés. Le style clip invente ainsi un nouveau rapport entre son et image dominé par le décalé, le disparate, la disjonction. L'image sur écran ne sert plus seulement à faire valoir la musique, elle se doit d'exprimer une valeur d'originalité pour elle-même.

Cependant, un clip raconte une histoire, si confuse et éclatée soit-elle, dont la trame a partie liée au morceau musical : c'est ici que se maintient le lien avec le cinéma, en tant que récit-en-images. On est à des années-lumière des premiers clips qui se contentaient d'enregistrer frontalement un chanteur en train de chanter sa chanson. Un clip, c'est un film, qui se donne à voir comme tel, et qui se nourrit de la vision et du style que le cinéma lui apporte. Luc Besson fait passer l'esthétique d'immersion visuelle et sonore qu'il a mise en place avec *Subway*, avant même de filmer les profondeurs céruléennes du *Grand Bleu*, dans le bleu de la piscine où il filme le vidéo-clip du pull bleu marine que chante Isabelle Adjani ; et le noir et blanc, les cadrages, le rythme, le style nerveux qu'impose en 1995 *La Haine* engendrent des kyrielles de rejetons à travers les innombrables clips filmant des groupes de rap sur fond de banlieue. Par le clip, l'auditeur devient spectateur d'un cinéma musical à usage intensif et à finalité immersive. Même s'il s'y atomise en fragments disparates et souvent délirants, le cinéma y est plus que jamais présent.

Plus grand sera l'écran

La frénésie ludique et spectaculaire trouve également à s'exprimer à travers un autre type d'écran, caractérisé quant à lui par ses dimensions : l'écran géant. Le cinéma, dans la ligne même de ceux qui, comme Abel Gance, ont toujours cherché à développer la magie de la projection par des moyens techniques et, notamment, par la taille de l'écran, a, sur ce plan, ouvert la voie et continue à faire référence. Non seulement les écrans des salles gagnent constamment en dimensions – les multiplexes d'aujourd'hui offrent des écrans qui vont jusqu'à plus de 20 mètres de base –, mais d'autres formes d'exploitation cinématographique vont plus loin, cherchant à agrandir encore la taille de la toile au-delà de ce que permettent les salles classiques. Les parcs d'attraction Disney, notamment, ont ainsi très vite installé d'immenses écrans circulaires géants, où sont projetés des films visant à accentuer le vertige ressenti par le spectateur. Ces films, s'ils sont surtout destinés à mettre en valeur l'équipement, le font d'autant mieux lorsque ce sont de vrais cinéastes qui en sont les auteurs. En 1996, Jean-Jacques Annaud réalise sur l'aviateur Guillaumet un film impressionnant, *Les Ailes du courage*, uniquement réservé à ce type de projection et aux sensations qu'elle suscite. Aujourd'hui, le procédé Omnimax (et l'Imax pour les écrans plats) permet de projeter des films en hyperformat, dix fois plus grand que le 35 mm, avec une image sur 180 degrés à l'horizontale et 120 degrés à la verticale, soit davantage que le champ même de la vision humaine. Sur les 120 salles dans le monde équipées de ce procédé, la France en compte 3, dont celle de la Géode, qui a reçu plus de 17 millions de visiteurs depuis son installation en 1985 et qui, en 2005, avec 530 000 spectateurs, était la première salle en Europe par le taux de fréquentation.

Le phénomène s'est généralisé avec la vidéo, les écrans à cristaux liquides et les retransmissions télévisées : on assiste aux grands matches de foot ou de rugby, dans le stade même, à la fois sur la pelouse et sur un écran géant où ils sont retransmis en direct ; Johnny Hallyday en concert au Champ-de-Mars peut être vu par des centaines de milliers de fans, pourtant éloignés du podium, grâce aux écrans géants qui relaient le spectacle ; les fidèles et les compagnons présents aux funérailles de l'abbé Pierre, même s'ils ne peuvent entrer dans Notre-Dame, disposent d'un écran géant sur le parvis de la cathédrale pour suivre la cérémonie. L'événement, du coup, se trouve doublement médiatisé : parce qu'il est retransmis et vu sous forme d'images, et aussi parce que ces images sont immenses, sans commune mesure avec la vision personnelle directe.

L'effet cinéma joue ici pleinement : le gros plan qui isole la tête de Zidane envoyant Materazzi au tapis en finale de la Coupe du monde 2006 devient très, très gros plan, image focalisée qui fait le tour du stade avant de faire le tour du monde, amplifiée par sa transmission sur l'écran et par les procédés cinématographiques qui l'accompagnent – flashback, ralenti, zoom… La réalité du fait, lequel – compétition sportive, réunion politique, show musical – est déjà lui-même spectacle, est transformée en hyperspectacle, qui le dédouble et l'hyperbolise. Ce n'est plus un match ou un concert que l'on voit, mais un réel filmé, des effets images, une dramaturgie spectacle, des actions et des enchaînements systématiquement mis en scène. Au point que, lorsqu'on assiste à présent à un match depuis les tribunes, dans un stade où l'on ne dispose pas de ces procédés de retransmission, une certaine frustration naît devant ce que l'on vit en direct : on voudrait revoir le but au ralenti, isoler le geste, revisionner le film de ce qu'on vient de voir. Avec l'écran géant qui donne à voir l'événement autrement, on n'est pas au cinéma, mais c'est le cinéma qui est là, l'hypercinéma de l'hyperécran.

Écrans d'ambiance : atmosphère, atmosphère…

Différents de ce type d'écrans ultravisibles, et relevant pourtant d'une même prégnance du cinéma, apparaissent, de plus en plus nombreux et banalisés, les écrans qu'on peut appeler d'*ambiance*. Les écrans plats, qui peuvent être accrochés aux murs comme des tableaux, concrétisent ce type d'équipement, désormais monnaie courante dans les halls d'entreprises, dans les bars et les restaurants, dans les salles de jeux, dans les magasins de mode et les boutiques de luxe[1], dans les salles de cinéma elles-mêmes, où ils forment ce que l'on pourrait appeler un fond visuel, comme on le dit du fond sonore qu'assurent le piano-bar ou la musique d'ascenseur. Faits d'une certaine façon pour ne pas être regardés, comme ce type de musique est fait pour ne pas être écouté, ils assurent néanmoins un environnement visuel qui inscrit la réalité dans une ambiance écranique. L'écran est là, comme garant de la dimension médiatisée de la réalité. Il en traduit même de façon fragmentée, diversifiée, morcelée – façon puzzle – la multiplexité lorsque, se faisant mur d'écrans qui aligne dix, vingt écrans à la suite, il remplace la matérialité brute du mur par une surface d'images éclatées, labyrinthiques, démultipliées, comme à l'intérieur du palais des glaces où

1. Ce ne sont plus seulement les lieux à la mode qui se peuplent d'écrans mais la mode elle-même qui s'emploie à investir les écrans numériques à usage personnel. Déjà, fabricants et grandes marques (Prada, Dolce & Gabbana, Levi's) développent des téléphones mobiles combinant haute technologie et design « branché ». Voici l'écran qui s'installe dans le registre de l'accessoire de mode : une techno-luxe qui est un écran-mode, variante individuelle et distinctive de l'écran d'ambiance.

Rita Hayworth, sacrifiée par Orson Welles (*La Dame de Shanghai*), répétait dans ses reflets multiples : « *I don't want to die* »…

Si le plasma permet aujourd'hui d'accrocher l'écran au mur, le développement prévisible des nanotechnologies devrait permettre d'aller beaucoup plus loin encore. On travaille déjà à la combinaison du plasma et des cristaux liquides avec des nanomatériaux qui viendraient renforcer la couleur et le contraste de l'image : à terme, cela laisse imaginer un écran qui, plutôt que de s'accrocher, finirait par se fondre avec le mur. Le matériau même dont serait fait la maison serait ainsi écran lui-même : l'écran fait monde.

Sans présager encore très précisément des formes qu'ils pourront prendre à l'avenir, la présence/absence de ces écrans, si courants qu'ils en viennent à ne plus être remarqués, enrobe l'existence de chacun, sans qu'il s'en rende compte, d'une atmosphère cinéma. Et telle image captée au vol, qu'on identifie comme un extrait de film ou un moment de spectacle qu'on reconnaît, joue comme un point de repère, comme une référence à une culture écranique partagée. Soluble dans l'air ambiant, le cinéma devient, *via* ces écrans d'atmosphère, la toile de fond, le *background* du quotidien hypermoderne.

L'ÉCRAN EXPRESSIF

La dimension décorative, qui n'est pas absente de ces écrans plasma accrochés au mur, conduit à un autre aspect, essentiel, qui définit tout à la fois la nature et la finalité de nombre de ces nouveaux écrans : leur rapport avec l'expression artistique. Ceux-ci, prenant le relais de la toile blanche du cinéma, se sont faits les supports d'œuvres à ambition expressément stylistique et sont devenus le vecteur privilégié de toute une nouvelle génération de créateurs, qui y trouvent un moyen neuf susceptible de leur permettre d'exprimer leur sensibilité artistique.

L'art vidéo : du confidentiel à l'expression de masse

Alors qu'il se montre très critique vis-à-vis de la télévision commerciale, tombeau du cinéma, Jean-Luc Godard se fait très tôt l'apôtre de la vidéo qu'il va, dans l'après-1968, « prêcher comme saint Bernard la croisade[1] ». Délaissant même un temps le cinéma pour elle, dans l'effervescence des années gauchistes, il ne l'abandonne jamais, même lorsqu'il revient au cinéma dans les années 1980. Depuis, retiré sur ses terres suisses, il poursuit ses recherches dans cette forme d'expression qu'il voit comme une nouvelle jeunesse de l'art : « La vidéo est un art né adolescent qui ne deviendra jamais adulte[2]. » Dans cet engouement pour une technique qui, par sa légèreté d'utilisation et son faible coût, permet des expérimentations que le cinéma, économiquement et techniquement beaucoup plus lourd, n'autorise que plus difficilement, se dessine une première affinité entre la vidéo comme moyen d'expression artistique et le cinéma.

L'un et l'autre, liés à des techniques, ont toujours eu un côté expérimental qui a séduit de nombreux artistes

1. Jean-Paul Fargier, « Histoire de la vidéo française. Structures et forces vives », in *La Vidéo entre art et communication*, Paris, École nationale supérieure des beaux-arts, 1999, p. 50. Plus précisément, sur l'art vidéo, consulter : Françoise Parfait, *Vidéo. Un art contemporain*, Paris, Éditions du Regard, 2001 ; Florence de Mèredieu, *Art et nouvelles technologies. Art vidéo, art numérique*, Paris, Larousse, 2003 ; Michael Rush, *L'Art vidéo*, Paris, Thames & Hudson, 2007.

2. Été 1995, in *La Vidéo entre art et communication*, *op. cit.*, p. 7.

d'avant-gardes. Lorsque Andy Warhol, dans le cinéma underground des années 1960, filme pendant 6 heures le sommeil d'un homme (*Sleep*), l'approche radicale du film relève de la même démarche avant-gardiste et provocatrice que celle d'un Nam June Paik, ou de Godard lorsqu'il adapte en vidéo Edgar Poe, dans *La Puissance de la parole*, pour répondre à une commande du ministère des Postes et Télécommunications. En fait, né vers la fin des années 1960, avec l'apparition du Portapak, la première caméra portable, l'art vidéo a, depuis, utilisé expérimentalement toutes les ressources de l'écran, à travers des installations et des performances qui s'inscrivent aux antipodes de la séduction du cinéma. Libérée de la domination de la télévision et explorant ses propres potentialités, la vidéo a néanmoins conquis une place de plus en plus grande au sein d'arts visuels à la recherche de voies alternatives : dans les années 1990, la moitié environ des œuvres présentées à la biennale de Venise faisaient intervenir la vidéo.

Cette importance prise par l'art vidéo, même si elle semble aujourd'hui quelque peu décroître, a pu apparaître comme une façon, pour les créateurs, d'inventer une forme d'expression autre que le cinéma. Pourtant, cette prétendue coupure pose problème. D'abord parce que nombre de cinéastes, et Godard le premier, pratiquent conjointement le cinéma et la vidéo. Des cinéastes de premier plan, comme David Lynch ou Peter Greenaway, intègrent le cinéma et la vidéo à une démarche artistique plus large, qui déborde vers la photo, le collage, l'installation. L'un des réalisateurs les plus novateurs du jeune cinéma asiatique, le Thaïlandais Apichatpong Weerasethakul, est aussi l'un des plasticiens et des artistes vidéo majeurs de la nouvelle scène artistique. D'autre part, nombre de techniques utilisées par les vidéastes viennent du cinéma : ainsi les fameux multi-écrans et multi-images tels que les pratiquent Isaac Julien, René Huyghe,

Doug Aitken portent à leur apothéose les procédés expérimentés par Abel Gance dès les années 1920-1930. D'autre part encore, la numérisation progressive fait que les deux techniques ont de plus en plus partie liée. Déjà, en 1991, un film comme *Prospero's Books* présentait des images élaborées à la fois sur pellicule et sur bande vidéo, à partir de dessins, de peintures et d'animations, le tout combiné dans un système de vidéo HD avant d'être scanné au laser sur négatif de film 35 mm. Dix ans après, lorsqu'il aborde en 2003 l'élaboration de son triptyque *The Tulse Luper Suitcases*, le même Greenaway organise son film comme une production interactive qui nécessite la vidéo, le DVD, le livre et le site Internet : l'œuvre se présente comme une construction multimédia, multiforme et combinatoire.

Les progrès considérables effectués par la haute définition répandent l'usage de la caméra DV auprès des cinéastes, et ce non pas seulement pour réduire le budget des films. Claude Miller, amené pour des raisons financières à tourner *La Chambre des magiciennes* en vidéo numérique, y découvre une liberté telle que, lorsqu'il revient au 35 mm dans son film suivant, *Betty Fisher et autres histoires*, il décide de conserver deux principes que la vidéo lui avait permis d'expérimenter : avoir plusieurs points de vue sur la scène en tournant en permanence avec deux caméras, et refuser toute machinerie installée en tournant caméra à l'épaule. David Lynch, dont *Inland Empire* est projeté à Venise en Beta numérique avant même d'avoir été transféré sur pellicule, trouve dans le tournage en vidéo des ressources insoupçonnées, qui sont pour lui autant d'avantages. Outre qu'on peut filmer en continu, au cours de prises qui durent 40 minutes sans que l'on ait à recharger la caméra, la souplesse du tournage apporte une liberté absolue : « Avec la caméra numérique, vous êtes léger, mobile ; vous bougez ici et là, vous pouvez presque voir dans l'obscurité. Pour moi, c'est comme un rêve devenu réalité[1]. » Pratiquée par de vrais cinéastes, la vidéo n'est pas ressentie comme l'autre du cinéma, mais comme une extension des possibilités qu'elle lui offre.

Elle permet du reste à toute une génération de débutants, qui, sans elle, n'y auraient pas accès, d'aborder le monde du cinéma par le biais d'une technique plus économique et de maniement plus simple. Elle joue de ce fait un rôle efficace de laboratoire, comme on le constate dans les festivals de courts-métrages, où le nombre de films tournés en vidéo va croissant.

Pour autant, le fait que nombre d'artistes vidéo aient ostensiblement pris le contre-pied du cinéma, en détournant l'image vidéo vers autre chose, a contribué à établir un clivage entre les deux formes d'expression. Il est vrai qu'un art vidéo s'est développé, qui a sa propre histoire, laquelle, si elle s'est déterminée expressément contre la télévision, s'est aussi définie par une mise à distance du cinéma et a connu un développement fortement autonome par rapport à celui-ci, ce qui n'est pas le cas de la publicité ou du clip. La coupure, pour autant, n'est pas complète. C'est en réalité une configuration plus complexe qui s'est mise en place, à travers ce qui relève plutôt de croisements ponctuels. Certains vidéastes ont intégré dans leur création les recherches du cinéma expérimental ou d'œuvres comme celle de Godard. De même, si les installations vidéo ne sont pas du cinéma, elles racontent néanmoins quelque chose selon des procédés de rupture, de décalage, d'ellipses, de diversité, de complexité, qui ne sont pas étrangers à l'esthétique de certains des maîtres de l'hypercinéma. Les familiers de Greenaway, d'Egoyan, de Haneke, de Lynch ont l'œil habitué à des images complexes dans lesquelles ils ne voient pas de rupture avec les plus innovantes des images vidéo. Il s'agit d'une culture de l'image mobile, ce que John Wyver appelle

1. Entretien avec Jean Serroy.

« une culture de l'image disparate et nouvelle[1] » où les interactions sont constantes.

Mais voilà qu'un véritable séisme bouleverse la planète vidéo. Les installations, les performances et les montages vidéo ont longtemps été confinés aux centres de création contemporaine, à des manifestations fréquentées par des cercles restreints d'initiés, à l'obscurité de quelques expositions ou festivals plus ou moins confidentiels. Or un nouveau et formidable vecteur de diffusion vient bouleverser la donne, soustrayant l'art vidéo à cette pente nombriliste : le Web. L'apparition des sites de diffusion et de partage vidéo MySpace,YouTube (créé en 2005, racheté en 2006 par Google) ou DailyMotion, le petit dernier, français, changent radicalement la donne[2]. D'un art d'avant-garde, affaire de spécialistes, on passe à un art de tous et pour tous. En devenant partie prenante de l'univers numérique, la vidéo s'ouvre à l'aventure de la diffusion de masse en même temps qu'à la Toile planétaire. Voilà que cet art réputé « ennuyeux » et « difficile » se trouve relayé par des créations-loisir dont certaines continuent, certes, de se situer dans le sillon avant-gardiste, mais dont la plus grande partie se présente sous un jour moins ambitieux, plus spontané et plus ludique, plus proche du cinéma que de l'esthétique des installations.

Art numérique : l'écran expérimental

Comme l'art vidéo, l'art numérique a été pratiqué par des créateurs cherchant à utiliser les possibilités d'une

1. « Pour en finir avec "l'art vidéo", in *La Vidéo entre art et communication*, *op. cit.*, p. 162.

2. La progression de ces sites est étourdissante : YouTube, le site leader de vidéo américain, qui avait 325 000 visiteurs en janvier 2006, en reçoit 3,5 millions en janvier 2007, soit une augmentation de 1000 %. Et Dailymotion, quasiment inconnu en janvier 2006, avec seulement 169 000 visites, en affiche plus de 3 millions en décembre, soit 1 715 % de progression en un an !

technologie nouvelle qui, vers la fin des années 1960, ouvrait des perspectives radicalement inédites[1] en apportant une liberté créatrice jusque-là insoupçonnée.

L'utilisation des dispositifs de traitement automatique de l'information n'a d'abord attiré que des spécialistes, comme Michael Noll ou Manfred Mohr, capables de maîtriser non seulement cette technique mais aussi les combinatoires de type mathématique et logique qu'elle permettait. Les œuvres qu'ils réalisent, inspirées par l'abstraction géométrique plus que par le souci de figuration, jouent avec les éléments graphiques, avec les séries, avec l'algorithmisation de la couleur. Ce n'est qu'avec l'apparition de la micro-informatique, vers le milieu des années 1970, puis, surtout, de l'image animée et de la 3D, au début des années 1980, que l'art numérique s'ouvre à des utilisateurs moins strictement formés aux sciences.

On voit alors des artistes venus d'autres formes d'expression, notamment de l'animation et du cinéma, choisir l'ordinateur comme support de leur création. Ainsi, Marc Caro, futur partenaire de Jean-Pierre Jeunet pour *Delicatessen* et *La Cité des enfants perdus*, s'essaie, par l'informatique, à renouer avec les trouvailles de Méliès. D'autres, comme William Latham, réalisent des sculptures virtuelles tridimensionnelles. La plupart s'intéressent surtout à l'animation, qui constitue à ce moment-là le principal champ d'investigation de la création numérique, dans une recherche qui, à l'inverse du réalisme du cinéma d'animation traditionnel, s'aventure dans les chemins du fantastique, de l'insolite, du virtuel – c'est le cas avec les réalisations de Yoichiro

1. Edmond Couchot et Norbert Hillaire tracent l'histoire de cet art numérique et en proposent un large panorama dans *L'Art numérique*, *op. cit.* Les pages qui suivent leur empruntent certains exemples. À voir également : Jean-Pierre Balp (dir.), *L'Art et le Numérique*, *Les Cahiers du numérique*, n° 4, Paris, Hermès, 2000 ; Christiane Paul, *L'Art numérique*, Paris, Thames & Hudson, 2004 ; Rachel Green, *L'Art Internet*, Paris, Thames & Hudson, 2005.

Kawaguchi, qui imagine des créatures vivantes non figuratives dans un univers lui-même imaginaire sans rapport avec l'univers sensible. Les peintres, les réalisateurs de clips, les vidéastes viennent eux aussi utiliser les technologies numériques et appliquer à leurs œuvres le traitement d'images, les incrustations, le contrôle numérique de la caméra. Mais ce travail reste confidentiel.

Ce sont les années 1990 qui ont donné le coup d'envoi de l'explosion de l'art numérique, grâce au développement de la réalité virtuelle, du multimédia, des réseaux de communication numérique. Ces innovations technologiques ont permis d'explorer d'une nouvelle manière les ressources de l'interactivité numérique afin que le public ne soit plus seulement témoin mais « coauteur » de l'œuvre. Des installations voient le jour où le spectateur est plongé dans des environnements simulés procurant une intense impression de réalité. Ainsi du cube de Jeffrey Shaw, où le spectateur se retrouve face à des parois animées d'images en 3D commandées par un mannequin que lui-même manipule, ce qui le plonge dans une série d'univers virtuels différents suivant les impulsions qu'il lui donne. Ou encore du voyage virtuel que Chair Davies propose à un spectateur sanglé et équipé d'un casque de visualisation, qui lui permet de naviguer dans des paysages oniriques en fonction de son rythme de respiration. Le procédé est ici celui de l'immersion du spectateur dans l'œuvre elle-même, dont il est aussi d'une certaine façon le principe agissant, puisqu'elle se reconfigure en fonction des choix qu'il prend.

D'autres formes d'expression numérique se multiplient : des dispositifs ouverts, de formes très diverses, proposent des images virtuelles qui jouent elles-mêmes avec le spectateur, comme le fameux œil de Bill Spinhoven, qui, sur un écran vidéo, cligne en gros plan puis, lorsqu'un visiteur passe, se met à le suivre avec précision et insistance. La plupart du temps, lesdites installations utilisent des moyens multimédiatiques combinant texte, image et son. Ce peut être sur CD-Rom, comme le fait Chris Marker, toujours à l'avant-garde, qui offre, dans *Immemory*, une navigation à l'intérieur de sa propre mémoire, à partir de photos, d'images d'archives, de textes. Il peut aussi s'agir de dispositifs interactifs qui créent des êtres virtuels relativement autonomes avec lesquels on peut entrer en relation. Dans *Danse avec moi* (Michel Bret et Marie-Hélène Tramus), une danseuse virtuelle, dotée d'une capacité d'apprentissage, exécute des pas de danse improvisés en réponse aux gestes d'une danseuse réelle. Ce peut être encore, et cela le devient de plus en plus, un travail en ligne. Car le Web est désormais devenu un instrument utilisé également à des fins d'art. Un art qui, à la frontière du non art, n'a guère produit encore, notons-le, de formes visuelles riches et qui, de surcroît, ne concerne qu'un microcosme de spécialistes.

Quoi qu'il en soit, de plus en plus de formes artistiques se construisent et se transforment en fonction des techniques numériques. L'ordinateur et son écran sont chaque jour mobilisés davantage dans les domaines les plus variés de la création, de la communication et de l'information. Pouvant simuler la peinture, la photographie, le cinéma, la vidéo, l'architecture, la voix, la musique, la danse, et s'appliquant à la quasi-totalité des activités humaines, le numérique est bien la technique englobante, universelle, du temps de l'écran global. C'est dans ce contexte que le cyberart cherche des voies nouvelles pour créer un nouveau dialogue entre l'ordinateur et le public, affiner les dispositifs interactifs et impliquer le corps même du spectateur. Cependant, ces nouvelles visées « expérientielles[1] » ne doivent pas cacher que l'art numérique reste dominé par des installations qui créent infiniment plus de distance et de

1. Edmond Couchot et Norbert Hillaire, *L'Art numérique*, *op. cit.*, p. 206-207.

froideur que de participation sensible et imaginaire. Quelles que soient les intentions artistiques proclamées, l'écran numérique qui est donné à voir dans les centres d'art contemporain livre une démarche expérimentale plus qu'une expérience sensible, un régime d'immatérialité abstraite plus qu'une relation tactile et imaginaire. On y trouve beaucoup d'inventivité technicienne, peu de puissance de transport émotionnel. Les moyens techniques mobilisés peuvent être subtils et ingénieux, le résultat final, souvent décevant, laisse perplexe. L'imagination technique : pour quoi ? à quelle fin ? Si cette appréciation vaut s'agissant de nombre d'œuvres de l'art contemporain, elle ne s'applique pas, comme telle, au cinéma. Ici, la créativité technicienne ne fonctionne pas pour elle-même : elle apparaît au service d'un récit et des émotions du spectateur. Loin de générer une expérience abstraite, le numérique au cinéma (*via* les effets spéciaux) a contribué à enrichir l'expérience perceptive et émotionnelle du public.

Cinémania : à chacun son film

Il n'en demeure pas moins que la question de la créativité personnelle par le truchement de l'écran a pris une dimension inédite dont l'importance n'échappe pas aux acteurs du monde de l'art, de la culture, de l'information, de la publicité[1], qui assistent à l'émergence de créateurs disposant désormais de moyens nouveaux non seulement pour créer mais aussi pour se faire connaître. Adepte de l'outil informatique et de la caméra, la génération des 15-30 ans y trouve

1. En février 2007, le premier festival consacré à la création sur Internet, organisé à Romans, est parrainé par des partenaires comme le ministère de la Culture et de la Communication, TF1, M6, Reporters sans frontières, TV5 Monde, *20 minutes*, *Art & You*, *Psychologies*, AOL, Microsoft Expression, MySpace…

des moyens d'expression touchant toutes les formes artistiques : musique, photo, graphisme, BD, vidéo et, naturellement, cinéma. Nourrie elle-même d'une culture de l'image où le cinéma tient une place centrale, elle se tourne massivement vers le Web, délaissant le court-métrage classique – cinéma ou vidéo –, jusque-là considéré comme le moyen d'accès privilégié à la production de longs-métrages, au profit du réseau informatique, dont le coût est infiniment plus modeste et dont la diffusion est sans commune mesure avec les quelques passages en salles ou dans les festivals : 100 millions de vidéos sont visionnées chaque jour sur YouTube et 65 000 nouvelles vidéos sont ajoutées quotidiennement. Jamais on n'a autant produit et diffusé de séquences filmées[1], jamais on n'a enregistré autant d'expressions vidéo « art et essai », jamais son public n'a été aussi immédiatement mondial.

Parallèlement à cette cinémania créative, c'est à une cinémania narcissique et obsessionnelle que l'on assiste. En témoignent les usages extrêmes de la webcam qui filme et diffuse en direct, 24 heures sur 24, l'intimité de certains individus. Surexposition de sa vie dans ses moindres recoins, « sublimation » de son quotidien en scène extraordinaire : l'écran *on line* permet aux passions exhibitionnistes et hyper narcissiques de se manifester à une échelle inconnue jusqu'alors. Mais, surtout, c'est une espèce de cinémania-réflexe qui enregistre une formidable expansion. Sans cesse, de nos jours, les individus photographient et filment leur environnement ; tout, aujourd'hui, du plus dramatique au plus anodin, des avions du 11 septembre

1. La télévision elle-même fait aujourd'hui place à ces visuels. En France, une émission de Canal + s'intitule *Les Films faits à la maison* ; en Angleterre, Channel Four diffuse un magazine, *Home Made*, entièrement composé de vidéos fournies par des cinéastes amateurs, et ITV montre l'actualité dans une émission, *I was There. The People's Review*, à travers des scènes filmées par les spectateurs eux-mêmes.

s'encastrant dans les Twin Towers à la pendaison de Saddam Hussein, des incendies de voiture dans les banlieues en fièvre au petit chien qui joue sur la pelouse, devient matière à cinéma numérisé. La sphère politique elle-même n'échappe pas au phénomène : on voit désormais les « trackers » suivre à la trace les leaders politiques, guetter le moindre faux pas, provoquer parfois intentionnellement des incidents pour diffuser immédiatement sur un blog la scène filmée. Dans les rues et les transports, dans les fêtes, dans les expositions, on se filme et on filme à tout va et tout ce qui passe, comme si l'image réalisée importait davantage que l'expérience immédiate vécue.

À quoi tient cette frénésie d'images ? Comment comprendre pareille cinémania prenant le pas sur l'expérience directe ? On peut y reconnaître, à l'évidence, une démocratisation des désirs d'expression individuelle, un désir d'activité personnelle que l'on retrouve dans d'autres pratiques – écriture, blog, danse, chorale, karaoké, arts plastiques –, et qui traduit le besoin d'échapper au seul statut d'*Homo consommator*. L'individualisme hypermoderne n'est pas seulement consumériste : il cherche à reconquérir des espaces d'autonomie personnelle, à se construire en s'appropriant le dehors, à mettre en image et en scène le monde, un peu à la manière d'un reporter, d'un photographe, d'un cinéaste[1]. Je filme, donc je suis : désormais sommeille en chaque homme de loisir un désir « artiste » et en chaque quidam un « cinéaste », le rapport au monde devenant de plus en plus esthétique[2]. Une nouvelle frontière se dessine : elle n'est autre que l'expressivité de soi érigée en idéal de masse.

1. Cette nouvelle passion individualiste de masse se trouve stimulée, qui plus est, par différents sites qui invitent les internautes à mettre en ligne leurs photos et vidéos. Chacun devient un ciné-reporter amateur en puissance.

2. C'est ce que révèle le festival Pocket Films, organisé à Paris pour la troisième fois en 2007, qui présente sur grand écran 200 productions de « films de poche » réalisés par et pour téléphone mobile.

En même temps, cette cinémania apparaît comme une manifestation de la poussée des désirs hédonistes et ludiques ainsi que des désirs d'animation permanente de soi caractéristiques de la société d'hyperconsommation. Le processus, engendré par la première génération de Polaroïd, s'est généralisé, le « bonheur » de l'image en mouvement en plus. Le résultat de l'enregistrement est visible immédiatement et, comme l'image ainsi captée n'est pas le double du réel, c'est une image qui ajoute toujours quelque chose à ce qui se donne à voir. Là est le ressort subjectif du phénomène : le plaisir de découvrir d'une autre manière ce que l'on est en train de voir, la surprise amusante, imprévisible, de ma propre image et du spectacle alentour. Surprise, surprise : la cinémania dilettante de masse se nourrit d'attentes *fun*, du désir de connaître de petites sensations toujours renouvelées, de sortir fugitivement du répétitif grâce à des images cocasses ou dérisoires. Par où la cinémania n'est pas sans lien avec l'hyperconsommateur hédoniste perpétuellement en attente de nouvelles expériences de distraction destinées à contrecarrer les temps morts de la vie.

Mais, s'il existe une cinémania frivole ou gadget, il en est d'autres de nature différente : le porno amateur, par exemple, rendu plus fréquent et aisé par le caméscope, la webcam ou le mobile. Cinémania hard et, depuis peu, non sans un aspect nettement plus inquiétant : une cinémania perverse, voire criminelle. Ainsi du jeu à la mode, le *happy slapping*, inventé par les collégiens anglais, qui consiste à gifler un passant dans la rue et à filmer l'action sur mobile ou, un cran et une violence plus loin, à coucher avec une fille, voire à la violer, et à enregistrer pareillement la scène en images que l'on fait ensuite circuler[1]. Alors même qu'elle

1. Pour faire obstacle à cette pratique, la loi française interdit, désormais, aux internautes de diffuser des photos et vidéos montrant des violences contre des personnes.

semble ici absente, la ciné-attitude est sans doute ce qui en fournit l'une des clés. Il ne suffit pas de faire : il faut authentifier l'acte par la caméra ; c'est parce qu'il est cinématographié qu'il est et qu'il crée de la reconnaissance. Dans une époque où chacun peut devenir le réalisateur-distributeur de sa propre image de soi en même temps que l'acteur de son propre film, le désir qui se dit est celui de s'élire soi-même vedette, de devenir une espèce de héros iconique. Une ego-star en circuit fermé, une vedette de bande, qui réduit à l'extrême ce que le cinéma avait créé comme un rêve inaccessible, intouchable. Un de ces sites personnels, *Stella Strawberry*, le dit bien, qui se fixe comme programme : comment devenir une star ? Loin de ses bases originelles et du nitrate de cellulose de ses pellicules inflammables, le cinéma est toujours là, qui continue, pour le meilleur et pour le pire, à enflammer les individus, à donner forme aux désirs les plus fous.

Du pouvoir écranique

L'écran, devenu ainsi écran-monde, sera-t-il le fossoyeur des autres formes d'expression ? Dans l'empire du tout-écran, faut-il voir, comme certains le pensent, un processus destructeur, l'invasion barbare d'un Attila culturel, une entreprise d'annihilation de l'écrit-papier millénaire ? La question, d'ores et déjà, se pose dans le secteur de l'information : les grands titres de la presse internationale, nationale, régionale ont, pour la plupart, ouvert des sites et mis leurs journaux en ligne, établissant la ligne prospective de leur propre développement dans l'hypothèse dès à présent paramétrée d'une régression, voire d'une disparition, du support papier. Il risque d'en aller de même pour les revues, notamment scientifiques et universitaires, dont certaines sont déjà proposées uniquement sur la Toile, et pour tout type de publications courtes, où les coûts induits par la fabrication et la diffusion auront sans doute du mal à résister à l'économie considérable que constitue le passage en ligne. Ce qui relève de la simple information a de fortes chances, à terme, de se trouver produit et diffusé en priorité sur le Web, rejoignant par là le sort de la correspondance, qui a vu quasiment disparaître la lettre ancestrale au profit de l'e-mail ou du SMS, entraînant d'ailleurs paradoxalement un retour à l'écrit, même si c'est sous une forme à l'évidence moins sophistiquée que celle que pratiquait la marquise de Sévigné.

Reste le livre. L'enjeu est, ici, majeur : y toucher revient à toucher un des piliers de notre civilisation. D'où le caractère imprécatoire que revêtent les prévisions des Cassandre qui voient se profiler, dans le pouvoir grandissant de l'écran, le tombeau d'un monde. Il est en effet indubitable que l'écran exerce, notamment auprès des jeunes, un pouvoir d'attraction qui semble les détourner du livre, et que la majorité des lycéens va plus volontiers consulter Wikipédia que l'Encyclopédie Universalis. Les menaces sont, à l'évidence, bien réelles : nombre de rapports soulignent la régression de la lecture chez les jeunes, les adolescents, les étudiants et les cadres, ainsi que la diminution du nombre de ceux qu'on appelle les « gros lecteurs », désaffection qui s'accompagne d'une perte de prestige du livre et d'une baisse des tirages moyens dans un certain nombre de domaines. Les perspectives que l'on peut raisonnablement tracer sont néanmoins sans doute plus nuancées que pourraient le laisser supposer les jugements apocalyptiques. Le livre a, pour se défendre, des atouts que l'écran ne saurait lui disputer : le confort de lecture qu'il présente, la maniabilité qui est la sienne, le plaisir proprement tactile et visuel qu'il offre, tout ce qui en fait l'une des inventions assurément les plus parfaites qu'ait jamais engendrée l'ingéniosité humaine. En dehors de tout fétichisme ou de toute nostalgie, on peut raisonnablement penser que l'heure de la mort annoncée du livre n'est pas à l'ordre du jour.

Sans doute ses conditions de diffusion, avec la vente en ligne et la numérisation, risquent-elles de modifier en profondeur son économie commerciale. Si l'on distingue, pour schématiser, trois axes constitutifs du domaine du livre (livres-plaisir, livres-savoir, livres pratiques), le secteur pratique (encyclopédies, répertoires, manuels pratiques) va être le plus fortement affecté par le numérique, et, risquant de disparaître à son profit, il va voir son avenir se jouer totalement sur écran, ce qui a toutes les chances de déséquilibrer le marché global de l'édition[1]. Mais, concernant les deux autres secteurs, et quant à ce que le livre véhicule de pensée, de culture, de plaisir, de connaissances, il gardera longtemps encore sa place irremplaçable. Il n'est du reste pas dit qu'il ne tirera pas lui-même avantage du développement des écrans. On s'aperçoit déjà que l'explosion du Web n'a nullement fait baisser le chiffre d'affaires du secteur éditorial ; les facilités du traitement de texte ont même développé un type d'édition légère, qui permet à de petites maisons de produire et de diffuser des livres originaux ou des rééditions qui n'auraient pu voir le jour sans l'ordinateur ni se vendre sans Internet. L'objet livre, qu'on garde dans sa bibliothèque, qu'on emporte avec soi, qu'on feuillette au gré de l'envie, qu'on ouvre et qu'on referme, qu'on écorne, qu'on surligne, qu'on prête ou qu'on conserve jalousement, garde toute sa spécificité, qui n'est pas celle d'un livre sur écran, dont l'être sera toujours d'une autre nature.

1. Voir la mise au point de Benoît Yvert, « L'avenir du livre », *Le Débat*, n° 145, mai-août 2007.

Mais, au final, la vraie puissance de l'écran est ailleurs. Le siècle que nous avons quitté et celui qui commence nous ont appris, en effet, qu'il y a un pouvoir de l'écran en tant que tel. Ce pouvoir est d'origine : la toile de l'écran cinéma (c'est le moment premier), telle que d'emblée les frères Lumière la tendirent dans le sous-sol du Grand Café, boulevard des Capucines, un jour de décembre 1895, a immédiatement exercé une forme de captation extrême, attirant et subjuguant des spectateurs qui se trouvaient irrésistiblement attirés par elle. Céline en a dit le pouvoir incandescent, lorsque, dans *Voyage au bout de la nuit*, le narrateur entre dans l'obscurité d'une salle de cinéma new-yorkaise, où il fait « bon, doux et chaud » : « Alors les rêves montent dans la nuit pour aller s'embraser au mirage de la lumière qui bouge. » Pouvoir magique, quasi hypnotique de la chambre noire, qui ne tient pas tant à ce qui est montré qu'au dispositif lui-même, à ce « mirage de la lumière qui bouge ». Et pouvoir si fort que, très vite, le cinéma, art populaire par excellence, a entraîné un public qui venait « au cinéma » plus qu'il ne venait voir un film. La fréquentation quasi mécanique de la salle, dans les années 1930, telle que l'*Amarcord* de Fellini en conserve le souvenir chaleureux, restait liée à ce pouvoir magique originel qu'elle n'a jamais perdu. Il y a toujours, dans le fait d'« aller au cinéma », une jouissance intrinsèque qui fait que, venu sans trop savoir quel film on va voir, lorsqu'on entre dans la salle, qu'on s'installe, que les lumières s'éteignent et que seul brille l'écran, une sensation très particulière naît, qui n'est pas de la cinéphilie, mais plutôt de l'écranophilie, et que ressent aussi bien le cinéphile pur et dur qui vient voir son film d'art et essai que le mangeur de pop-corns venant chercher sa ration de *blockbuster*.

La télévision (deuxième moment) a capté à son propre compte cette magie de l'écran. L'attrait qu'elle a suscité à ses débuts, où la curiosité le disputait à la fascination, s'est certes atténué, mais elle exerce toujours ce pouvoir qui fait qu'on l'allume chaque jour de façon quasi mécanique. On est, avec cet écran allumé en permanence, dans quelque chose qui relève de la compulsion, voire de l'addiction. Qu'importe ce qu'on voit, pourvu que la lumière de l'écran brille.

On est en droit de penser qu'on est maintenant entré, avec l'ordinateur grand public, dans un troisième moment. L'immédiateté, l'interactivité, la disposition infinie de tout à portée de clic, autant d'aspects qui génèrent une nouvelle séduction, une nouvelle puissance de l'écran érigé en interface généralisée : travailler et jouer sur écran, communiquer par écran, s'informer par écran. Voilà l'écran érigé en pôle-réflexe, en référentiel premier permettant d'avoir accès au monde, aux informations, aux images. Écran indispensable pour presque tout, écran incontournable. Un jour, peut-être, ce qui ne sera pas disponible sur écran n'aura plus d'intérêt et d'existence pour tout un ensemble d'individus : quasiment tout se cherchera sur écran et renverra à celui-ci. Être sur écran ou ne pas être.

Mais, d'ores et déjà, la puissance écranique s'étend bien au-delà de ces sphères. Car c'est plus fondamentalement encore un nouveau rapport à l'espace-temps qui s'est mis en place, une espèce d'hyper espace-temps dans lequel tout s'effectue tout de suite, en flux tendu, dans l'instantanéité du temps réel. Et cela touche tous les domaines de l'activité humaine, de la vie économique à la vie quotidienne : partout, l'écran travaille à faire sauter les limites du temps et de l'espace. Comprimant le temps à l'extrême et abolissant les contraintes de l'espace, l'écran en réseau instaure une temporalité immédiate, générant l'intolérance à la lenteur et l'exigence du gain de temps. S'il rend possible une plus grande autonomie personnelle dans l'organisation du temps, il amplifie la sensation d'urgence et de vivre sous hypertension temporelle. D'un côté s'accroît le pouvoir de construire des emplois du temps plus personnalisés ; de l'autre se développe une forme d'asservissement au temps de l'hypervitesse. Sous l'effet de la communication informatisée, un nouveau régime du temps s'est construit, marqué par le règne de l'instantanéité et de l'immédiateté, du mélange individualisé des temporalités et des références. McLuhan affirmait, dans une formule qui a fait date : « Le message, c'est le médium. » L'écran producteur d'un nouveau mode de temporalité et favorisant des parcours « mosaïques », propres à chacun, moins linéaires, lui donne, à cet égard, raison. Le devenir de l'âge hypermoderne ne peut être détaché de la grande aventure écranique. Du XXe au XXIe siècle, l'odyssée de l'écran…

CONCLUSION

La cinévision du monde

IL ÉTAIT UNE FOIS LE RÉCIT

C'est une belle histoire que raconte le long film de l'histoire du septième art. Une histoire que tout sépare, sur bien des points, de celle de l'art moderne, marqué au coin de la rupture, de la dissonance, de la transgression de ses limites, de ses objets, de sa définition même. Ce qui caractérise en effet l'art du XXe siècle, c'est un processus de subversion radicale et permanente de ses propres formes. Le travail révolutionnaire des avant-gardes et ses ruptures en chaîne ont construit l'histoire moderne et contemporaine de la peinture, de la sculpture, de l'architecture, de la musique, de la danse, de la littérature. Chacun de ces arts est passé à sa manière, au cours du siècle, par une dénonciation systématique des formes classiques d'expression, rompant avec les écoles et les styles précédents, allant jusqu'à remettre sa propre nouveauté en cause et – degré ultime – jusqu'à contester l'art lui-même. Ruptures qui se sont doublées de l'affirmation véhémente de l'autonomie d'un art n'ayant plus d'autre but proclamé que d'obéir à ses propres lois en s'émancipant de tout rapport significatif au monde et à l'expérience vécue. En regard, l'histoire du cinéma apparaît étonnamment peu conflictuelle et déchirée, sans heurt brutal, sans négation de lui-même. Sans rejet, sans incompréhension, sans divorce avec l'opinion de masse. Alors que les arts d'avant-garde n'ont pas cessé de déconstruire l'espace de la représentation et de l'harmonie, au point d'en devenir peu compréhensibles, le cinéma, lui, s'est inscrit continûment dans l'espace de la séduction narrative et esthétique, à travers des histoires qui, fussent-elles extraordinaires, ont toujours été immédiatement « parlantes » pour le très grand public. La question, dès lors, se pose de savoir à quoi tiennent pareils destins hétérogènes.

Au principe de ce cours « tranquille » du cinéma se trouve, à l'évidence, la forte pression des exigences commerciales. Mais celles-ci n'épuisent pas la question. D'autres facteurs méritent d'être soulignés.

Emportée par sa volonté de déconstruction et de réflexivité métadiscursive et métafigurative, l'aventure moderniste a eu notamment pour effet de mettre à mal l'un des éléments les plus constitutifs, les plus universels de la vie culturelle et sociale : le récit. Depuis le fond des âges, les cosmogonies, les mythes, les religions ont structuré les cultures humaines en racontant une histoire sacrée, le temps fabuleux des commencements, l'origine et la création du monde, la manière dont celui-ci a été modifié, enrichi ou appauvri. L'oralité d'abord, puis l'épopée, le théâtre, le roman, la musique, la peinture ont pris la suite ; en racontant ou en illustrant des histoires, des contes et des légendes, ils ont offert à l'homme le récit de ses rêves et de ses angoisses. Par quoi le récit apparaît comme une dimension première, sans doute inéliminable, de la vie humaine-sociale, dans la mesure où l'homme est l'être dont l'existence même est « histoire » faite de passé, de présent et de futur, laquelle se dit dans les mythes, dans les légendes, dans les récits. C'est cette dimension anthropologique et originelle, encore si recherchée aujourd'hui par les enfants mais si malmenée par le modernisme artistique, qu'a prise en charge le cinéma. Et ce simplement, naïvement, presque : il a pris le relais des formes expressives qui remplissaient autrefois cette fonction « primitive ». Voir un film, c'est savoir qu'on va nous raconter une histoire et l'attendre en quelque sorte avec un « plaisir d'enfant ».

C'est du reste sans doute ce qui explique, au-delà des raisons économiques et commerciales, la force et le succès continus, depuis Griffith jusqu'à Spielberg, du cinéma américain. Simple, assumant sans complexe les normes génériques du récit, il dit ce qui fait la condition et l'existence humaines : l'amour et la haine, la vie et la mort, le bonheur et le malheur, la paix et la guerre, le bien et le mal, le rire et les larmes, le beau et le laid, la jeunesse et la vieillesse, le plaisir et la souffrance, l'espoir et le désespoir. C'est moins sa puissance de diffusion matérielle qui lui a permis d'occuper une position dominante que le fait qu'il ait réussi à offrir aux yeux et au cœur des hommes de tous pays et de toutes cultures les grands archétypes du récit « éternel » racontés de façon telle que chacun peut s'y reconnaître et s'y retrouver aussitôt.

C'est par là que le cinéma exerce l'une de ses grandes fonctions sociales. Nourrissant par ses récits le besoin d'un ailleurs des hommes, il crée du lien entre eux, il assume sa spécificité originelle, qui était de réunir dans une même salle des gens divers levant le regard vers le même écran. Si les conditions de réception ont changé, si la télévision, le DVD, le téléchargement constituent autant de façons nouvelles de voir un film en dehors même de la salle, il n'en reste pas moins que, à travers tous ces modes de consommation, il continue à réunir les spectateurs autour d'un même spectacle. La convivialité des réunions entre amis, les discussions sur le film qu'on a vu et dont on discute le lendemain avec son collègue de travail, la publicité autour de la sortie des films en salles, mais aussi en DVD : autant d'éléments qui font du cinéma une sorte d'objet commun, partagé, de lieu culturel où l'on vient communier dans un même esprit d'adhésion et de conviction. Cathédrale du siècle, rituel, a-t-on dit, boîte magique en tout cas, faisant lien social.

Et, sur ce plan, nul doute que le cinéma réussit mieux que les autres arts. Aucun autre art, traditionnel ou nouveau, ne remplit aussi complètement cette fonction de raconter aux hommes des histoires et de susciter leurs émotions et leurs discussions. Aucun autre art ne possède une force de pénétration comparable : de toutes les machines à rêver inventées par le génie humain, le cinéma est non seulement la plus ingénieuse mais probablement la plus performante. Les hommes du XXe siècle se sont ouvert, grâce à lui, les territoires de l'imaginaire d'une façon totalement inédite, à travers un dispositif donnant l'illusion de la vie dans son mouvement même. Leurs rêves leur ont été projetés, visualisés, comme par magie, sur l'écran. Tout un monde d'irréalité s'est offert à leurs yeux éblouis, dans le mystère de la salle obscure. Une puissance d'imaginaire exceptionnelle en ce que le cinéma a pour caractéristique d'être un art global qui opère la fusion de l'espace et du temps, de l'œil et du verbe, du mouvement et de la musique. « C'est une musique qui nous atteint par l'intermédiaire de l'œil », disait Élie Faure[1]. Sa nature d'art composite, sollicitant l'image, la narration, la musique, et réalisant d'une certaine manière cette fusion des arts que recherchaient déjà les artistes baroques, lui a donné une puissance sans pareille. David Lynch lui prête ce pouvoir : « Le cinéma est un moyen de dire ce que personne ne peut dire avec des mots, sauf peut-être par la poésie. Il est en soi un langage, qui est la combinaison de plusieurs arts, un langage infiniment beau et infiniment profond, qui peut raconter toutes les histoires[2]. »

1. Élie Faure, *Fonction du cinéma*, *op. cit.*, p. 74.

2. Entretien avec Jean Serroy.

Globalité séductive qui l'a sans doute protégé des entreprises de déstructuration moderniste. En ce sens, tout donne à penser qu'il y a dans le cinéma lui-même, dans son « être », des caractéristiques qui l'ont conduit à s'affirmer comme un art de séduction immédiate s'adressant à tous.

Cette puissance d'imaginaire va au-delà du seul plaisir de l'évasion. Historiquement, le cinéma a été un élément essentiel dans la formation même de la conscience moderne et particulièrement américaine. Au sein d'un pays d'immigrants ayant chacun leurs propres origines et leurs propres traditions, il a été le moule unificateur où, par la puissance d'images partagées, s'est opérée, comme le dit le film fondateur de Griffith, la *Naissance d'une nation*. Depuis, il n'a jamais cessé d'être le vecteur de ce qu'est devenue l'Amérique, tant du côté d'un imaginaire collectif de liberté individualiste – l'« American dream » – que de celui d'une réalité sociale affichant sous toutes ses formes modernes le mythe de l'abondance et de la consommation : le confort ménager, la voiture, la pelouse verte devant la maison individuelle. Cette *American way of life*, Hollywood l'a concrétisée en images non seulement pour les Américains eux-mêmes, mais, plus largement, pour le monde entier, en en faisant une sorte de standard universel. À cet égard, on peut tenir le cinéma pour l'une des grandes puissances d'acculturation ayant forgé la modernité du XXe siècle.

Sans doute les temps ont-ils changé, mais, dans un monde devenu hypermédiatique, le rôle social du septième art, contrairement à ce que l'on affirme parfois, n'est nullement sur une pente déclinante. Voici que l'on s'adresse désormais au cinéma pour réveiller les consciences et peser sur les grandes institutions. Il vient ainsi à la rescousse des organisations internationales elles-mêmes, comme c'est le cas avec le festival international du film sur les droits humains explicitement organisé comme une réponse à l'inefficacité du Conseil de l'ONU en la matière[1]. Plus largement, son influence se mesure à la prise de conscience collective qu'il cristallise – voir le succès mondial obtenu par Al Gore alertant sur le réchauffement de la planète dans *Une vérité qui dérange* – ou aux effets « politiques » qu'il produit : *Indigènes*, par ses effets immédiats sur les pensions des anciens combattants, a réussi là où plus d'un demi-siècle d'action (ou d'inaction) politique n'avait rien donné. Autre manifestation de cette puissance sociétale : la Palme d'or obtenue à Cannes en 2007 par Cristian Mungiu pour *4 mois, 3 semaines, 2 jours* a rendu à la Roumanie une fierté perdue et une confiance à laquelle le pays aspirait depuis la chute de Ceausescu, créant une véritable euphorie jusque dans le pays profond et jouant comme un fort élément d'identité nationale retrouvée. S'il a été, et s'il est toujours, cette industrie du rêve, qui a captivé et fasciné les hommes avides de vivre à travers lui autre chose que la réalité, il est devenu aussi un vecteur de débats collectifs à travers des films événements qui, sensibilisant le public, font changer les choses, et ce au moment où s'érode le pouvoir des politiques et des intellectuels. Dans la société d'hyperconsommation, le cinéma éveille plus largement les consciences que les prises de position des « maîtres à penser ».

Le monde comme cinévision

Si le cinéma remplit une fonction narrative-expressive-onirique majeure, cette dimension n'est cependant pas unique. Il est une autre fonction, insuffisamment mise en relief et pourtant cruciale, qui ouvre une tout autre pers-

1. « À Genève, le festival du film sur les droits humains nargue l'ONU », *Le Monde*, samedi 10 mars 2007.

pective : le cinéma est ce qui construit une *perception du monde.* Non pas seulement selon le rôle classique que l'on accorde à l'art, dont la fonction esthétique est en effet de faire voir, à travers l'œuvre, ce que l'on ne voit pas d'emblée de la réalité. Mais, plus radicalement, en produisant de la réalité. Ce que le cinéma donne à voir, ce n'est pas seulement un autre monde, celui du rêve et de l'irréel, mais notre monde lui-même devenu un mixte de réel et d'image-cinéma, un réel hors-cinéma passé au moule de l'imaginaire-cinéma. Il produit du rêve *et* de la réalité, une réalité remodelée par l'esprit cinéma, mais nullement irréelle. S'il permet l'évasion, il invite aussi à redessiner les contours du monde. Il offre une *vision du monde* : ce que nous appelons la *cinévision.*

Par quoi le cinéma illustre ce qu'Oscar Wilde disait, de façon provocante, en s'appuyant en 1889 sur les arts alors dominants, la littérature et la peinture : « La vie imite l'Art, beaucoup plus que l'Art n'imite la Nature[1]. » Opérant ce renversement, Wilde relève lui-même que « c'est une théorie qu'on n'a jamais émise, mais [qui] est extrêmement féconde et jette une lumière tout à fait nouvelle sur l'histoire de l'Art », un art interprété depuis Platon à la lumière du prisme de la *mimesis.* Alain Roger parle à ce propos, fort justement, d'une « révolution copernicienne de l'esthétique[2] » ; portant sur l'art du paysage, son analyse met en avant un concept clé utilisé par Charles Lalo, qui le tenait lui-même de Montaigne : l'*artialisation* de la nature[3]. Cette problématique théorique est fondamentale et d'une richesse exceptionnelle pour l'intelligence de la fonction transculturelle ou civilisationnelle du septième

1. Oscar Wilde, *Le Déclin du mensonge* (1889), Paris, Allia, 1997, p. 71.
2. Alain Roger, *Court Traité du paysage*, Paris, Gallimard, 1997, p. 13.
3. *Ibid.*, p. 16-17. Alain Roger parle d'une « double artialisation » : « La première est directe, *in situ* ; la seconde, indirecte, *in visu*, par la médiation du regard. »

art : s'appliquant parfaitement au cas du cinéma, l'idée d'artialisation vaut plus encore pour lui que pour aucune autre forme d'art. Lui qui n'a longtemps été vu que comme le lieu de l'irréel, jusqu'à susciter des expressions pour le dire – « c'est du cinéma » –, lui dont la force magique d'illusion a emporté son public dans les rêves les plus irréalistes, voilà qu'il a forgé le regard, les attentes, les visions de l'homme moderne et, plus encore, en les amplifiant, les élargissant, les démultipliant, ceux de l'homme hypermoderne. Il est devenu l'un des instruments principaux de l'artialisation de l'univers hypermoderne.

Le processus est en marche dès que les stars en viennent à illuminer l'écran de leur beauté. Les étoiles, les vamps, les divas, toute cette constellation qui se met à transfigurer l'univers cinéma dans les années 1920, produisent et nourrissent non seulement des rêves, mais aussi des comportements bien réels, touchant à la mode, à l'habillement, à la coiffure, au maquillage, aux manières d'être. Tout en étant lointaine, inaccessible, stellaire, la star des temps modernes a transformé les comportements, fait évoluer les mœurs, engendré des attitudes. Dans *À bout de souffle*, Belmondo, la nouvelle star des années 1960, se passe le pouce sur la lèvre, comme il a vu Bogart le faire si souvent dans ses films. Et, aujourd'hui, le *look cinéma*, cette façon de se tenir et de se donner à voir aux autres, s'est imposé et diffusé socialement à travers une nouvelle esthétique de soi : le glamour, la séduction affichée et spectaculaire, se montrant en tant que telle sans retenue, sans fausse pudeur, comme par excès. Si la cigarette a disparu sous les diktats sanitaires, les lunettes noires, la redingote mi-longue, le blouson aviateur, les grandes écharpes, le débardeur, la saharienne, le 4x4, tout un concentré de polar, d'*Indiana Jones*, de *Matrix*, de *Men in Black* est porteur d'une séduction au carré, qui s'exhibe, emphatique, rayonnante, spectaculaire. L'érotisation elle-même, qui gardait quelque chose du mauvais genre avec la vamp et la pin-up, devient manière naturelle d'être, comme acclimatée, *bimboïsée* par le cinéma. Le monde des apparences baigne à présent dans un glamour légitime quasiment à tout âge : le cinéma lui a dicté sa loi. On veut se voir et être vu un peu comme les idoles du grand écran resplendissent plein cadre sur l'écran.

Cette cinématisation s'est infiltrée un peu partout, nombre de sphères de la vie sociale en venant à imiter l'univers-cinéma. Le phénomène de la starisation lui-même, né du grand écran, annexe les milieux des créateurs, de la politique, du sport, des *people*, dont les magazines spécialisés diffusent l'image à l'attention des foules. Mais le processus dépasse largement le cercle des célébrités starisées. Dans le domaine de la mode et du luxe, au-delà des seules lignes de maquillage, de vêtements, de bijoux, et des stars qui se font ambassadrices des marques, c'est de plus en plus l'esprit cinéma qui régit les grand-messes du secteur : plus un seul défilé qui ne soit scénarisé, mis en image et en spectacle comme un film. Il y a peu encore, on présentait des robes dans la discrétion des grandes maisons de couture : aujourd'hui, on offre un hyperspectacle, un show avec thème, décors, installations, sunlights, musique hi-fi. Les architectures commerciales font de même : les *malls*, les bars, les restaurants, les lieux de vie branchée s'organisent comme des décors de films. Les Tex Mex et les Buffalo Grill sortent des westerns, Planet Hollywood affiche carrément d'où il vient. Les sons et lumières, les parcs de loisir, Disneyland, Le Puy du Fou, présentent des spectacles scénarisés, des attractions à thème, des décors de studio, des acteurs et des figurants.

Cette dynamique ne s'arrête pas là. Las Vegas, création totalement irréaliste, surgie en plein désert, déroule, au milieu des cascades, des jets d'eau, des décors de carton pâte, des salles de jeux, des lumières et des strass, un *Strip* qui aligne tout l'imaginaire hollywoodien, Cecil B. DeMille et Steven Spielberg, tigres du Bengale et Harley-Davidson, *Pirates des Caraïbes* et flambeurs de *Casino*. Des villes entières sont comme mises en scène : Solvang, en Californie, raconte l'immigration danoise, avec maisons typiques, moulins à vent, fermes du cru, boulangeries et pâtisseries scandinaves ; le centre de Prague, restauré, est repeint aux couleurs d'un décor d'opéra prêt à recevoir son *Amadeus*. Un peu partout, les centres-ville sont de plus en plus traités à la manière de décors, éclairés par des jeux de projecteurs, façonnés par des urbanistes-scénographes, dessinés par des designers-décorateurs, mis en scène selon une dramaturgie à visée touristique qui, cadrant le regard, impose une cinévision. On les visite comme on regarde un film. Les musiciens des rues, convoqués pour animer les lieux, créent un bain sonore permanent qui plonge le touriste dans l'équivalent d'un film : en les entendant, il s'y croit. La réalité a rejoint un rêve filmé, mélodisé et rythmé au son attendu des violons et des accordéons. Les lumières et le musical se répondent dans un vrai-faux réel, un vrai-faux film : le tourisme, comme univers-cinéma.

L'Amérique, tout particulièrement, est immédiatement ressentie, par ceux qui y débarquent, comme du cinéma, avec ses deux grands décors privilégiés : l'immensité de ses espaces, qu'on dirait sortis d'un western ou d'un *road movie*, et la verticalité de ses villes, dont les gratte-ciel, les rues, les bruits, les sirènes des voitures de flics, la fumée qui sort des plaques de rue, les lumières dans la nuit, donnent l'impression de se trouver dans une comédie romantique ou un thriller d'action. Le pays qui a plus que tout autre fabriqué le cinéma se retrouve comme fabriqué par lui[1].

1. Au point que même les événements les plus tragiques n'échappent pas tout à fait au référentiel cinéma : le 11 septembre 2001, les avions qui s'encastrent dans les Twin Towers semblent sortir d'un film catastrophe hollywoodien, à quoi on les rattache aussitôt, avec le sentiment que la réalité écrit un scénario plus riche encore que la fiction.

Même les œuvres d'art n'échappent plus ni à la scénarisation ni à la spectacularisation extrême, principes lancés, magnifiés, surdéveloppés par le cinéma. Le grand écran, qui a habitué l'œil au très gros plan et à la vue panoramique en cinémascope, n'est sans doute pas étranger au surgissement dans l'art contemporain d'après-guerre d'œuvres de très grand format. L'expressionisme abstrait, le land art, les environnements et les installations font éclater le petit format et offrent à celui qui regarde la démesure gigantesque du spectactulaire. Les artistes pop donnent au gros plan toute sa force d'impact dans des toiles de grande dimension qu'ils focalisent sur un objet unique, en technicolor et en noir et blanc, et l'hyperréalisme utilise le plan large, « cinémascopique », comme une nouvelle façon de cadrer la réalité. Des architectures-spectacle (Gehry, Mayne, Foster, Sanaa, Libeskind, Herzog & de Meuron) voient le jour, qui apparaissent au public comme des images géantes et fascinantes tirées d'un film. Dans les musées, la muséographie conçoit volontiers les visites comme des itinéraires dramatisés, et les expositions paraissent raconter une histoire que déroulent panneaux, photos, films vidéo. L'éclairage, la mise en espace, l'accrochage même : autant d'éléments d'une véritable scénographie qui ne rechigne parfois pas même à de véritables effets spéciaux. Au point que, lorsqu'on expose Poussin à la lumière naturelle du Grand Palais, sans effets, sans mise en scène, sans éclairage, le public a l'impression de ne rien voir et se plaint du manque de spectacle ! Il en va également ainsi des mises en scène de théâtre ou d'opéra : les décors, les lumières, les costumes y empruntent volontiers à tout l'appareil du cinéma, et, tandis que les grandes scènes internationales font désormais défiler la traduction, comme en v.o. sous-titrée, de ce qui est en train d'être chanté, il n'est pas rare qu'au fond de la scène un grand écran se déploie, pour donner à voir comme un écho d'image.

Le *style*-cinéma a envahi le monde : on le voit désormais sans le voir, modelé que l'on est par lui, baignant dans les images qui, à partir de lui, ont innervé les écrans qui nous entourent. Certains ont dit que le spectacle nous dépossède de la « vraie » vie. Sans doute. Néanmoins, à l'âge du tout-écran, il la leur rend, non moins riche mais différente, « cinématisée », reconfigurée par la spectacularisation venue de l'écran. À l'heure où l'on parle de *second life* virtuelle, la vie elle-même est déjà largement une *ciné-life*. Le cinéma s'est en quelque sorte glissé dans l'existence concrète des hommes, dans les gènes de notre quotidienneté. Truffaut disait que le cinéma est supérieur à la vie. Oscar Wilde, d'une certaine façon, lui donne raison : aux temps hypermodernes, la vie en est venue à imiter le cinéma.

Cette généralisation du processus de cinématisation a donné lieu à une avalanche de critiques dénonçant le contrôle des comportements, l'appauvrissement des existences, l'effondrement de la raison, la déréalisation du monde, le formatage de la culture. Autant d'interrogations philosophico-sociales de fond, soulevées par les penseurs critiques de l'hypermodernité, qui témoignent du fait que le cinéma ne se réduit pas à un simple divertissement de masse : il est devenu monde et style de vie, écran global et ciné-vie. À cet égard, on ne saurait penser la cinévision hypermoderne sans une réflexion de type transpolitique, transsocial et transmédiatique impliquant le devenir de l'individualité dans son rapport à l'existence.

Que nous soyons témoins d'une montée en puissance de la superficialisation des images, d'une « peopolisation » des médias, d'une tendance au calibrage des produits culturels, tout cela est peu contestable et justifie, ô combien, les nombreuses dénonciations et mises en garde relatives à la spectacularisation du monde. Mais est-il légitime, à partir de là, de stigmatiser la standardisation des esprits et des modes de vie ainsi que la paupérisation du monde esthétique et imaginaire ? On peut en douter. La vérité est que la diffusion généralisée du style-cinéma s'accompagne plutôt d'une tendance à l'élévation des exigences esthétiques du plus grand nombre. Nous sommes moins à l'heure de la prolétarisation du consommateur et de la destruction des existences singulières qu'à celle de l'artialisation généralisée des goûts et des modes d'existence. Ciné-*life*, cinémania, ciné-vision, cela ne veut pas dire immersion totale dans le monde des images. Si l'empire de celles-ci s'amplifie, il en va de même de la capacité de réflexivité et de distance des individus envers le monde tel qu'il va et la culture telle qu'elle se donne. Ce que l'univers écranique a apporté à l'homme hypermoderne, c'est moins, comme on l'affirme trop souvent, le règne de l'aliénation totale qu'une puissance nouvelle de recul critique, de détachement ironique, de jugement et de désirs esthétiques. La singularisation y a plus gagné que le moutonnement grégaire.

Là est l'honneur du cinéma : lorsque la vie cherche à ressembler au cinéma, se développent les visées esthétiques et l'affirmation accrue des singularités. Mais, en même temps, dans ce couple infernal où la fièvre individualiste de la satisfaction va de pair avec la déception, les rêves avec leur cortège de désillusions et de frustrations vont croissant. La lumière écranique a sa part d'ombre : quand l'écran devient refuge, la vie s'estompe dans le leurre de la procuration et dans la banalité médiocre du formaté. Point d'effondrement de la culture de la singularité dans le règne de la barbarie esthétique, mais point non plus de triomphe de ce que Valéry appelait la « valeur esprit ». Point de film catastrophe, point non plus de *happy end*.

Index des films cités

Table

RÉALISATION : NORD COMPO À VILLENEUVE-D'ASCQ
ACHEVÉ D'IMPRIMER PAR NORMANDIE ROTO IMPRESSION S.A.S.
DÉPÔT LÉGAL : OCTOBRE 2007. N° 96041 (07-2955)
IMPRIMÉ EN FRANCE